ALL SWEATERS IN EVERY GAUGE

ALL SWEATERS

Barbara Goldstein
IN EVERY GAUGE

Prentice Hall Press • New York

To Gene

✿ ACKNOWLEDGMENTS

I would like to offer my special thanks to several people without whom this book would not have been possible. My mother, Kathy Perlmutter, and my father, Gordon Perlmutter: she taught me how to knit when I was a little girl, and they always encouraged me in whatever I wanted to learn and explore. My editor, Susan Gies, whose organizational abilities helped me to put my ideas in order, and whose careful editing made them all sound right. The yarn companies, who so generously gave me the yarn used in the sweaters: Andean Yarns, Gemini Innovations, Harrisville Designs, Ironstone Warehouse, Lanas Margarita, Manos del Uruguay, Mark Distributors, Scotts Woolen Mill, Stanley Berroco, and Tahki Yarns. Linda Daniels, for her invaluable help in knitting and crocheting. All the other knitters and crocheters who worked on sweaters. Cliff Satler for the diagrams. The models who so kindly gave their time helping to make the sweaters look good in print. My brother, Tom Perlmutter, for his excellent photography, without which this book would not look like it does. And finally my husband, Gene, for, as always, being there through it all.

Published by Prentice Hall Press
A Division of Simon & Schuster, Inc.
Gulf + Western Building
One Gulf + Western Plaza
New York, NY   10023

PRENTICE HALL PRESS is a trademark of Simon & Schuster, Inc.

Originally published by Van Nostrand Reinhold Co., Inc.

Designed by Charlotte Staub
Photography by Tom Perlmutter

Library of Congress Cataloging in Publication Data
Goldstein, Barbara
   All sweaters in every gauge.
   Includes index.
   I. Sweaters.   2. Knitting.   3. Crocheting.   I. Title.
TT825 G58   1984   746.9'2   83-16769
ISBN 0-671-60934-3
ISBN 0-671-62396-6 (pbk.)

Manufactured in the United States of America

10   9   8   7   6   5

First Prentice Hall Press Edition

✿ Contents

❀ Preface

ALL *Sweaters in* EVERY *Gauge*? Well, just about! Believe it or not, there are more than 20,000 sweater possibilities within the pages of this book. You need never refer to another sweater pattern again. Put them away and keep *All Sweaters in Every Gauge* in a handy place. You'll be using it all the time.

Let's say you have decided that you want to crochet a basic crew neck pullover with drop sleeves for your husband. By using the gauge chart you can create that pullover in any gauge, from one stitch per inch to six stitches per inch. That means that you can work with virtually any yarn you'd like—fingering, sport, bulky. Just take the yarn and do some sample swatches with a number of different hooks. Select your favorite swatch, determine its gauge, then place the appropriate numbers from the gauge chart in the blank spaces left in the pattern. It's as simple as that! And there's more.

Take that crew neck pullover with drop sleeves. Suppose that on second thought you'd prefer to give it a boat neck. Fine. *All Sweaters in Every Gauge* gives you directions for an assortment of neck styles and shows you how to substitute them for the necks in other patterns. Suppose that on third thought you'd like short sleeves instead of long sleeves. On fourth thought, you'd like to make this sweater for your teenage daughter, you'd like to add a pocket to the front, and, when all is said and done, you'd really rather knit it! *All*

Sweaters in Every Gauge makes all these variations easy.

How many times have you fallen in love with a beautiful yarn at the shop, only to find that it is incompatible with the sweater pattern you've picked out or that you simply can't find an appropriate sweater pattern for that particular yarn? Or, how many times have you thumbed through sweater patterns wishing you knew how to adapt them? If this one only had these sleeves; if that one only had this neck; if this one was for crochet, instead of knitting . . .

It was these frustrations that led me to write this book. It seemed to me that if I was taking the time to make a sweater by hand, it ought to be tailor made to my needs and taste. With all the beautiful, luxurious yarns now available in shops, it was quite a frustrating experience to find that the yarn I liked did not yield the correct gauge for the pattern I liked.

All Sweaters in Every Gauge will expand your knitting and crochet opportunities in countless ways. You become the designer of your own sweaters by mixing and matching yarns, gauges, necks, sleeves, stitch patterns, and more. There's no figuring and no guesswork. The possibilities are virtually endless. Whether you prefer knitting to crochet, or crochet to knitting (you can even combine them—there are directions for that too), *All Sweaters in Every Gauge* will inspire you to create dozens of exciting sweaters that are truly your own.

THE
BASICS

Before you begin your first sweater, it's a good idea to brush up on some basics and to become familiar with the way this book works. Be sure to read through this section before you begin your first project. You must also make some important decisions.

First and foremost, you must decide if you are going to knit or crochet. A discussion of the relative benefits of each follows. You will also have to decide what kind of yarn to use—what fiber and what kind of twist. You absolutely positively have to make a swatch in your chosen yarn (read about sample swatches and gauge), and you have to decide how much yarn to buy for your chosen yarn and sweater.

✿ Knitting and Crocheting

Each of the sweater directions given in this book is written for both knitters and crocheters. Some people enjoy both knitting and crochet, while others have a preference for one or the other. But you may want to consider some other factors. Crochet is much faster, but knitting uses less yarn. Given the same weight yarn a crocheted garment will be heavier than a knitted one. Knitting is more elastic than crochet, particularly in the ribbing. On the other hand, many people think that crocheting is easier to do. But both are fun to do and should be tried.

Whether you knit or crochet, there is a large variety of beautiful pattern stitches for the more experienced person. You might even make a sweater with both knit and crochet in it. You might like the way knitting looks in the ribbing, but the way crochet looks in a ruffle. Feel free to combine them. The instructions to do so are all contained in this book.

✿ What Yarn to Use

I have not suggested specific yarns for any sweaters because my hope is that this book will give you freedom of choice. But, in order to make an intelligent decision about yarns, you should know something about them.

Nowadays there is a wide assortment of beautiful yarns readily available, so you should have some idea of what to expect from each yarn before you make your choice. A lacy type of stitch pattern will not show up as well, for example, if made with a bulky yarn.

THE FIBERS: WOOL, COTTON, SILK, LINEN, RAYON, ACRYLIC

Wool is, of course, the alltime favorite. It is the most elastic and the easiest to work with. It is the bulkiest for its weight, and therefore the warmest, because it traps air between the fibers. If you use a wool with the natural lanolin still in it, it will repel the rain. Wool will hold up the longest, which should be taken into account when you think about the time you will be spending to make your sweater. Although often more expensive than other fibers, wool is well worth it.

On the negative side, some people find wool scratchy.

But, if it is cold enough to warrant wearing a wool sweater, it's cold enough to wear a shirt underneath it, and then it doesn't scratch. Those people who are allergic to wool must wear something else.

Cotton is soft, cool, and less expensive than wool. However, cotton fibers don't have the elasticity or "memory" that wool fibers have. The lack of elasticity can make it more difficult to work with, and certainly harder to get an even tension throughout. The lack of memory means that the garment, once finished, often stretches out of shape. Cotton colors, especially reds, blues, and purples, have a tendency to bleed. Before washing cotton you should always test for color fastness, and then still be very careful about water temperatures and mixing colors in wash loads.

The other natural fibers are silk, linen, and rayon. They are all quite nice but, like cotton, the fibers lack elasticity and memory. They will be harder to work with than wool and the finished garments in these fibers will always have a tendency to stretch.

Synthetics, particularly acrylic, are readily available. Acrylics are now made to resemble wool, cotton, silk, and rayon. They sometimes seem remarkably like natural fibers but they are not. Acrylic simply does not hold up as well as a natural fiber. It is not as warm as wool or as cool as cotton. On the plus side, however, it is very soft and not at all scratchy. Furthermore, it is also machine washable, which is its most popular trait.

TYPES OF TWISTS: FLAT AND FANCY YARNS

When you pick a yarn, not only do you have to pick the kind of fiber, but you also have to choose the type of twist and the weight of yarn. There is surely a lot to choose from these days. The most popular twists are the flat yarns, single or several ply. Beginners should keep in mind that flat yarns are the easiest to work with. Pattern stitches appear most clearly on flat yarns: if you take the time to make an eyelet pattern or a cable it would be a shame to practically hide it with a "fancy" yarn. On the other hand, you might want to jazz up an ordinary stitch pattern by doing it in a fancy yarn. There are many types of fancy yarns—nubs, slubs, loops, bouclés—and each one is a little different. Keep in mind that they look different on the skein than they do once knitted or crocheted. Try to envision a worked up sample, if you can't actually do one. Multicolored yarns can be used to make more exciting sweaters. Flecked, tweed, space dyed, and ombréd yarns make a garment more interesting, whether the yarn is flat or fancy.

WEIGHTS OF YARNS: WORSTED, SPORT, FINGERING, BULKY

There are many different weights of yarn, and weight, or thickness, is an important consideration when choosing yarn for a sweater.

The most popular weight of yarn is worsted weight. Worsted weight knits to 5 stitches per inch and crochets to 4 stitches per inch. The widest selection of yarns will generally be in this weight. Traditionally, worsted weight yarn was limited to 4-ply worsted, a flat yarn. In the past several years, as knitting and crocheting have become much more popular, novelty or fancy yarns have become readily available. Any yarn that knits or crochets to a worsted gauge is considered a worsted weight yarn.

Sport weight yarn is a bit thinner than worsted yarn; it knits to 6 stitches per inch and crochets to 5 stitches per inch. It is the second most popular weight of yarn. Traditionally, sport yarn was a 3-ply flat yarn but, as with worsted, it now encompasses a wide array of novelty yarns. Fingering yarn is all yarn thinner than sport yarn: it is used primarily for baby garments. Bulky weight is all yarn heavier than worsted. Thinner bulky yarns (those that produce 3½ to 4 stitches per inch) are considered to be medium-weight yarns. Bulky yarn includes the largest variety of novelty textured yarns.

The thicker the yarn, the heavier the finished sweater will be. Thicker yarns can be worked on larger hooks and needles and will work up much faster than thinner yarns. Working with two or more strands of yarn together can allow you to have the qualities of each of the thinner yarns, and still be able to work the garment up quickly, because thinner yarns used together are equal to a thicker yarn in gauge. For instance, you could mix a thin spice-dyed rayon for color and shine, and a thin mohair for softness and fluff.

✤ Measurement and Fit

Before you start your sweater you must take measurements to see what size to make. The measurements of the wearer and the gauge of the yarn are the two main ingredients for a good fit. First, measure the bust or chest, snug but not tight. Next, measure the shoulder. Then compare these measurements to the chart in Figure 1-1. For the purposes of measuring I have divided men and women into three sizes—small, medium, and large. The correct shoulder measurement for a set-in-sleeve sweater is very important for a good fit. Therefore, if you can't find on the chart a bust and shoulder measurement that closely resembles your own or the person for whom you are making the sweater (e.g., if you have a very small bust and wide shoulders), you might consider making a raglan or drop sleeve sweater, but not a set-in sleeve. You will then be more confident of the fit when you are done.

Decide what sweater size to make based on the bust or chest measurement. The sweaters are sized to fit well, not loosely. Look at the body measurement chart to find your size, then look at the finished measurement chart to see what the finished measurements for your size sweater will be (Figures 1-1 and 1-2). If you would like a roomier sweater, make a larger size. If you would like a smaller sweater, make a smaller size. To make a sweater larger or smaller than is shown on the finished measurements chart, see Final Notes, page 11.

		small	medium	large
BUST OR CHEST	WOMEN	30–32	34–36	38–40
	MEN	38–40	42–44	46–48
SHOULDERS	WOMEN	13½	14	15
	MEN	17	17½	18
WRIST TO UNDERARM	WOMEN	17	17½	18
	MEN	18	18½	19

1-1. Body measurements.

		small	medium	large
BUST OR CHEST	WOMEN	32	36	40
	MEN	40	44	48
LENGTH TO UNDERARM	WOMEN	12	13	14
	MEN	16	16½	17
SLEEVE LENGTH	WOMEN	17	17½	18
	MEN	18	18½	19

1-2. Finished sweater measurements.

✤ How to Use This Book

PICKING THE SWEATER STYLE

Once you have chosen the correct size, you must decide on the style of sweater you want to make. The book is divided into three sections by sleeve type: set-in sleeves, raglan sleeves, and drop sleeves. So, your first step in choosing your sweater is to pick the style of sleeve you want to make. Within each sleeve section are several different necks from which to choose, and, at the end of each section, there are several sleeve variations. Any neck style within a section can be combined with any sleeve variation in that section: this enables you to mix and match freely. For example, you could make a turtleneck pullover with dolman sleeves, or a boat neck pullover with puff sleeves.

Each sweater style is given in knitting directions and then crochet directions. The knitted patterns all use plain stockinette stitch and the crochet patterns all use single crochet. A section near the end of the book, Yarn and Stitch Variations, explains how to incorporate a fancy stitch pattern into any of these basic sweater

directions, expanding your sweater making possibilities tremendously.

If you want a fancier neck finish, pockets, a zipper on your cardigan, or a hood, you can add these too. The directions for the additions are in the last chapter, Variations. Not all of the additions can be worked on all of the neck styles, but most can be made after the pieces are completed but before you do the finishing, allowing you a lot of time to think about Variations while you are making the basic parts of the sweaters.

AMOUNT OF YARN TO BUY

Once you have decided what style sweater you wish to make (knitted V neck cardigan with raglan sleeves, for example), your next decision has to do with yarn and gauge. For the first time, you don't have to make your selection of yarn based on which yarn will fit the gauge specifications for the pattern. Rather, you can make your selection based on which yarn you'd *like* to work with for the particular sweater.

The amount of yarn you need for your sweater will depend upon the size of the sweater and the gauge.

The thinner the yarn, the more stitches per inch, and the less yarn you will need. Figure 1-3 gives approximate amounts in both ounces and grams for all the sizes and gauges given in the book. Remember that this is just a guide, and it is always safer to err on the side of too much yarn rather than too little. There is nothing more frustrating than running out of yarn when you are almost finished with your sweater and finding your dye lot unavailable or, worse still, your yarn discontinued.

WORKING A TEST SWATCH TO DETERMINE GAUGE

Now, take your yarn home and do a swatch. If you have no idea how to begin, look at the label on the yarn. Often the yarn manufacturer will have a suggested gauge and needle or hook size. If there are no suggestions on the label, ask the salesperson in the shop where you purchased the yarn what needle or hook size she or he would recommend. Or, just pick a set of needles (or crochet hook) you have at home and begin. Cast on (or chain) 20 stitches and knit (or crochet) in stockinette (or single crochet) for 4 inches. Bind off all the stitches (or fasten off). Be sure to work at a comfortable tension throughout the test swatch. If you find yourself working looser or tighter as you get used

to the yarn, work your gauge for more than 4 inches, and decide how you like the swatch based on the top end of the swatch. Then, before you measure anything, look at and feel your swatch. Do you like the way it feels? Is it firm enough, or too stiff, or a little flimsy? If it feels too stiff for your taste, begin another test swatch with a larger hook or needle. If it lacks body or looks very loose, work another swatch on a smaller hook or needle. Continue to test your yarn until you are entirely satisfied with how it looks and feels. Then, and only then, lay the swatch flat and measure the stitches per inch.

TRANSFERRING THE NUMBERS FROM GAUGE CHART TO PATTERN

Each pattern in this book is written for a large range of gauges. For knitting, the gauges are 2 stitches to 7 stitches per inch. For crochet, the gauges are 1 stitch to 6 stitches per inch.

Turn to the directions for the pattern you've selected and notice that the directions are written with blanks

left for all the numbers. To find the proper numbers for your pattern you must look at the appropriate gauge chart. (The gauge charts are at the end of each sleeve section.) In each larger rectangle on the chart there are six subdivisions, each one indicating a size—three for women, three for men. In the far left column are

STS PER IN		1			2			3			4			5			6			7			8		
		S/M	MED	L/G	S/M	MED	L/G	S/M	MED	L/G	S/M	MED	L/G	S/M	MED	L/G	S/M	MED	L/G	S/M	MED	L/G	S/M	MED	L/G
2	WOMEN	28	32	36	2½	2½	2½	4	4	4	32	36	40	12	13	14	6½	7	7½	10	12	13	12	12	14
	MEN	36	40	44	3	3	3	4	4	4	40	44	48	16	16½	17	8	8½	9½	13	14	16	14	16	16
2½	WOMEN	34	40	44	2½	2½	2½	4	5	6	40	45	50	12	13	14	6½	7	7½	13	15	16	14	15	16
	MEN	44	50	54	3	3	3	6	5	6	50	55	60	16	16½	17	8	8½	9½	16	18	20	18	19	20
3	WOMEN	42	48	54	2½	2½	2½	6	6	6	48	54	60	12	13	14	6½	7	7½	16	18	20	16	18	20
	MEN	54	60	66	3	3	3	6	6	6	60	66	72	16	16½	17	8	8½	9½	19	22	24	22	22	24
3½	WOMEN	48	56	62	2½	2½	2½	8	7	8	56	63	70	12	13	14	6½	7	7½	18	21	23	20	21	24
	MEN	62	70	76	3	3	3	8	7	8	70	77	84	16	16½	17	8	8½	9½	23	25	27	24	27	28
4	WOMEN	56	64	72	2½	2½	2½	8	8	8	64	72	80	12	13	14	6½	7	7½	21	24	26	22	24	28
	MEN	72	80	88	3	3	3	8	8	8	80	88	96	16	16½	17	8	8½	9½	26	29	32	28	30	32
4½	WOMEN	62	72	80	2½	2½	2½	10	9	10	72	81	90	12	13	14	6½	7	7½	24	27	30	24	27	30
	MEN	80	90	98	3	3	3	10	9	10	90	99	108	16	16½	17	8	8½	9½	29	33	36	32	33	36
5	WOMEN	70	80	90	2½	2½	2½	10	10	10	80	90	100	12	13	14	6½	7	7½	26	30	33	28	30	34
	MEN	90	100	110	3	3	3	10	10	12	100	110	120	16	16½	17	8	8½	9½	32	36	40	36	38	40
5½	WOMEN	76	88	98	2½	2½	2½	12	11	12	88	99	110	12	13	14	6½	7	7½	29	33	36	30	33	38
	MEN	98	110	120	3	3	3	12	11	12	110	121	132	16	16½	17	8	8½	9½	36	40	44	38	41	44
6	WOMEN	84	96	108	2½	2½	2½	12	12	12	96	108	120	12	13	14	6½	7	7½	31	36	39	34	36	42
	MEN	108	120	132	3	3	3	12	12	12	120	132	144	16	16½	17	8	8½	9½	39	43	48	42	44	48
6½	WOMEN	90	104	116	2½	2½	2½	14	13	14	104	117	130	12	13	14	6½	7	7½	34	39	43	36	39	44
	MEN	116	130	142	3	3	3	14	13	14	130	143	156	16	16½	17	8	8½	9½	42	47	52	46	49	52
7	WOMEN	98	112	126	2½	2½	2½	14	14	14	112	126	140	12	13	14	6½	7	7½	37	42	47	38	42	48
	MEN	126	140	154	3	3	3	14	14	14	140	154	168	16	16½	17	8	8½	9½	45	51	56	50	52	56

1-4. Sample gauge chart and pattern to show you how to use this book. In this example we are making a Knitted Crew Neck Pullover with Drop Sleeves in a women's medium, with yarn that works to 4 stitches per inch. (A) In the far left column are the stitches per inch. Look down that column until you find 4 (the gauge), and circle the entire row. (B) Notice that the women's sizes are on the top of this row, the men's sizes on the bottom. Each column is divided into 3 subcolumns by size: small on the left, medium in the middle, large on the right. For the women's medium, in the top half of the "4" row, circle the middle number in each column. (C) The number circled in column 1 must be written into the pattern on the blank space designated #1. (D) Continue to transfer the numbers you have circled on your chart to your pattern, the number in column 2 to blank space #2, the number in column 3 to blank space #3, and so forth, until you have transferred all the numbers from the chart to the pattern. Do the same for the Front, Sleeves, and Finishing. You are now ready to begin your sweater.

STS PER IN		1 S/M	1 MED	1 L/G	2 S/M	2 MED	2 L/G	3 S/M	3 MED	3 L/G	4 S/M	4 MED	4 L/G	5 S/M	5 MED	5 L/G	6 S/M	6 MED	6 L/G	7 S/M	7 MED	7 L/G	8 S/M	8 MED	8 L/G
2	WOMEN	28	32	36	2½	2½	2½	4	4	4	32	36	40	12	13	14	6½	7	7½	10	12	13	12	12	14
2	MEN	36	40	44	3	3	3	4	4	4	40	44	48	16	16½	17	8	8½	9½	13	14	16	14	16	16
2½	WOMEN	34	40	44	2½	2½	2½	6	5	6	40	45	50	12	13	14	6½	7	7½	13	15	16	14	15	18
2½	MEN	44	50	54	3	3	3	6	5	6	50	55	60	16	16½	17	8	8½	9½	16	18	20	18	19	20
3	WOMEN	42	48	54	2½	2½	2½	6	6	6	48	54	60	12	13	14	6½	7	7½	16	18	20	16	18	20
3	MEN	54	60	66	3	3	3	6	7	8	60	66	72	16	16½	17	8	8½	9½	22	22	24	22	22	24
3½	WOMEN	48	56	62	2½	2½	2½	8	7	8	56	63	70	12	13	14	6½	7	7½	18	21	23	20	21	24
3½	MEN	62	70	76	3	3	3	8	7	8	70	77	84	16	16½	17	8	8½	9½	23	25	27	24	27	28
④ 4	WOMEN	56	**(64)**	72	2½	**(2½)**	2½	8	**(8)**	8	64	**(72)**	80	12	**(13)**	14	6½	**(7)**	7½	21	**(24)**	26	22	**(24)**	28
4	MEN	72	80	88	3	3	3	8	8	8	80	88	96	16	16½	17	8	8½	9½	26	29	32	28	30	32
4½	WOMEN	62	72	80	2½	2½	2½	10	9	10	72	81	90	12	13	14	6½	7	7½	24	27	30	24	27	30
4½	MEN	80	90	98	3	3	3	10	9	10	90	99	108	16	16½	17	8	8½	9½	29	33	36	32	33	36
5	WOMEN	70	80	90	2½	2½	2½	10	10	10	80	90	100	12	13	14	6½	7	7½	26	30	33	28	30	34
5	MEN	90	100	110	3	3	3	10	10	12	100	110	120	16	16½	17	8	8½	9½	32	36	40	36	38	40
5½	WOMEN	76	88	98	2½	2½	2½	12	11	12	88	99	110	12	13	14	6½	7	7½	29	33	36	30	33	38
5½	MEN	98	110	120	3	3	3	12	11	12	110	121	132	16	16½	17	8	8½	9½	36	40	44	38	41	44
6	WOMEN	84	96	108	2½	2½	2½	12	12	12	96	108	120	12	13	14	6½	7	7½	31	36	39	34	36	42
6	MEN	108	120	132	3	3	3	12	13	14	120	132	144	16	16½	17	8	8½	9½	39	43	48	42	44	48
6½	WOMEN	90	104	116	2½	2½	2½	14	13	14	104	117	130	12	13	14	6½	7	7½	34	39	43	36	39	44
6½	MEN	116	130	142	3	3	3	14	13	14	130	143	156	16	16½	17	8	8½	9½	42	47	52	46	49	52
7	WOMEN	98	112	126	2½	2½	2½	14	14	14	112	126	140	12	13	14	6½	7	7½	37	42	47	38	42	48
7	MEN	126	140	154	3	3	3	14	14	14	140	154	168	16	16½	17	8	8½	9½	45	51	56	50	52	56

BACK On smaller needles cast on ① 64 sts. K1p1 in ribbing for ② 2½ inches. Change to larger needles and inc ③ 8 sts evenly across row. ④ 72 sts. Work even in stockinette until piece measures ⑤ 13 inches. Place markers on each end for underarm. Continue to work even until armhole measures ⑥ 7 inches. *Shape shoulders:* Bind off ⑦ 24 sts at beg of next 2 rows. Place rem ⑧ 24 sts on holder.

✿ Final Notes

LARGER AND SMALLER SIZES

If you would like to make a sweater in either a larger or a smaller size than the three sizes shown on the finished sweater measurements chart, it can be done. For a smaller size: determine your gauge, then working in the gauge you have determined, use the numbers from the gauge row *above* your yarn's gauge, in the Men's or Women's Small (see Figure 1-5). For a larger size: determine your gauge, then working in your yarn's gauge, use the numbers from the gauge row *below* your yarn's gauge in the Men's or Women's Large (see Figure 1-6).

NEEDLES AND HOOKS

For every knitted sweater you make, you will need 2 sets of needles, the one used to obtain your gauge and one approximately two sizes smaller. You will also need one circular needle, in either the smaller or larger size, depending upon your pattern. For every crocheted sweater you will need two hooks, the one used to obtain your gauge and one approximately three sizes smaller. For every sweater you will also need a tapestry needle to put your sweater together.

FINISHING NOTES

The way you finish your sweater will have a great effect on how nice it looks. Whether it is sewn, woven, or crocheted together does not matter as much as that it is done neatly. There are many finishing techniques to choose from, and many places you can learn about them if you don't already know them. Many knitting or crochet books have sections on finishing. A helpful salesperson at your local yarn shop may be willing show you how to sew up your sweater. Better still, you may be to find a workshop or class that will teach finishing. A workshop or class will give you the best opportunity to see and try the finishing techniques you want to learn.

Blocking a sweater is optional: it is by no means an absolute necessity. If the sweater is a little snug, blocking can easily help to give you extra room. If your tension varied a lot from stitch to stitch and your knitting or crocheting looks uneven, blocking can help even out the stitches. If you have worked a color pattern or a cable pattern into your sweater, blocking can help to smooth the pattern out. However, if your sweater looks fine to you when finished, do not feel you have to block it. If you have knitted or crocheted evenly, and finished neatly, blocking will not improve your sweater much.

STS PER IN		1 S/M	1 M/E/D	1 L/G	2 S/M	2 M/E/D	2 L/G	3 S/M	3 M/E/D	3 L/G	4 S/M	4 M/E/D	4 L/G	5 S/M	5 M/E/D	5 L/G	6 S/M	6 M/E/D	6 L/G	7 S/M	7 M/E/D	7 L/G	8 S/M	8 M/E/D	8 L/G
2	WOMEN	28	32	36	2½	2½	2½	4	4	4	32	36	40	12	13	14	6½	7	7½	10	12	13	12	12	14
	MEN	36	40	44	3	3	3	4	4	4	40	44	48	16	16½	17	8	8½	9½	13	14	16	14	16	18
2½	WOMEN	34	40	44	2½	2½	3	6	5	6	40	45	50	12	13	14	6½	7	7½	13	15	16	14	15	18
	MEN	44	50	54	3	3	3	6	5	6	50	55	60	16	16½	17	8	8½	9½	16	18	20	18	19	20
3	WOMEN	42	48	54	2½	2½	3	6	6	6	48	54	60	12	13	14	6½	7	7½	16	18	20	16	18	20
	MEN	54	60	66	3	3	3	6	6	6	60	66	72	16	16½	17	8	8½	9½	19	22	24	22	22	24
3½	WOMEN	48	56	62	2½	2½	3	8	7	8	56	63	70	12	13	14	6½	7	7½	18	21	23	20	21	24
	MEN	62	70	76	3	3	3	8	7	8	70	77	84	16	16½	17	8	8½	9½	23	25	27	24	27	28
4	WOMEN	56	64	72	2½	2½	3	8	8	8	64	72	80	12	13	14	6½	7	7½	21	24	26	22	24	28
	MEN	72	80	88	3	3	3	8	8	8	80	88	96	16	16½	17	8	8½	9½	26	29	32	28	30	32
4½	WOMEN	62	72	80	2½	2½	3	10	9	10	72	81	90	12	13	14	6½	7	7½	24	27	30	24	27	30
	MEN	80	90	98	3	3	3	10	9	10	90	99	108	16	16½	17	8	8½	9½	29	33	36	32	33	36
5	WOMEN	70	80	90	2½	2½	3	10	10	10	80	90	100	12	13	14	6½	7	7½	26	30	33	28	30	34
	MEN	90	100	110	3	3	3	10	10	10	100	110	120	16	16½	17	8	8½	9½	32	36	40	36	38	40
5½	WOMEN	76	88	98	2½	2½	3	12	11	12	88	99	110	12	13	14	6½	7	7½	29	33	36	30	33	38
	MEN	98	110	120	3	3	3	12	11	12	110	121	132	16	16½	17	8	8½	9½	36	40	44	38	41	44
6	WOMEN	84	96	108	2½	2½	3	12	12	12	96	108	120	12	13	14	6½	7	7½	31	36	39	34	36	42
	MEN	108	120	132	3	3	3	12	12	12	120	132	144	16	16½	17	8	8½	9½	39	43	48	42	44	48
6½	WOMEN	90	104	116	2½	2½	3	14	13	14	104	117	130	12	13	14	6½	7	7½	34	39	43	36	39	44
	MEN	116	130	142	3	3	3	14	13	14	130	143	156	16	16½	17	8	8½	9½	42	47	52	46	49	52
7	WOMEN	98	112	126	2½	2½	3	14	14	14	112	126	140	12	13	14	6½	7	7½	37	42	47	38	42	48
	MEN	126	140	154	3	3	3	14	14	14	140	154	168	16	16½	17	8	8½	9½	45	51	56	50	52	56

Note: The header row labels are NUMBER ON PATTERN 1 through 8, each subdivided into S/M, M/E/D, and L/G columns. The leftmost column is STS PER IN with WOMEN/MEN rows.

1-5. How to adapt the patterns in this book to a smaller size. In our example we are planning to make a sweater smaller than the women's small, with a yarn gauge of 5 stitches per inch. (A) On the far left column find the gauge of 5 stitches per inch (5 in this case). Move up one row, and circle the row *above* the yarn gauge (the 4½ row in this case). (B) Circle the numbers in your circled row for women's small. (C) Transfer the circled numbers to your pattern. Then, working at 5 *stitches per inch*, make your sweater. It will be approximately one size smaller than the women's small.

STS PER IN		1			2			3			4			5			6			7			8		
		SM	MED	LG	SM	MED	LG	SM	MED	LG	SM	MED	LG	SM	MED	LG	SM	MED	LG	SM	MED	LG	SM	MED	LG
2	WOMEN	28	32	36	2½	2½	2½	4	4	4	32	36	40	12	13	14	6½	7	7½	10	12	13	12	12	14
2	MEN	36	40	44	3	3	3	4	4	6	40	44	48	16	16½	17	8	8½	9½	13	14	16	14	16	16
2½	WOMEN	34	40	44	2½	2½	2½	6	5	6	40	45	50	12	13	14	6½	7	7½	13	15	16	14	15	18
2½	MEN	44	50	54	3	3	3	6	6	6	50	55	60	16	16½	17	8	8½	9½	16	18	20	18	19	20
3	WOMEN	42	48	54	2½	2½	2½	6	6	6	48	54	60	12	13	14	6½	7	7½	16	18	20	16	18	20
3	MEN	54	60	66	3	3	3	6	7	8	60	66	72	16	16½	17	8	8½	9½	19	22	24	22	22	24
3½	WOMEN	48	56	62	2½	2½	2½	8	7	8	56	63	70	12	13	14	6½	7	7½	18	21	23	20	21	24
3½	MEN	62	70	76	3	3	3	8	7	8	70	77	84	16	16½	17	8	8½	9½	23	25	27	24	27	28
4	WOMEN	56	64	72	2½	2½	2½	8	8	8	64	72	80	12	13	14	6½	7	7½	21	24	26	22	24	28
4	MEN	72	80	88	3	3	3	10	9	10	80	88	96	16	16½	17	8	8½	9½	26	29	32	28	30	32
4½	WOMEN	(62)	72	80	(2½)	2½	2½	(10)	9	10	(72)	81	90	(12)	13	14	(6½)	7	7½	(24)	27	30	(24)	27	30
4½	MEN	80	90	98	3	3	3	10	9	10	90	99	108	16	16½	17	8	8½	9½	29	33	36	32	33	36
5	WOMEN	70	80	90	2½	2½	2½	10	10	10	80	90	100	12	13	14	6½	7	7½	26	30	33	28	30	34
5	MEN	90	100	110	3	3	3	10	10	10	100	110	120	16	16½	17	8	8½	9½	32	36	40	36	38	40
5½	WOMEN	76	88	98	2½	2½	2½	12	11	12	88	99	110	12	13	14	6½	7	7½	29	33	36	30	33	38
5½	MEN	98	110	120	3	3	3	12	11	12	110	121	132	16	16½	17	8	8½	9½	36	40	44	38	41	44
6	WOMEN	84	96	108	2½	2½	2½	12	12	12	96	108	120	12	13	14	6½	7	7½	31	36	39	34	36	42
6	MEN	108	120	132	3	3	3	12	12	12	120	132	144	16	16½	17	8	8½	9½	39	43	48	42	44	48
6½	WOMEN	90	104	116	2½	2½	2½	14	13	14	104	117	130	12	13	14	6½	7	7½	34	39	43	36	39	44
6½	MEN	116	130	142	3	3	3	14	13	14	130	143	156	16	16½	17	8	8½	9½	42	47	52	46	49	52
7	WOMEN	98	112	126	2½	2½	2½	14	14	14	112	126	140	12	13	14	6½	7	7½	37	42	47	38	42	48
7	MEN	126	140	154	3	3	3	14	14	14	140	154	168	16	16½	17	8	8½	9½	45	51	56	50	52	56

BACK On smaller needles cast on ①_62_ sts. K1p1 in ribbing for ②_2½_ inches. Change to larger needles and inc ③_10_ sts evenly across row. ④_72_ sts. Work even in stockinette until piece measures ⑤_12_ inches. Place markers on each end for underarm. Continue to work even until armhole measures ⑥_6½_ inches. *Shape shoulders:* Bind off ⑦_24_ sts at beg of next 2 rows. Place rem ⑧_24_ sts on holder.

STS PER IN		1			2			3			4			5			6			7			8		
		S/M	MED	L/G	S/M	MED	L/G	S/M	MED	L/G	S/M	MED	L/G	S/M	MED	L/G	S/M	MED	L/G	S/M	MED	L/G	S/M	MED	L/G
2	WOMEN	28	32	36	2½	2½	3	4	4	4	32	36	40	12	13	14	6½	7	7½	10	12	13	12	12	14
	MEN	36	40	44	2½	3	3	4	4	4	40	44	48	16	16½	17	8	8½	9½	13	14	16	14	16	16
2½	WOMEN	34	40	44	2½	2½	3	6	5	6	40	45	50	12	13	14	6½	7	7½	13	15	16	14	15	18
	MEN	44	50	54	3	3	3	6	5	6	50	55	60	16	16½	17	8	8½	9½	16	18	20	18	19	20
3	WOMEN	42	48	54	2½	2½	3	6	6	6	48	54	60	12	13	14	6½	7	7½	16	18	20	16	18	20
	MEN	54	60	66	3	3	3	6	6	6	60	66	72	16	16½	17	8	8½	9½	19	22	24	22	22	24
3½	WOMEN	48	56	62	2½	2½	3	8	7	8	56	63	70	12	13	14	6½	7	7½	18	21	23	20	21	24
	MEN	62	70	76	3	3	3	8	7	8	70	77	84	16	16½	17	8	8½	9½	23	25	27	24	27	28
4	WOMEN	56	64	72	2½	2½	3	8	8	8	64	72	80	12	13	14	6½	7	7½	21	24	26	22	24	28
	MEN	72	80	88	3	3	3	8	8	8	80	88	96	16	16½	17	8	8½	9½	26	29	32	28	30	32
4½	WOMEN	62	72	80	2½	2½	3	10	9	10	72	81	90	12	13	14	6½	7	7½	24	27	30	24	27	30
	MEN	80	90	98	3	3	3	10	9	10	90	99	108	16	16½	17	8	8½	9½	29	33	36	32	33	36
5	WOMEN	70	80	90	2½	2½	3	10	10	10	80	90	100	12	13	14	6½	7	7½	26	30	33	28	30	34
	MEN	90	100	110	3	3	3	10	10	10	100	110	120	16	16½	17	8	8½	9½	32	36	40	36	38	40
5½	WOMEN	76	88	98	2½	2½	3	12	11	12	88	99	110	12	13	14	6½	7	7½	29	33	36	30	33	38
	MEN	98	110	120	3	3	3	12	11	12	110	121	132	16	16½	17	8	8½	9½	36	40	44	38	41	44
6	WOMEN	84	96	108	2½	2½	3	12	12	12	96	108	120	12	13	14	6½	7	7½	31	36	39	34	36	42
	MEN	108	120	132	3	3	3	12	12	12	120	132	144	16	16½	17	8	8½	9½	39	43	48	42	44	48
6½	WOMEN	90	104	116	2½	2½	3	14	13	14	104	117	130	12	13	14	6½	7	7½	34	39	43	36	39	44
	MEN	116	130	142	3	3	3	14	13	14	130	143	156	16	16½	17	8	8½	9½	42	47	52	46	49	52
7	WOMEN	98	112	126	2½	2½	3	14	14	14	112	126	140	12	13	14	6½	7	7½	37	42	47	38	42	48
	MEN	126	140	154	3	3	3	14	14	14	140	154	168	16	16½	17	8	8½	9½	45	51	56	50	52	56

1-6. How to adapt the patterns in this book to a larger size. In this example we would like to make a sweater larger than the women's large. The yarn gauge is 5 stitches per inch. (A) On the far left column find the gauge (5 in this case). Move down one row, and circle the row *below* the yarn gauge (the 5½ row in this case). (B) Circle the numbers in your circled row for women's large. (C) Transfer the circled numbers to your pattern. Then working at 5 *stitches per inch*, make your sweater. It will be approximately one size larger than the women's large.

STS PER IN		1 S M	1 M E D	1 L G	2 S M	2 M E D	2 L G	3 S M	3 M E D	3 L G	4 S M	4 M E D	4 L G	5 S M	5 M E D	5 L G	6 S M	6 M E D	6 L G	7 S M	7 M E D	7 L G	8 S M	8 M E D	8 L G
2	WOMEN	28	32	36	2½	2½	2½	4	4	4	32	36	40	12	13	14	6½	7	7½	10	12	13	12	12	14
2	MEN	36	40	44	2½	3	3	4	5	6	40	44	48	16	16½	17	8	8½	9½	13	14	16	14	16	16
2½	WOMEN	34	40	44	2½	2½	2½	6	5	6	40	45	50	12	13	14	6½	7	7½	13	15	16	14	15	18
2½	MEN	44	50	54	3	3	3	6	6	6	50	55	60	16	16½	17	8	8½	9½	16	18	20	18	19	20
3	WOMEN	42	48	54	2½	2½	2½	6	6	6	48	54	60	12	13	14	6½	7	7½	16	18	20	16	18	20
3	MEN	54	60	66	3	3	3	8	7	8	60	66	72	16	16½	17	8	8½	9½	19	22	24	22	22	24
3½	WOMEN	48	56	62	2½	2½	2½	8	7	8	56	63	70	12	13	14	6½	7	7½	18	21	23	20	21	24
3½	MEN	62	70	76	3	3	3	8	8	8	70	77	84	16	16½	17	8	8½	9½	23	25	27	24	27	28
4	WOMEN	56	64	72	2½	2½	2½	8	8	8	64	72	80	12	13	14	6½	7	7½	21	24	26	22	24	28
4	MEN	72	80	88	3	3	3	10	9	10	80	88	96	16	16½	17	8	8½	9½	26	29	32	28	30	32
4½	WOMEN	62	72	80	2½	2½	2½	10	9	10	72	81	90	12	13	14	6½	7	7½	24	27	30	24	27	30
4½	MEN	80	90	98	3	3	3	10	10	10	90	99	108	16	16½	17	8	8½	9½	29	33	36	32	33	36
5	WOMEN	70	80	90	2½	2½	2½	10	10	10	80	90	100	12	13	14	6½	7	7½	26	30	33	28	30	34
5	MEN	90	100	110	3	3	3	12	11	12	100	110	120	16	16½	17	8	8½	9½	32	36	40	36	38	40
(5½)	WOMEN	76	(88)	98	2½	2½	(2½)	(12)	11	12	88	99	(110)	12	13	(14)	6½	7	(7½)	29	33	(36)	30	33	(38)
5½	MEN	98	110	120	3	3	3	12	12	12	110	121	132	16	16½	17	8	8½	9½	36	40	44	38	41	44
6	WOMEN	84	96	108	2½	2½	2½	12	12	12	96	108	120	12	13	14	6½	7	7½	31	36	39	34	36	42
6	MEN	108	120	132	3	3	3	12	13	14	120	132	144	16	16½	17	8	8½	9½	39	43	48	42	44	48
6½	WOMEN	90	104	116	2½	2½	2½	14	13	14	104	117	130	12	13	14	6½	7	7½	34	39	43	36	39	44
6½	MEN	116	130	142	3	3	3	14	14	14	130	143	156	16	16½	17	8	8½	9½	42	47	52	46	49	52
7	WOMEN	98	112	126	2½	2½	2½	14	14	14	112	126	140	12	13	14	6½	7	7½	37	42	47	38	42	48
7	MEN	126	140	154	3	3	3	14	14	14	140	154	168	16	16½	17	8	8½	9½	45	51	56	50	52	56

BACK On smaller needles cast on ①_98_ sts. K1p1 in ribbing for ②_2½_ inches. Change to larger needles and inc ③_12_ sts evenly across row. ④_110_ sts. Work even in stockinette until piece measures ⑤_14_ inches. Place markers on each end for underarm. Continue to work even until armhole measures ⑥_7½_ inches. *Shape shoulders:* Bind off ⑦_36_ sts at beg of next 2 rows. Place rem ⑧_38_ sts on holder.

ABBREVIATIONS

The following abbreviations are used in the patterns:

beg	beginning	p	purl	sl st	slip stitch
ch	chain	psso	pass slip stitch	st(s)	stitch(es)
dc	double crochet		over stitch	yo	yarn over
dec	decrease	rem	remaining		
inc	increase	rep	repeat		Pattern for k1p1 in ribbing:
k	knit	sc	single crochet		Row 1: *k1, p1, repeat from * across row
k2tog	knit 2 stitches together	sk	skip		Repeat row 1 for pattern

METRIC CONVERSIONS

For those of you who are more comfortable with metric measurements, the chart below includes the metric equivalent of every inch measurement used in this book. When you are transferring the numbers from the chart to your pattern, take the extra step to check the conversion chart each time you find an inch measurement, write the metric equivalent into your pattern, and you will be ready to go.

Inches	Centimeters	Inches	Centimeters	Inches	Centimeters	Inches	Centimeters
1/8	3/10	4	10	11½	29¼	21	53¼
¼	6/10	4½	11½	12	30½	22	56
3/8	1	5	12¾	12½	31¾	22½	57
½	1 3/10	5½	14	13	33	24	61
5/8	1 6/10	6	15¼	13½	34¼	26	66
¾	2	6½	16½	14	35½	27	68½
1	2½	6¾	17¼	14½	36¾	28½	72½
1¼	3¼	7	17¾	15	38	30	76
1½	3¾	7½	19	15½	39½	32	81¼
1¾	4½	8	20¼	16	40½	34	86½
2	5	8½	21½	16½	42	36	91½
2½	6¼	8¾	22¼	17	43¼	38	96½
2¾	7	9	23	17½	44½	40	101½
3	7½	9½	24¼	18	45¾	42	106½
3¼	8¼	10	25½	18½	47	44	111¾
3½	9	10½	26¾	19	48¼	46	117
3¾	9½	11	28	20	50¾	48	122

THE
SWEATERS

✿ Set-in Sleeves

Knitted or crocheted sweaters with set-in sleeves are smart-looking. Fitted at the shoulders, set-in sleeves are flattering to many people.

There are eight different neck styles featured in this section—crew necks, turtlenecks, placket and collars, scoops, cowls, V necks, shawl collars, and boat necks. Most of them are in pullovers and cardigans, and each pattern is written for long sleeves. At the end of this section there are three sleeve variations. Any one of these variations will fit into any sweater in this section, so feel free to insert the directions for a variation if you don't want the long sleeves.

Refer to the gauge charts at the end of the set-in sleeve section. It's a good idea to locate the appropriate charts and fill in the numbers on the pattern before you begin.

CREW NECKS

One of the most popular neck styles, crew necks are fitted round necks (see Figures 2-1, 2-2, and 2-3). Because it is considered to be a more feminine style, there is no crew neck cardigan for men pictured here. There is, however, a round neck cardigan with a collar for men under Placket and Collar Necks.

2-1. Women's Crew Neck Pullover.

2-2. Men's Crew Neck Pullover.

2-3. Women's Crew Neck Cardigan.

Crew neck sweaters are great with all weights of yarn. Imagination is the limit to the stitch patterns that might jazz up this basic style.

Knitted Pullovers for Men and Women

See Figures 2-4, 2-5, and 2-6.

BACK   See Charts 2-1A and 2-1B.

On smaller needles cast on ①_____ sts. K1p1 in ribbing for ②_____ inches. Change to larger needles and inc ③_____ sts evenly across row. ④_____ sts. Work even in stockinette until piece measures ⑤_____ inches. *Shape armhole:* Bind off ⑥_____ sts at beg of next 2 rows. Dec 1 stitch each end every other row ⑦_____ times. ⑧_____ sts. Work even until armhole measures ⑨_____ inches. *Shape shoulders:* Bind off ⑩_____ sts at beg of next 2 rows. Bind off ⑪_____ sts at beg of next 2 rows. Bind off ⑫_____ sts at beg of next 2 rows. Place rem ⑬_____ sts on holder.

FRONT   See Chart 2-4.

Work same as back until armhole measures ①_____ inches. *Shape neck:* Work across ②_____ sts, place center ③_____ sts on holder, join new ball of yarn and work across rem ④_____ sts. Dec 1 stitch each neck edge every other row ⑤_____ times. Work even until armhole measure same as back. Shape shoulders same as back.

SLEEVES   See Charts 2-6A and 2-6B.

On smaller needles cast on ①_____ sts. K1p1 in ribbing for ②_____ inches. Change to larger needles and inc ③_____ sts evenly across row. ④_____ sts. Work in stockinette and inc 1 stitch each end every ⑤_____ inches ⑥_____ times. ⑦_____ sts. Work even until sleeve measures ⑧_____ inches or length desired to underarm. *Shape cap:* Bind off ⑨_____ sts at beg of next 2 rows. Dec 1 stitch each end every ⑩_____ inches ⑪_____ times. Dec 1 stitch each end every ⑫_____ inches ⑬_____ times. Bind off rem ⑭_____ sts.

FINISHING   See Chart 2-5.

Sew shoulders. *Neck band:* With right side facing you beginning at right shoulder on smaller sized circular needle k ①_____ sts from back holder, pick up ②_____ sts along left side neck, k ③_____ sts from front holder, pick up ④_____ sts along right side neck. ⑤_____ sts. K1p1 in ribbing for 1 inch. Bind off all sts loosely in ribbing. Sew side and sleeve seams. Set in sleeves.

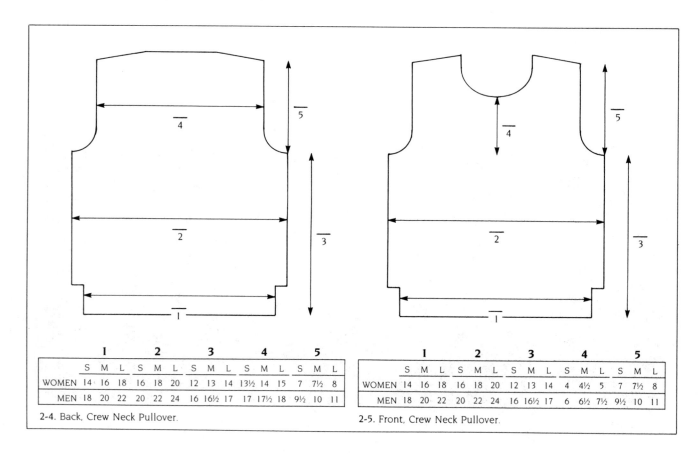

		1			2			3			4			5		
	S	M	L	S	M	L	S	M	L	S	M	L	S	M	L
WOMEN	14	16	18	16	18	20	12	13	14	13½	14	15	7	7½	8
MEN	18	20	22	20	22	24	16	16½	17	17	17½	18	9½	10	11

2-4. Back, Crew Neck Pullover.

		1			2			3			4			5		
	S	M	L	S	M	L	S	M	L	S	M	L	S	M	L
WOMEN	14	16	18	16	18	20	12	13	14	4	4½	5	7	7½	8
MEN	18	20	22	20	22	24	16	16½	17	6	6½	7½	9½	10	11

2-5. Front, Crew Neck Pullover.

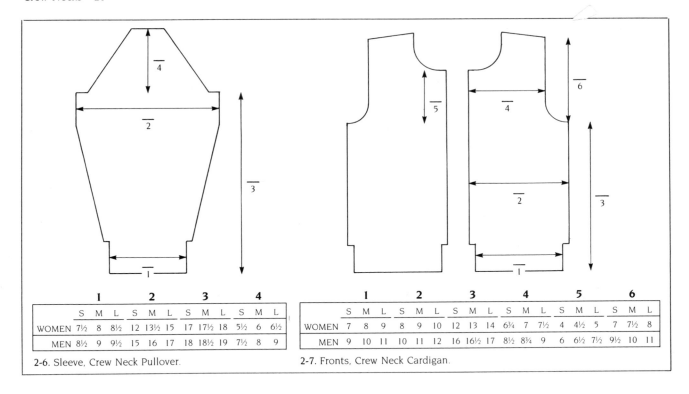

	1			2			3			4		
	S	M	L	S	M	L	S	M	L	S	M	L
WOMEN	7½	8	8½	12	13½	15	17	17½	18	5½	6	6½
MEN	8½	9	9½	15	16	17	18	18½	19	7½	8	9

2-6. Sleeve, Crew Neck Pullover.

	1			2			3			4			5			6		
	S	M	L	S	M	L	S	M	L	S	M	L	S	M	L	S	M	L
WOMEN	7	8	9	8	9	10	12	13	14	6¾	7	7½	4	4½	5	7	7½	8
MEN	9	10	11	10	11	12	16	16½	17	8½	8¾	9	6	6½	7½	9½	10	11

2-7. Fronts, Crew Neck Cardigan.

Crocheted Pullovers for Men and Women

See Figures 2-4, 2-5, and 2-6.

The crocheted crew neck sweater will use more yarn than the knitted one, but the style and fit will be the same.

BACK   See Charts 2-8A and 2-8B.

Ribbing: On smaller hook ch ①_____ . Sc in 2nd ch from hook and in each ch across, ch 1, turn. *Next row*: Working through back loop only, sc in each st across, ch 1, turn. Rep last row until piece measures ②_____ inches. Do not turn. *Next row*: Change to larger hook, ch 1, working along long side of ribbing work ③_____ sc evenly across, ch 1, turn. Rep last row until piece measures ④_____ inches. *Shape armhole*: Sl st across ⑤_____ sts, work to within ⑥_____ sts of end, ch 1, turn. Dec 1 stitch each end every other row ⑦_____ times. ⑧_____ sts. Work even until armhole measures ⑨_____ inches. *Shape shoulders*: Sl st across ⑩_____ sts, work to within ⑪_____ sts of end, ch 1, turn. Sl st across ⑫_____ sts, work to within ⑬_____ sts of end, ch 1, turn. Sl st across ⑭_____ sts, work to within ⑮_____ sts of end, fasten off.

FRONT   See Chart 2-10.

Work same as back until armhole measures ①_____ inches. *Shape neck*: *Left side*: Work across ②_____ sts, ch 1, turn. Dec 1 stitch at neck edge every other row

③_____ times. Work even until armhole measures same as back. Shape shoulder same as back. *Right side*: Skip center ④_____ sts and work right side same as left side but reverse shaping.

SLEEVES   See Charts 2-12A and 2-12B.

Ribbing: On smaller hook, ch ①_____ . Sc in 2nd ch from hook and in each ch across, ch 1, turn. *Next row*: Working through back loop only, sc in each st across, ch 1, turn. Rep last row until piece measures ②_____ inches. Do not turn. *Next row*: Change to larger hook, ch 1, working along long side of ribbing work ③_____ sc evenly across, ch 1, turn. Rep last row. Inc 1 stitch each end every ④_____ inches ⑤_____ times. ⑥_____ sts. Work even until piece measures ⑦_____ inches or length desired to underarm. *Shape cap*: Sl st across ⑧_____ sts, work to within ⑨_____ sts of end, ch 1, turn. Dec 1 stitch each end every ⑩_____ inches ⑪_____ times. Dec 1 stitch each end every ⑫_____ inches ⑬_____ times, fasten off.

FINISHING   See Chart 2-47.

Sew shoulders. *Neck band*: With right side facing you beginning at right shoulder on smaller hook sc ①_____ along back neck, sc ②_____ along left side neck, sc ③_____ along center front neck, sc ④_____ along right side neck. Sc in each st until neck band measures 1 inch, fasten off. Sew side and sleeve seams. Set in sleeves.

Knitted Cardigans for Women

See Figures 2-4, 2-6, and 2-7.

BACK   Same as Back for Crew Neck Pullover.

LEFT FRONT   See Chart 2-14.

On smaller needles cast on ①_____ sts. K1p1 in ribbing for ②_____ inches. Change to larger needles and inc ③_____ sts evenly across row. ④_____ sts. Work even in stockinette until piece measures same as back to underarm. *Shape armhole:* On right side, bind off ⑤_____ sts at beg of row, work across rem sts. Dec 1 stitch at armhole edge every other row ⑥_____ times. ⑦_____ sts. Work even until armhole measures ⑧_____ inches. *Shape neck:* On wrong side, bind off ⑨_____ sts at beg of row, work across rem sts. Dec 1 stitch at neck edge every other row ⑩_____ times. Work even until armhole measures same as back. Shape shoulder same as back.

RIGHT FRONT   Same as Left Front but reverse shaping.

SLEEVES   Same as Sleeves for Crew Neck Pullover.

FINISHING   See Chart 2-15.

Sew shoulders. *Neck band:* With right side facing you on smaller needles pick up ①_____ sts along right front neck, k ②_____ sts from back holder, pick up ③_____ sts along left front neck. ④_____ sts. K1p1 in ribbing for 1 inch. Bind off all sts loosely in ribbing. *Left front band:* With right side facing you on smaller needles pick up ⑤_____ sts evenly along left front edge. K1p1 in ribbing for 1¼ inches. Bind off all sts loosely in ribbing. *Right front band:* Work same as for left front band until band measures ½ inch. *Make buttonholes:* Work ⑥_____ sts, (yo, k2tog, work ⑦_____ sts) ⑧_____ times, yo, k2tog, work rem ⑨_____ sts. Continue to work in ribbing until band measures 1¼ inches. Bind off all sts loosely in ribbing. Sew side and sleeve seams. Set in sleeves. Sew buttons to correspond to buttonholes.

Crocheted Cardigans for Women

See Figures 2-4, 2-6, and 2-7.

BACK   Same as Back for Crew Neck Pullover.

LEFT FRONT   See Chart 2-16.

Ribbing: On smaller hook ch ①_____ . Sc in 2nd ch from hook and in each ch across, ch 1, turn. *Next row:* Working through back loop only, sc in each st across, ch 1, turn. Rep last row until piece measures ②_____ inches. Do not turn. *Next row:* Change to larger hook, ch 1, working along long side of ribbing work③_____ sc evenly across, ch 1, turn. Rep last row until piece measures same as back to underarm. *Shape armhole:* On right side sl st across ④_____ sts, work across row. Dec 1 stitch at armhole edge every other row ⑤_____ times. Work even until armhole measures ⑥_____ inches. *Shape neck:* On wrong side, sl st across ⑦_____ sts, work across row. Dec 1 stitch at neck edge every other row ⑧_____ times. Work even until armhole measures same as back. Shape shoulders same as back.

RIGHT FRONT   Same as Left Front but reverse shaping.

SLEEVES   Same as Sleeves for Crew Neck Pullover.

FINISHING   See Charts 2-18A and 2-18B.

Sew shoulders. *Neck band:* With right side facing you on smaller hook sc ①_____ along right front neck, sc ②_____ along back neck, sc ③_____ along left front neck, ch 1, turn. Work even in sc for 1 inch, fasten off. *Left front band:* With right side facing you on smaller hook sc ④_____ evenly along left front edge, ch 1, turn. Work even in sc for 1¼ inches, fasten off. *Right front band:* Work same as for left front band until band measures ½ inch. *Make buttonholes:* sc ⑤_____ , (ch ⑥_____ , sk ⑦_____ , sc ⑧_____) ⑨_____ times, ch ⑩_____ , sk ⑪_____ , sc rem sts, ch 1, turn. Continue to work even in sc until band measures 1¼ inches, fasten off. Sew side and sleeve seams. Set in sleeves. Sew buttons to correspond to buttonholes.

TURTLENECKS

Turtleneck sweaters are simply a crew neck sweater body with a fitted, folded over neck worked in the finishing. Turtlenecks are good in warm bulky yarns, and lend themselves well to cable patterns. (see Figures 2-8 and 2-9).

Knitted Pullovers for Men and Women

See Figures 2-4, 2-5, and 2-6.

BACK   Same as Back for Crew Neck Pullover.

FRONT   Same as Front for Crew Neck Pullover.

SLEEVES   Same as Sleeves for Crew Neck Pullover.

FINISHING   Sew shoulders. *Turtleneck:* Pick up sts around neck same as for Crew Neck Pullover. K1p1 in ribbing for 3½ inches. Change to larger needles and continue to work in ribbing until neck measures 7 inches. Bind off all sts loosely in ribbing. Sew side and sleeve seams. Set in sleeves.

Crocheted Pullovers for Men and Women

See Figures 2-4, 2-5, and 2-6.

BACK   Same as Back for Crew Neck Pullover.

FRONT   Same as Front for Crew Neck Pullover.

SLEEVES   Same as Sleeves for Crew Neck Pullover.

FINISHING   See Chart 2-48.
Sew shoulders. *Turtleneck:* On larger hook, ch ①_____ . Sc in 2nd ch from hook and in each ch across, ch 1, turn. *Next row:* Working through back loop only, ch in each st across, ch 1, turn. Rep last row until piece measures ②_____ inches, fasten off. Sew turtleneck into a circle along short side of piece. Sew turtleneck onto neck easing pieces together. Sew side and sleeve seams. Set in sleeves.

2-8. Women's Turtleneck Pullover.

2-9. Men's Turtleneck Pullover.

2-10. Women's Placket and Collar Pullover.

2-11. Men's Placket and Collar Pullover.

2-12. Women's Placket and Collar Cardigan.

2-13. Men's Placket and Collar Cardigan.

Woman's V Neck Cardigan with Drop Sleeves (*right*)   A variegated rayon ribbon yarn is used in crocheting this crisp, unique-looking sweater.

Man's V Neck Pullover with Set-in Sleeves (*below*)   Crocheted with an ombred wool yarn, this sweater has fairly monochromatic colors that offer a handsome and subtle look.

Man's Placket and Collar Pullover with Raglan Sleeves (*right*)   This sweater is knitted in a plain acrylic yarn. The stripes, which are all of equal width, match between body and sleeves, forming smooth and attractive lines around the shoulders.

Woman's Drop Sleeve Turtleneck Pullover (*top left*) Crocheted in a mohair/acrylic blend yarn, this sweater has a random stripe pattern that does not repeat.

Woman's Scoop Neck Cardigan with Set-in Sleeves (*top right*) This sweater is knitted with two strands of a lightweight nylon yarn, resulting in a shiny and silky finish.

Man's Boat Neck Pullover with Drop Sleeves (*bottom*) The ombred wool yarn used in this sweater produces stripes of different widths that do not repeat.

Woman's Boat Neck Pullover with Drop Dolman Sleeves (*opposite page, top*) The dolman sleeves add a real fashion flair to this simple sweater, knitted in a soft mohair yarn.

Woman's Crew Neck Pullover with Puff Sleeves (*bottom left*)
This mohair sweater has been dressed up considerably with knitted puff sleeves and a front and back crocheted in an allover shell stitch. A crocheted ruffle at the neckline adds a final touch.

Woman's Boat Neck Pullover with Drop Sleeves (*bottom right*) A beautiful color effect is created in this crocheted sweater by using a variegated rayon yarn.

Man's Crew Neck Pullover with Set-in Sleeves (*top left*) This pullover is knitted with an ombred wool yarn that forms a striped pattern.

Woman's Boat Neck Pullover with Drop Cap Sleeves (*top right*) The drop cap sleeves distinguish this sweater, which is crocheted in a multicolored and richly textured cotton blend yarn.

Man's Drop Sleeve Turtleneck Pullover (*bottom*) Knitted in a thick-and-thin wool yarn, this sweater has a conservative, yet interesting look.

PLACKET AND COLLAR NECKS

The placket and collar is an attractive neck style that is more elaborate than a crew neck and yet surprisingly easy to make (see Figures 2-10, 2-11, 2-12, and 2-13). Medium- and fine-weight yarns will drape the best in this style of pullover sweater. Cardigans could be made in a bulky yarn to be jacketlike.

Any stitch pattern will be attractive in a placket and collar sweater. A pattern just above the armhole would be interesting, as would a second color used just in the placket and collar.

On the pullover front, the small opening is made shortly after the armhole shaping begins, and each side is worked separately. The cardigan front is worked the same as the crew neck cardigan front. The collar is worked in the finishing, followed by the placket or front band.

Knitted Pullovers for Men and Women

See Figures 2-14, 2-4, and 2-6.

BACK Same as Back for Crew Neck Pullover.

FRONT See Chart 2-20.

Work same as back until armhole measures ①_____ inches. *Shape neck:* Place markers around center ②_____ sts. On a right side row, work to first marker, join new ball of yarn, bind off center ③_____ sts, work rem sts. Continue until armhole measures ④_____ inches, ready for a right side row. *Next row:* Work to within ⑤_____ sts of neck edge, place ⑥_____ sts on holder. Work across rem sts on right side neck. *Next row* (wrong side): Work to within ⑦_____ sts of neck edge, place ⑧_____ sts on holder. Work across rem sts on left side neck. Dec 1 stitch each neck edge every other row ⑨_____ times. Work even until armhole measures same as back. Shape shoulders same as back.

SLEEVES Same as Sleeves for Crew Neck Pullover.

FINISHING See Charts 2-21A and 2-21B.

Sew shoulders. *Collar:* With right side facing you on larger needles k ①_____ sts from right front holder, pick up ②_____ sts along right side neck, k ③_____ sts from back holder, pick up ④_____ sts along left side neck, k ⑤_____ sts from left front holder. ⑥_____ sts. K1p1 in ribbing for 4 inches. Bind off all sts loosely in ribbing. *Left front band:* With right side facing you on smaller needles pick up ⑦_____ sts evenly along right side of neck opening beginning where collar meets body and ending at bound off sts. K1p1 in ribbing for ¾ inch. For men, *make buttonholes:* Work ⑧_____ sts, (yo, k2tog, work ⑨_____ sts) ⑩_____ times, work rem ⑪_____ sts. Continue to work in ribbing until band measures 2 inches. Bind off all sts loosely in ribbing. *Right front band:* With right side facing you pick up ⑫_____ sts evenly along left side of neck opening beginning at bound off sts and ending where collar meets body. K1p1 in ribbing for ¾ inch. For women, *make buttonholes* same as for men. Continue to work in ribbing until band measures 2 inches. Bind off all sts loosely in ribbing.

Overlap center bands, right side on top for women, left side on top for men, and sew both layers to bound off sts. Sew side and sleeve seams. Set in sleeves. Sew buttons to correspond to buttonholes.

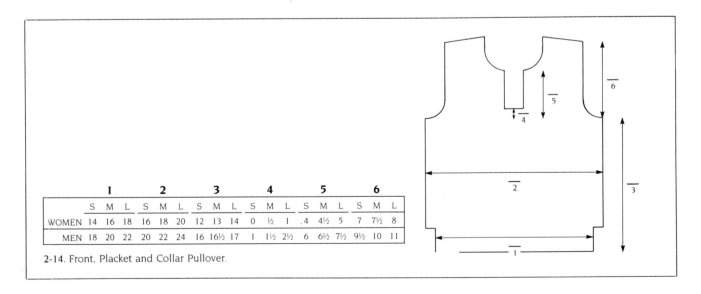

		1			2			3			4			5			6	
	S	M	L	S	M	L	S	M	L	S	M	L	S	M	L	S	M	L
WOMEN	14	16	18	16	18	20	12	13	14	0	½	1	.4	4½	5	7	7½	8
MEN	18	20	22	20	22	24	16	16½	17	1	1½	2½	6	6½	7½	9½	10	11

2-14. Front, Placket and Collar Pullover.

Crocheted Pullovers for Men and Women

See Figures 2-14, 2-4, and 2-6.

BACK   Same as Back for Crew Neck Pullover.

FRONT   See Chart 2-11.

Work same as back until armhole measures ①____ inches. *Shape neck:* Place markers around center ②____ sts. *Left side:* Work to first marker, ch 1, turn. Continue in sc until armhole measures ③____ inches. Work to within ④____ sts of neck edge, ch 1, turn. Dec 1 stitch at neck edge every other row ⑤____ times. Work even until armhole measures same as back. Shape shoulder same as back. *Right side:* Skip center ⑥____ sts and work right side same as left side but reverse shaping.

SLEEVES   Same as Sleeves for Crew Neck Pullover.

FINISHING   See Chart 2-23.

Sew shoulders. *Collar:* On larger hook, ch ①____ . Sc in 2nd ch from hook and in each ch across, ch 1, turn. *Next row:* Working through back loop only ch in each st across, ch 1, turn. Rep last row until piece measures ②____ inches, fasten off. Sew collar into place around neck edge easing collar in. *Front bands:* On larger hook, ch ③____ . Sc in 2nd ch from hook and in each ch across, ch 1, turn. *Next row:* Working through back loop only, ch in each st across, ch 1, turn. Rep last row until piece measures ¾ inch. *Make buttonholes:* Work across ④____ , (ch ⑤____ , sk ⑥____ , sc ⑦____) ⑧____ times, ch 1, turn. Continue to work even in sc until band measures 2 inches, fasten off. Make a second band the same but without buttonholes. Sew the long side of the band to the long edge of the neck opening, from where collar meets body to beginning of opening. Sew the band with buttonholes on the right side for women, left side for men. Overlap the bands, keeping the buttonholes in front and sew to the open edge at the bottom of neck opening. Sew side and sleeve seams. Set in sleeves. Sew buttons to correspond to buttonholes.

Knitted Cardigans for Men and Women

See Figures 2-4, 2-6, and 2-7.

BACK   Same as Back for Crew Neck Pullover.

LEFT FRONT   Same as Left Front for Crew Neck Cardigan.

RIGHT FRONT   Same as Left Front but reverse shaping.

SLEEVES   Same as Sleeves for Crew Neck Pullover.

FINISHING   See Chart 2-26.

Sew shoulders. *Collar:* Pick up sts as for Crew Neck Cardigan neck band. K1p1 in ribbing for 4 inches. Bind off all sts loosely in ribbing. *Left front band:* With right side facing you on smaller needles pick up ①____ sts evenly along left front edge, beginning at top of left front where collar meets body and ending at bottom of ribbing. K1p1 in ribbing for ½ inch. For men, *make buttonholes:* Work ②____ sts, (yo, k2tog, work ③____ sts) ④____ times, yo, k2tog, work rem ⑤____ sts. Continue to work in ribbing until band measures 1¼ inches. Bind off all sts loosely in ribbing. *Right front band:* Work same as for left front band. For women, *make buttonholes* on right band. Sew side and sleeve seams. Set in sleeves. Sew buttons to correspond to buttonholes.

Crocheted Cardigans for Men and Women

See Figures 2-4, 2-6, and 2-7.

BACK   Same as Back for Crew Neck Pullover.

LEFT FRONT   Same as Left Front for Crew Neck Cardigan.

RIGHT FRONT   Same as Left Front but reverse shaping.

SLEEVES   Same as Sleeves for Crew Neck Pullover.

FINISHING   See Chart 2-41.

Sew shoulders. Make collar same as for Placket and Collar Pullover. *Left front band:* With right side facing you on smaller hook sc ①____ evenly along left front edge, beginning at top of left front where collar meets body and ending at bottom of ribbing, ch 1, turn. Work even in sc until band measures ½ inch. For men, *make buttonholes:* sc ②____ , (ch ③____ , sk ④____ , sc ⑤____) ⑥____ times, ch ⑦____ , sk ⑧____ , end sc for rem sts, ch 1, turn. Continue to work even in sc until band measures 1¼ inches, fasten off. *Right front band:* Work same as for left front band. For women, *make buttonholes* on right band. Sew side and sleeve seams. Set in sleeves. Sew buttons to correspond to buttonholes.

SCOOP NECKS

A scoop neck can be thought of as a crew neck with a lower neckline in front (see Figures 2-15 and 2-16). Since it is a very feminine style, the instructions are written only for women's sizes. Scoop neck sweaters would be good in medium- or finer-weight yarns, and could be dressed up with shiny yarns and lacy stitch patterns. They look great with long or short puff sleeves.

Knitted Pullovers for Women

See Figures 2-17, 2-4, and 2-6.

BACK   Same as Back for Crew Neck Pullover.

FRONT   See Chart 2-2.

Work same as back until armhole measures ①___ inches. *Shape neck*: Place markers around center ②___ sts. Work to first marker, place center ③___ sts on holder, join new ball of yarn and work across rem sts. Dec 1 stitch each neck edge every other row ④___ times. Work even until armhole measures same as back. Shape shoulders same as back.

SLEEVES   Same as Sleeves for Crew Neck Pullover.

FINISHING   See Chart 2-27.

Sew shoulders. *Neck Band*: With right side facing you beginning at right shoulder on smaller sized circular needle k ①___ sts from back holder, pick up ②___ sts along left side neck, k ③___ sts from front holder, pick up ④___ sts along right side neck. ⑤___ sts. K1p1 in ribbing for 1 inch. Bind off all sts loosely in ribbing. Sew side and sleeve seams. Set in sleeves.

Crocheted Pullovers for Women

See Figures 2-17, 2-4, and 2-6.

BACK   Same as Back for Crew Neck Pullover.

FRONT   See Chart 2-28.

Work same as back until armhole measures ①___ inches. *Shape neck*: Place markers around center ②___ sts. *Left side*: Work to first marker, ch 1, turn. Dec 1 stitch at neck edge every other row ③___ times. Work even until armhole measures same as back. Shape shoulder same as back. *Right side*: Skip center ④___ sts and work right side same as left side but reverse shaping.

2-15. Women's Scoop Neck Pullover.

2-16. Women's Scoop Neck Cardigan.

SLEEVES   Same as Sleeves for Crew Neck Pullover.

FINISHING   See Chart 2-31.

Sew shoulders. *Neck band:* With right side facing you beginning at right shoulder on smaller hook, sc ①_____ along back neck, sc ②_____ along left side neck, sc ③_____ along center front neck, sc ④_____ along right side neck. Sc in each st until neck band measures 1 inch, fasten off. Sew side and sleeve seams. Set in sleeves.

Knitted Cardigans for Women

See Figures 2-18, 2-4, and 2-6.

BACK   Same as Back for Crew Neck Pullover.

LEFT FRONT   See Chart 2-30.

Work same as Left Front for Crew Neck Cardigan until armhole measures ①_____ inches. *Shape neck:* On wrong side, bind off ②_____ sts at beg of row, work across row. Dec 1 stitch each neck edge every other row ③_____ times. Work even until armhole measures same as back. Shape shoulder same as back.

RIGHT FRONT   Same as Left Front but reverse shaping.

FINISHING   See Chart 2-34.

Sew shoulders. *Neck band:* With right side facing you on smaller needles pick up ①_____ sts along right front neck, k ②_____ sts from back holder, pick up ③_____ sts along left front neck. ④_____ sts. K1p1 in ribbing for 1 inch. Bind off all sts loosely in ribbing. *Left front band:* With right side facing you on smaller needles pick up ⑤_____ sts evenly along left front edge. K1p1 in ribbing for 1¼ inches. Bind off all sts loosely in ribbing. *Right front band:* Work same as for left front band until band measures ½ inch. *Make buttonholes:* Work ⑥_____ sts, (yo, k2tog, work ⑦_____ sts) 4 times, yo, k2tog, work rem ⑧_____ sts. Continue to work in ribbing until band measures 1¼ inches. Bind off all sts loosely in ribbing. Sew side and sleeve seams. Set in sleeves. Sew buttons to correspond to buttonholes.

Crocheted Cardigans for Women

See Figures 2-18, 2-4, and 2-6.

BACK   Same as Back for Crew Neck Pullover.

LEFT FRONT   See Chart 2-29.

Work same as Left Front for Crew Neck Cardigan until armhole measures ①_____ inches. *Shape neck:* On wrong side, sl st across ②_____ sts, work across row. Dec 1 stitch at neck edge every other row ③_____ times. Work even until armhole measures same as back.

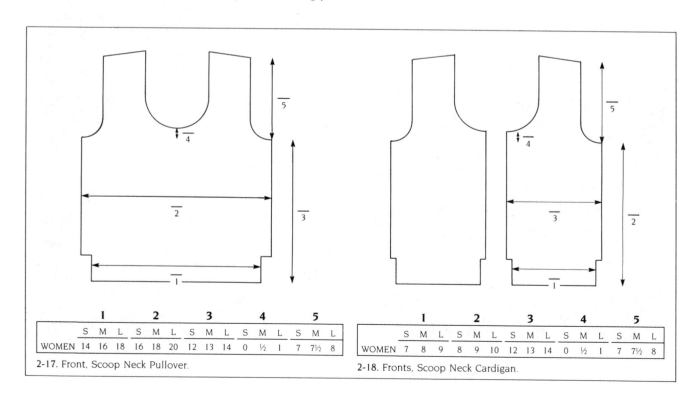

	1			2			3			4			5		
	S	M	L	S	M	L	S	M	L	S	M	L	S	M	L
WOMEN	14	16	18	16	18	20	12	13	14	0	½	1	7	7½	8

2-17. Front, Scoop Neck Pullover.

	1			2			3			4			5		
	S	M	L	S	M	L	S	M	L	S	M	L	S	M	L
WOMEN	7	8	9	8	9	10	12	13	14	0	½	1	7	7½	8

2-18. Fronts, Scoop Neck Cardigan.

RIGHT FRONT   Same as Left Front but reverse shaping.

FINISHING   See Chart 2-35.

Sew shoulders. *Neck band*: With right side facing you on smaller hook sc ①_____ along right front neck, sc ②_____ along back neck, sc ③_____ along left front neck, ch 1, turn. Work even in sc for 1 inch, fasten off. *Left front band*: With right side facing you on smaller hook sc ④_____ evenly along left front edge, ch 1,

turn. Work even in sc for 1¼ inches, fasten off. *Right front band*: Work same as for left front band until band measures ½ inch. *Make buttonholes*: sc ⑤_____ , (ch ⑥_____ , sk ⑦_____ , sc ⑧_____) 5 times, ch ⑨_____ , sk ⑩_____ , end sc for rem sts, ch 1, turn. Continue to work even in sc until band measures 1¼ inches, fasten off. Sew side and sleeve seams. Set in sleeves. Sew buttons to correspond to buttonholes.

COWL NECKS

Cowl necks are longer and much fuller than turtlenecks (see Figure 2-19). The neck on a cowl can be folded over several times and draped as the wearer chooses. The body is made as a crew neck pullover, and the cowl neck is worked in the finishing. The cowl neck is consided a feminine look, so the instructions are written only for women's sizes.

Cowl neck sweaters are great in all weights of yarns. In finer weights they can be all-occasion sweaters (in yarns like alpaca, cashmere, or mohair), and in bulkier yarns they are very warm.

Knitted Pullovers for Women

See Figures 2-4, 2-5, and 2-6.

BACK   Same as Back for Crew Neck Pullover.

FRONT   Same as Front for Crew Neck Pullover.

SLEEVES   Same as Sleeves for Crew Neck Pullover.

FINISHING   See Chart 2-7.

Sew shoulders. *Collar*: With right side facing you beginning at right shoulder on larger sized circular needle p ①_____ sts from back holder, pick up ②_____ sts along left side neck, p ③_____ sts from front holder, pick up ④_____ sts along right side neck. Work in reverse stockinette. Inc ⑤_____ sts evenly around round every ½ inch 4 times. ⑥_____ sts. Continue to work in reverse stockinette until neck measures 12 inches. Work in garter st for 1 inch. Bind off all sts loosely. Sew side and sleeve seams. Set in sleeves.

Crocheted Pullovers for Women

See Figures 2-4, 2-5, and 2-6.

BACK   Same as Back for Crew Neck Pullover.

2-19. Women's Cowl Neck Pullover.

FRONT   Same as Front for Crew Neck Pullover.

SLEEVES   Same as Sleeves for Crew Neck Pullover.

FINISHING   See Chart 2-36.

Sew shoulders. *Collar*: With right side facing you beginning at right shoulder on smaller hook sc ①_____ along back neck, sc ②_____ along left side neck, sc ③_____ along front center neck, sc ④_____ along right side neck. Inc ⑤_____ sts evenly around round every ½ inch 4 times. Continue to work even in sc until neck measures 13 inches, fasten off. Sew side and sleeve seams. Set in sleeves.

2-20. Women's V Neck Pullover.

2-21. Men's V Neck Pullover.

2-22. Women's V Neck Cardigan.

2-23. Men's V Neck Cardigan.

V NECKS

One of the most popular sweater styles, V necks are good looking in pullovers and cardigans (see Figures 2-20, 2-21, 2-22, 2-23). The neckline opens shortly after the armhole shaping begins and widens gradually over the entire depth of the armhole.

V necks are best in medium- to light-weight yarns, wools for winter or cottons for summer. V necks lend themselves to all sorts of pattern stitches and color variations.

Knitted Pullovers for Men and Women

See Figures 2-24, 2-4, and 2-6.

BACK   Same as Back for Crew Neck Pullover.

FRONT   See Chart 2-38.

On smaller needles cast on ①＿＿＿ sts. K1p1 in ribbing for ②＿＿＿ inches. Change to larger needles and inc ③＿＿＿ sts evenly across row. ④＿＿＿ sts. Work even until piece measures same as back to underarm. *Shape armhole*: Bind off ⑤＿＿＿ sts at beg of next 2 rows. Dec 1 stitch each end every other row ⑥＿＿＿ times. When armhole measures ⑦＿＿＿ inches, *shape neck*: Place markers around center st. Work to first marker, place center st on holder, join new ball of yarn, work across rem sts. Dec 1 stitch each neck edge every ⑧＿＿＿ inches ⑨＿＿＿ times. Work even until armhole measures same as back. Shape shoulders same as back.

SLEEVES   Same as Sleeves for Crew Neck Pullover.

FINISHING   See Chart 2-60.

Sew shoulders. *Neck band*: With right side facing you beginning at right shoulder on smaller sized circular needle k ①＿＿＿ sts from back holder, pick up ②＿＿＿ sts along left side neck, place marker, k center st, place marker, pick up ③＿＿＿ sts along right side neck. K1p1 in ribbing to within 2 sts of first marker, sl 1, k1, psso, sl marker, k center st, sl marker, k2tog, continue k1p1 in ribbing. Continue to work in ribbing, working above pattern at center front every row until band measures 1 inch. Bind off all sts loosely in ribbing. Sew side and sleeve seams. Set in sleeves.

Crocheted Pullovers for Men and Women

See Figures 2-24, 2-4, and 2-6.

BACK   Same as Back for Crew Neck Pullover.

FRONT   See Chart 2-19.

Ribbing: On smaller hook ch ①＿＿＿ . Sc in 2nd ch from hook and in each ch across, ch 1, turn. *Next row*: Working through back loop only, sc in each st across, ch 1, turn. Rep last row until piece measures ②＿＿＿ inches. Do not turn. *Next row*: Change to larger hook, ch 1, working along long side of ribbing work ③＿＿＿ sc evenly across, ch 1, turn. Rep last row until piece measures same as back to underarm. *Shape armhole*: Sl st across ④＿＿＿ sts, work to within ⑤＿＿＿ sts of end, ch 1, turn. Dec 1 stitch each end every other row ⑥＿＿＿ times. When armhole measures ⑦＿＿＿ inches, *shape neck*: Place markers around center st. *Left side*: Work to first marker, ch 1, turn. Dec 1 stitch at neck edge every ⑧＿＿＿ inches ⑨＿＿＿ times. Work even until armhole measures same as back. Shape shoulder same as back. *Right side*: Skip center st and work right side same as left side but reverse shaping.

SLEEVES   Same as Sleeves for Crew Neck Pullover.

FINISHING   See Chart 2-30.

Sew shoulders. *Neck band*: With right side facing you beginning at right shoulder on smaller hook sc ①＿＿＿ along back neck, sc ②＿＿＿ along left side neck, sc center st, sc ③＿＿＿ along right side neck. Work in sc to within 2 sts of center front st, dec 1 stitch, sc center st, dec 1 stitch, continue in sc. Continue to work in sc, dec 1 stitch on each side of center st on every round until band measures 1 inch, fasten off. Sew side and sleeve seams. Set in sleeves.

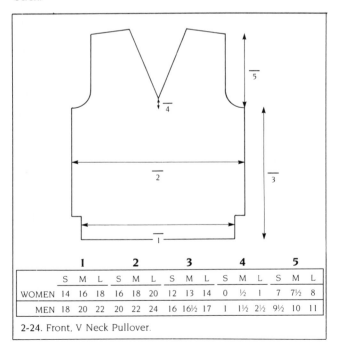

		1			2			3			4			5	
	S	M	L	S	M	L	S	M	L	S	M	L	S	M	L
WOMEN	14	16	18	16	18	20	12	13	14	0	½	1	7	7½	8
MEN	18	20	22	20	22	24	16	16½	17	1	1½	2½	9½	10	11

2-24. Front, V Neck Pullover.

Knitted Cardigans for Men and Women

See Figures 2-25, 2-4, and 2-6.

BACK   Same as Back for Crew Neck Pullover.

LEFT FRONT   See Chart 2-61.
Work same as Left Front for Crew Neck Cardigan until armhole measures ①_____ inches. *Shape neck*: Dec 1 stitch at neck edge every ②_____ inches ③_____ times. Work even until armhole measures same as back. Shape shoulders same as back.

RIGHT FRONT   Same as Left Front but reverse shaping.

SLEEVES   Same as Sleeves for Crew Neck Pullover.

FINISHING   See Chart 2-39.
Sew shoulders. *Neck band*: With right side facing you on smaller needles pick up ①_____ sts along right front edge, pick up ②_____ sts along right neck edge, k ③_____ sts from back holder, pick up ④_____ sts along left neck edge, pick up ⑤_____ sts along left front edge. ⑥_____ sts. K1p1 in ribbing for ½ inch. *Make buttonholes*: Beginning on right side for women, left side for men, work ⑦_____ sts, (yo, k2tog, work ⑧_____ sts) ⑨_____ times, yo, k2tog, work rem sts. Continue to work in ribbing until band measures 1¼ inches. Bind off all sts loosely in ribbing. Sew side and sleeve seams. Set in sleeves. Sew buttons to correspond to buttonholes.

Crocheted Cardigans for Men and Women

See Figures 2-25, 2-4, and 2-6.

BACK   Same as Back for Crew Neck Pullover.

LEFT FRONT   See Chart 2-32.
Work same as Left Front for Crew Neck Cardigan until armhole measures ①_____ inches. *Shape neck*: Dec 1 stitch at neck edge every ②_____ inches ③_____ times. Work even until armhole measures same as back. Shape shoulders same as back.

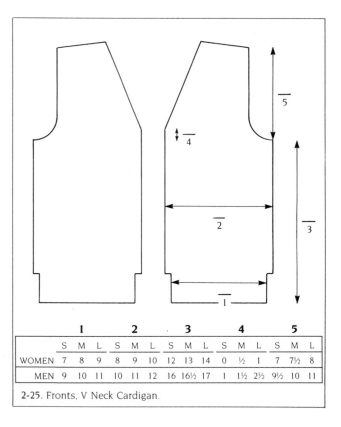

2-25. Fronts, V Neck Cardigan.

		1			2			3			4			5	
	S	M	L	S	M	L	S	M	L	S	M	L	S	M	L
WOMEN	7	8	9	8	9	10	12	13	14	0	½	1	7	7½	8
MEN	9	10	11	10	11	12	16	16½	17	1	1½	2½	9½	10	11

RIGHT FRONT   Same as Left Front but reverse shaping.

SLEEVES   Same as Sleeves for Crew Neck Pullover.

FINISHING   See Charts 2-40A and 2-40B.
Sew shoulders. *Neck band*: With right side facing you on smaller hook sc ①_____ along right front edge, sc ②_____ along right neck edge, sc ③_____ along back neck, sc ④_____ along left neck edge, sc ⑤_____ along left front edge, ch 1, turn. Work in sc until band measures ½ inch. *Make buttonholes*: Beginning on right side for women, left side for men sc ⑥_____ , (ch ⑦_____ , sk ⑧_____ , sc ⑨_____) ⑩_____ times, ch ⑪_____ , sk ⑫_____ , sc across rem sts. Continue to work in sc until band measures 1¼ inches, fasten off. Sew side and sleeve seams. Set in sleeves. Sew buttons to correspond to buttonholes.

V NECK VESTS

A classic, ever-popular style, the V neck vest is the only vest included in the book (see Figures 2-26, 2-27, 2-28 and 2-29). The neck shaping is the same for the vest as for the V neck sweater; the armhole shaping is modified to allow for the armhole finishing. Note that the vest will use 30 percent less yarn than a sweater with sleeves. This vest lends itself to medium- to light-weight yarns. It would be nice with a cable pattern, or with a Fair Isle pattern for a traditional "English Country" look.

2-26. Women's V Neck Pullover Vest.

2-27. Men's V Neck Pullover Vest.

2-28. Women's V Neck Cardigan Vest.

2-29. Men's V Neck Cardigan Vest.

Knitted Pullovers for Men and Women

See Figures 2-30 and 2-31.

BACK   See Chart 2-22.

Work the same as Back for Crew Neck Pullover until piece measures ①_____ inches. *Shape armhole:* Bind off ②_____ sts at beg of next 2 rows. Dec 1 stitch each end every other row ③_____ times. Work even until armhole measures ④_____ inches. *Shape shoulders:* Bind off ⑤_____ sts at beg of next 2 rows. Bind off ⑥_____ sts at beg of next 2 rows. Bind off ⑦_____ sts at beg of next 2 rows. Place rem ⑧_____ sts on holder.

FRONT   See Chart 2-64.

Work same as Front for V Neck Pullover sweater until piece measures ①_____ inches. *Shape armhole:* Bind off ②_____ sts at beg of next 2 rows. Dec 1 stitch each end every other row ③_____ times. When armhole measures ④_____ inches, *shape neck:* Place markers around center st. Work to first marker, place center st on holder, join new ball of yarn, work across rem sts. Dec 1 stitch each neck edge every ⑤_____ inches ⑥_____ times. Work even until armhole measures same as back. Shape shoulders same as back.

FINISHING   See Chart 2-42.

Sew shoulders. Work neck band same as for V Neck Pullover sweater. *Armbands:* With right side facing you beginning at underarm on smaller needles pick up ①_____ sts evenly around armhole edge. K1p1 in ribbing for 1 inch. Bind off all sts loosely in ribbing. Sew side seams.

Crocheted Pullovers for Men and Women

See Figures 2-30 and 2-31.

BACK   See Charts 2-46A and 2-46B.

Work same as Back for Crew Neck Pullover sweater until piece measures ①_____ inches. *Shape armhole:* Sl st across ②_____ sts, work to within ③_____ sts of end, ch 1, turn. Dec 1 stitch each end every other row ④_____ times. Work even until armhole measures ⑤_____ inches. *Shape shoulders:* Sl st across ⑥_____ , work to within ⑦_____ sts of end, ch 1, turn. Sl st across ⑧_____ , work to within ⑨_____ sts of end, ch 1, turn. Sl st across ⑩_____ , work to within ⑪_____ sts of end, fasten off.

FRONT   See Chart 2-13.

Work same as Front for V Neck Pullover until piece measures ①_____ inches. *Shape armhole:* Sl st across ②_____ sts, work to within ③_____ sts of end, ch 1, turn. Dec 1 stitch each end every other row ④_____ times. When armhole measures ⑤_____ inches, *shape neck:* Place markers around center st. *Left side:* Work to first marker, ch 1, turn. Dec 1 stitch at neck edge every ⑥_____ inches ⑦_____ times. Work even until armhole measures same as back. Shape shoulder same as back. *Right side:* Skip center st and work right side same as left side but reverse shaping.

FINISHING   See Chart 2-24.

Sew shoulders. Work neck band same as for V Neck Pullover sweater. *Armbands:* With right side facing you beginning at underarm on smaller hook sc ①_____

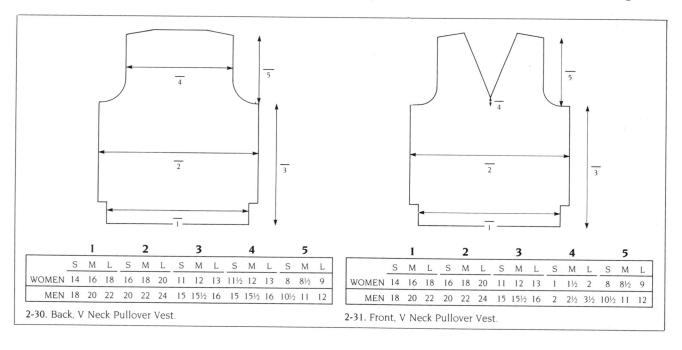

2-30. Back, V Neck Pullover Vest.

		1			2			3			4			5		
	S	M	L	S	M	L	S	M	L	S	M	L	S	M	L	
WOMEN	14	16	18	16	18	20	11	12	13	11½	12	13	8	8½	9	
MEN	18	20	22	20	22	24	15	15½	16	15	15½	16	10½	11	12	

2-31. Front, V Neck Pullover Vest.

		1			2			3			4			5		
	S	M	L	S	M	L	S	M	L	S	M	L	S	M	L	
WOMEN	14	16	18	16	18	20	11	12	13	1	1½	2	8	8½	9	
MEN	18	20	22	20	22	24	15	15½	16	2	2½	3½	10½	11	12	

evenly around armhole edge, ch 1, turn. Continue to work in sc until band measures 1 inch, fasten off. Sew side seams.

Knitted Cardigans for Men and Women

See Figures 2-32 and 2-30.

BACK   Same as Back for V Neck Pullover Vest

LEFT FRONT   See chart 2-54.

Work same as Left Front for Crew Neck Cardigan until piece measures same as back to underarm. *Shape armhole:* On right side bind off ①_____ sts, work across rem sts. P 1 row. Dec 1 stitch at armhole edge every other row ②_____ times. When armhole measures ③_____ inches, *shape neck:* Dec 1 stitch at neck edge every ④_____ inches ⑤_____ times. Work even until armhole measures same as back. Shape shoulders same as back.

RIGHT FRONT   Same as Left Front but reverse shaping.

FINISHING   Sew shoulders. Work neck band same as for V Neck Cardigan. Work armbands same as for V Neck Pullover vest. Sew side seams.

Crocheted Cardigans for Men and Women

See Figures 2-32 and 2-30.

BACK   Same as Back for V Neck Pullover Vest.

LEFT FRONT   See Chart 2-9.

Work same as Left Front for Crew Neck Cardigan

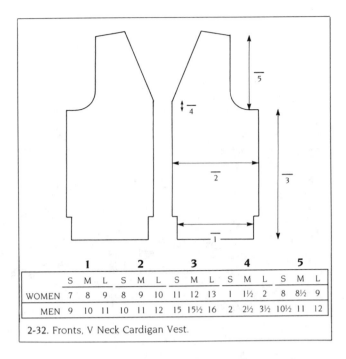

	1			2			3			4			5		
	S	M	L	S	M	L	S	M	L	S	M	L	S	M	L
WOMEN	7	8	9	8	9	10	11	12	13	1	1½	2	8	8½	9
MEN	9	10	11	10	11	12	15	15½	16	2	2½	3½	10½	11	12

2-32. Fronts, V Neck Cardigan Vest.

until piece measures same as back to underarm. *Shape armhole:* On right side sl st across ①_____ , work across row. Dec 1 stitch at armhole edge every other row ②_____ times. When armhole measures ③_____ inches, *shape neck:* Dec 1 stitch at neck edge every ④_____ inches ⑤_____ times. Work even until armhole measures same as back. Shape shoulder same as back.

RIGHT FRONT   Same as Left Front but reverse shaping.

FINISHING   Sew shoulders. Work neck band same as for V Neck Cardigan sweater. Work armbands same as for V Neck Pullover vest. Sew side seams.

SHAWL COLLAR NECKS

Shawl collar sweaters are comfortable and casual (see Figures 2-33, 2-34, 2-35, and 2-36). The collar can be worn folded over, as shown in the photographs, or up, which would hug the neck and be quite warm. For the pullover, the neck opening begins shortly after the armhole shaping begins, and the collar is worked in the finishing. The body for the cardigan is the same as the V Neck Cardigan body, and the collar is worked in the finishing. The shawl collar pullover could be made with any weight of yarn and almost any stitch pattern. The cardigan would be best with medium- to heavy-weight yarn, as it is a jacketlike style. Cables would be attractive on the cardigan.

Knitted Pullovers for Men and Women

See Figures 2-37, 2-4, and 2-6.

BACK   Same as Back for Crew Neck Pullover.

FRONT   See Chart 2-50.

Work same as back until armhole measures ①_____ inches. *Shape neck:* Place markers around center ②_____ sts. Work to first marker, join new ball of yarn, bind off center ③_____ sts, work across rem sts. Continue to work even until armhole measures same as back. Shape shoulders same as back.

2-33. Women's Shawl Collar Pullover.

2-34. Men's Shawl Collar Pullover.

2-35. Women's Shawl Collar Cardigan.

2-36. Men's Shawl Collar Cardigan.

36

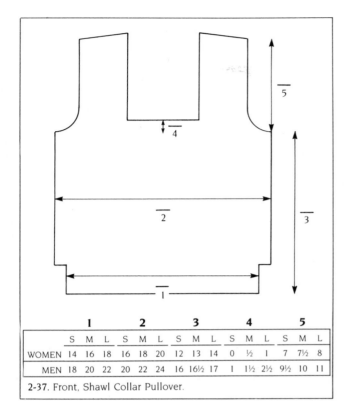

	1			2			3			4			5		
	S	M	L	S	M	L	S	M	L	S	M	L	S	M	L
WOMEN	14	16	18	16	18	20	12	13	14	0	½	1	7	7½	8
MEN	18	20	22	20	22	24	16	16½	17	1	1½	2½	9½	10	11

2-37. Front, Shawl Collar Pullover.

SLEEVES Same as Sleeves for Crew Neck Pullover.

FINISHING See Chart 2-51.

Sew shoulders. *Collar:* With right side facing you beginning at bound off sts on larger needles pick up ①____ sts along right neck edge, k ②____ sts from back holder, pick up ③____ sts along left neck edge. ④____ sts. K1p1 in ribbing for ⑤____ inches. Bind off all sts loosely in ribbing. Overlap ribbing in front, right side in front for women, left side in front for men, and sew both layers to bound off sts in center front. Sew side and sleeve seams. Set in sleeves.

Crocheted Pullovers for Men and Women

See Figures 2-37, 2-4, and 2-6.

BACK Same as Back for Crew Neck Pullover.

FRONT See Chart 2-33.

Work same as back until armhole measures ①____ inches. *Shape neck:* Place markers around center ②____ sts. *Left side:* Work to first marker, ch 1, turn. Continue to work even until armhole measures same as back. Shape shoulder same as back. *Right side:* Skip center ③____ sts and work right side same as left side but reverse shaping.

SLEEVES Same as Sleeves for Crew Neck Pullover.

FINISHING See Chart 2-17.

Sew shoulders. *Collar:* On larger hook ch ①____ . Sc in 2nd ch from hook and in each ch across, ch 1, turn. *Next row:* Working through back loop only, sc in each st across, ch 1, turn. Rep last row until piece measures ②____ inches, fasten off. Sew long side of collar along neck opening beginning at right neck edge, up around back neck and ending at left neck edge. Overlap collar in front, right side in front for women, left side in front for men, and sew both layers to center front opening. Sew side and sleeve seams. Set in sleeves.

Knitted Cardigans for Men and Women

See Figures 2-25, 2-4, and 2-6.

BACK See Chart 2-43.

Work same as Back for Crew Neck Pullover until shoulders are shaped. Bind off rem ①____ sts.

LEFT FRONT Same as Left Front for V Neck Cardigan.

RIGHT FRONT Same as Left Front but reverse shaping.

SLEEVES Same as Sleeves for Crew Neck Pullover.

FINISHING See Charts 2-52 and 2-53.

Sew shoulders. *Collar:* On smaller needles cast on ①____ sts. K1p1 in ribbing for 1¼ inches. *Make buttonhole:* Work across ②____ sts, yo, k2tog, work ③____ sts, yo, k2tog, work rem sts. Continue to work in ribbing until piece measures ④____ inches. Change to larger needles and work even in stockinette making buttonholes every ⑤____ inches ⑥____ more times. Work even until band measures ⑦____ inches. *Shape neck:* Inc 1 stitch each end every ⑧____ inches ⑨____ times. Work even until piece measures ⑩____ inches from first increase. Place marker. Work even until piece measures ⑪____ inches from marker. Place marker. Dec 1 stitch each end every ⑫____ inches ⑬____ times. Work even until band measures ⑭____ inches from last marker. Change to smaller needles and k1p1 in ribbing for ⑮____ inches. Bind off all sts loosely in ribbing. Fold collar in half lengthwise and sew onto body, beginning at bottom front edge, up around back neck and down other front edge. Sew the side with buttonholes on the right side for women, left side for men. Sew side and sleeve seams. Set in sleeves. Sew buttons to correspond to buttonholes.

Crocheted Cardigans for Men and Women

See Figures 2-25, 2-4, and 2-6.

BACK   Same as Back for Crew Neck Pullover.

LEFT FRONT   Same as Left Front for V Neck Cardigan.

RIGHT FRONT   Same as Left Front but reverse shaping.

SLEEVES   Same as Sleeves for Crew Neck Pullover.

FINISHING   See Charts 2-55A and 2-55B.
   Sew shoulders. *Collar:* On larger hook ch ①_____ Sc in 2nd ch from hook and in each ch across, ch 1, turn. Work in sc until piece measures 1¼ inches. *Make buttonhole:* Sc ②_____ , ch ③_____ , sk ④_____ , sc rem sts, ch 1, turn. Continue to work even in sc making buttonholes every ⑤_____ inches ⑥_____ more times. Work even until band measures ⑦_____ inches. *Shape neck:* Inc 1 stitch each end every ⑧_____ inches ⑨_____ times. Work even until piece measures ⑩_____ inches from first increase. Place marker. Work even until piece measures ⑪_____ inches from marker. Place marker. Dec 1 stitch each end every ⑫_____ inches ⑬_____ times. Work even until piece measures ⑭_____ inches from last marker, fasten off. Sew collar onto body beginning at bottom front edge, up around back neck and down other front edge. Sew the side with buttonholes on the right side for women, left side for men. Sew side and sleeve seams. Set in sleeves. Sew buttons to correspond to buttonholes.

BOAT NECKS

Because boat necklines are finished straight across, the back and the front are made the same. They are very easy to make and comfortable to wear (see Figures 2-38 and 2-39). They are suitable for all weights of yarns and stitch patterns, and can be easily dressed up or down depending on the yarns chosen. A bit of picture knitting in the front of a boat neck sweater would make the sweater a true original.

2-38. Women's Boat Neck Pullover.

2-39. Men's Boat Neck Pullover.

Knitted Pullovers for Men and Women

See Figures 2-40 and 2-6.

BACK   See Chart 2-58.

On smaller needles cast on ①_____ sts. K1p1 in ribbing for ②_____ inches. Change to larger needles and inc ③_____ sts evenly across row. ④_____ sts. Work even in stockinette until piece measures ⑤_____ inches. *Shape armhole*: Bind off ⑥_____ sts at beg of next 2 rows. Dec 1 stitch each end every other row ⑦_____ times. ⑧_____ sts. Work even until armhole measures ⑨_____ inches. Change to 1 size smaller needle and k1p1 in ribbing for 2 inches. Bind off all sts loosely in ribbing.

FRONT   Same as Back.

SLEEVES   Same as Sleeves for Crew Neck Pullover.

FINISHING   See Chart 2-44.

Sew shoulders ①_____ inches in from edge. Sew side and sleeve seams. Set in sleeves.

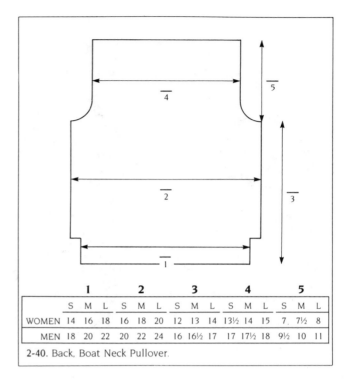

		1			2			3			4			5	
	S	M	L	S	M	L	S	M	L	S	M	L	S	M	L
WOMEN	14	16	18	16	18	20	12	13	14	13½	14	15	7	7½	8
MEN	18	20	22	20	22	24	16	16½	17	17	17½	18	9½	10	11

2-40. Back, Boat Neck Pullover.

Crocheted Pullovers for Men and Women

See Figures 2-40 and 2-6.

BACK   See Chart 2-49.

Same as Back for Crew Neck Pullover until armhole measures ①_____ inches. Do not turn. Ch ②_____ . Sc in 2nd ch from hook and in each ch across, ch 1, turn. *Next row*: Working through back loop only, sc in each st across, ch 1, turn. Rep last row until top ribbing piece measures ③_____ , fasten off. Sew long side of ribbing to top of back.

FRONT   Same as Back.

SLEEVES   Same as Sleeves for Crew Neck Pullover.

FINISHING   See Chart 2-25.

Sew shoulders ①_____ inches in from edge. Sew side and sleeve seams. Set in sleeves.

SLEEVE VARIATIONS

Any one of these sleeve variations—short sleeves, three-quarter sleeves, and puff sleeves—will fit into any of the sweaters in the set-in sleeve section (see Figures 2-41, 2-42, 2-43, and 2-44). To make a sweater with one of these sleeves, follow the directions for the back and front, make the chosen sleeves according to the directions that follow, then return to the original sweater directions for the finishing. You can be as creative as you like mixing sleeves with different necklines.

Short Sleeves

Short sleeves are simple and wearable (see Figures 2-41 and 2-42). Short sleeves are made the same as long sleeves, just shorter; they will obviously use a little less yarn than long sleeves. Short sleeves are ideal for cotton and other light-weight yarns.

KNITTED SHORT SLEEVES FOR MEN AND WOMEN
See Figure 2-45 and Charts 2-59A and 2-59B.

On smaller needles cast on ①_____ sts. K1p1 in ribbing for 1 inch. Change to larger needles and inc ②_____ sts evenly across row. ③_____ sts. Work in stockinette and inc 1 stitch each end every ④_____ inches ⑤_____ times. ⑥_____ sts. Work even until sleeve measures ⑦_____ inches. *Shape cap*: Bind off ⑧_____ sts at beg of next 2 rows. Dec 1 stitch each end every ⑨_____ inches ⑩_____ times. Dec 1 stitch each end every ⑪_____ inches ⑫_____ times. Bind off rem ⑬_____ sts.

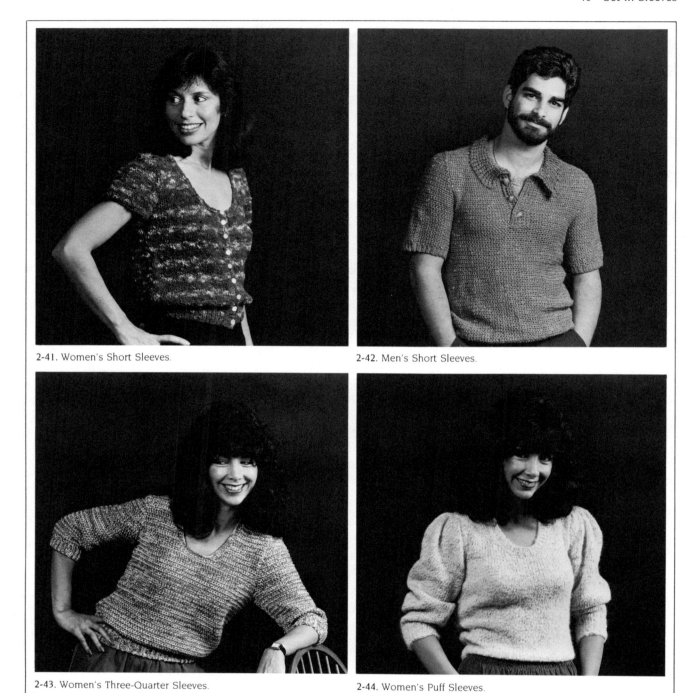

2-41. Women's Short Sleeves.

2-42. Men's Short Sleeves.

2-43. Women's Three-Quarter Sleeves.

2-44. Women's Puff Sleeves.

CROCHETED SHORT SLEEVES FOR MEN AND WOMEN   See Figure 2-45 and Charts 2-62 and 2-56.

Ribbing: On smaller hook, ch ①_____ . Sc in 2nd ch from hook and in each ch across, ch 1, turn. *Next row*: Working through back loop only, sc in each st across, ch 1, turn. Rep last row until piece measures ②_____ inches. Do not turn. *Next row*: Change to larger hook, ch 1, working along long side of ribbing work ③_____

sc evenly across, ch 1, turn. Rep last row. Inc 1 stitch each end every ④_____ inches ⑤_____ times. ⑥_____ sts. Work even until piece measures ⑦_____ inches. *Shape cap*: Sl st across ⑧_____ sts, work to within ⑨_____ sts of end, ch 1, turn. Dec 1 stitch each end every ⑩_____ inches ⑪_____ times. Dec 1 stitch each end every ⑫_____ inches ⑬_____ times, fasten off.

Three-Quarter Sleeves

A feminine style (the directions give only women's sizes), three-quarter sleeves are appropriate in a casual or a dressy sweater (see Figure 2-43). The sleeves fall just below the elbow. Three-quarter sleeves use slightly less yarn than long sleeves, but are made the same way.

KNITTED THREE-QUARTER SLEEVES FOR WOMEN
See Figure 2-46 and Charts 2-63A and 2-63B.

On smaller needles cast on ①_____ sts. K1p1 in ribbing for 1 inch. Change to larger needles and inc ②_____ sts evenly across row. ③_____ sts. Work in stockinette and inc 1 stitch each end every ④_____ inches ⑤_____ times. ⑥_____ sts. Work even until sleeve measures ⑦_____ inches. *Shape cap:* Bind off ⑧_____ sts at beg of next 2 rows. Dec 1 stitch each end every ⑨_____ inches ⑩_____ times. Dec 1 stitch each end every ⑪_____ inches ⑫_____ times. Bind off rem ⑬_____ sts.

CROCHETED THREE-QUARTER SLEEVES FOR WOMEN
See Figure 2-46 and Charts 2-65 and 2-57.

Ribbing: On smaller hook, ch ①_____ . Sc in 2nd ch from hook and in each ch across, ch 1, turn. *Next row:* Working through back loop only, sc in each st across, ch 1, turn. Rep last row until piece measures ②_____ inches. Do not turn. *Next row:* Change to larger hook, ch 1, working along long side of ribbing work ③_____ sc evenly across, ch 1, turn. Rep last row. Inc 1 stitch each end every ④_____ inches ⑤_____ times. ⑥_____ sts. Work even until piece measures ⑦_____ inches. *Shape cap:* Sl st across ⑧_____ sts, work to within ⑨_____ sts of end, ch 1, turn. Dec 1 stitch each end every ⑫_____ inches ⑬_____ times, fasten off.

Puff Sleeves

Puff sleeves are fashionably feminine (see Figure 2-44). The directions are written only for women's sizes. The puff sleeve is worked the same as the long sleeve up to the armhole, but the cap is worked differently. A long puff sleeve will use slightly more yarn than a long sleeve, but puff sleeves can be made either short or three-quarter length as well. To make short or three-quarter length puff sleeves, follow the short or three-quarter length sleeve directions up to #7 on the chart, then follow the puff sleeve directions beginning at #2 (for knit or crochet).

KNITTED PUFF SLEEVES FOR WOMEN
See Figure 2-47 and Chart 2-45.

Work same as Sleeves for Crew Neck Pullover until piece measures ①_____ inches. *Shape cap:* Bind off ②_____ sts at beg of next 2 rows. Work even until cap measures ③_____ inches. K2tog across row. Bind off all sts. When setting in sleeve, ease gathers in at top of shoulder.

CROCHETED PUFF SLEEVES FOR WOMEN
See Figure 2-47 and Chart 2-37.

Work same as Sleeves for Crew Neck Pullover until piece measures ①_____ inches. *Shape cap:* Sl st across ②_____ , work to within ③_____ sts of end, ch 1, turn. Work even until cap measures ④_____ inches. Sc in every other sc across row, fasten off. When setting in sleeve, ease gathers in at top of shoulder.

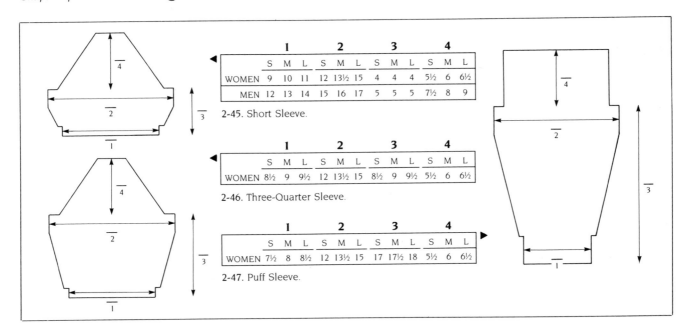

		1			2			3			4		
	S	M	L	S	M	L	S	M	L	S	M	L
WOMEN	9	10	11	12	13½	15	4	4	4	5½	6	6½
MEN	12	13	14	15	16	17	5	5	5	7½	8	9

2-45. Short Sleeve.

		1			2			3			4		
	S	M	L	S	M	L	S	M	L	S	M	L
WOMEN	8½	9	9½	12	13½	15	8½	9	9½	5½	6	6½

2-46. Three-Quarter Sleeve.

		1			2			3			4		
	S	M	L	S	M	L	S	M	L	S	M	L
WOMEN	7½	8	8½	12	13½	15	17	17½	18	5½	6	6½

2-47. Puff Sleeve.

GAUGE CHARTS

STS PER IN	NUMBER ON PATTERN	1			2			3			4			5			6			7			8			9			10		
		SM	MED	LG	SM	MED	LG	SM	MED	LG	SM	MED	LG	SM	MED	LG	SM	MED	LG	SM	MED	LG	SM	MED	LG	SM	MED	LG	SM	MED	LG
2	WOMEN	28	32	36	2½	2½	2½	4	4	4	32	36	40	12	13	14	1	2	2	2	2	3	26	28	30	7	7½	8	7	8	8
	MEN	36	40	44	3	3	3	4	4	4	40	44	48	16	16½	17	1	2	3	2	3	3	34	34	36	9½	10	11	10	9	10
2½	WOMEN	34	40	44	2½	2½	2½	6	5	6	40	45	50	12	13	14	1	2	3	2	3	3	34	35	38	7	7½	8	10	10	10
	MEN	44	50	54	3	3	3	6	5	6	50	55	60	16	16½	17	2	3	3	2	3	4	42	43	46	9½	10	11	12	12	13
3	WOMEN	42	48	54	2½	2½	2½	6	6	6	48	54	60	12	13	14	2	3	3	2	3	4	40	42	46	7	7½	8	6	6	7
	MEN	54	60	66	3	3	3	6	6	6	60	66	72	16	16½	17	2	3	4	2	4	5	52	52	54	9½	10	11	8	8	8
3½	WOMEN	48	56	62	2½	2½	2½	8	7	8	56	63	70	12	13	14	2	3	4	2	4	5	48	49	52	7	7½	8	7	7	7
	MEN	62	70	76	3	3	3	8	7	8	70	77	84	16	16½	17	2	4	5	3	4	5	60	61	64	9½	10	11	9	9	9
4	WOMEN	56	64	72	2½	2½	2½	8	8	8	64	72	80	12	13	14	2	4	5	3	4	5	54	56	60	7	7½	8	8	8	8
	MEN	72	80	88	3	3	3	8	8	8	80	88	96	16	16½	17	3	4	6	3	5	6	68	70	72	9½	10	11	10	10	10
4½	WOMEN	62	72	80	2½	2½	2½	10	9	10	72	81	90	12	13	14	2	4	5	3	5	6	62	63	68	7	7½	8	10	9	10
	MEN	80	90	98	3	3	3	10	9	10	90	99	108	16	16½	17	3	5	6	4	5	7	76	79	82	9½	10	11	11	12	12
5	WOMEN	70	80	90	2½	2½	2½	10	10	10	80	90	100	12	13	14	3	5	6	3	5	6	68	70	76	7	7½	8	10	10	11
	MEN	90	100	110	3	3	3	10	10	10	100	110	120	16	16½	17	3	5	7	4	6	8	86	88	90	9½	10	11	9	9	9
5½	WOMEN	76	88	98	2½	2½	2½	12	11	12	88	99	110	12	13	14	3	5	7	4	6	7	74	77	82	7	7½	8	8	8	8
	MEN	98	110	120	3	3	3	12	11	12	110	121	132	16	16½	17	4	6	8	4	6	8	94	97	100	9½	10	11	10	10	10
6	WOMEN	84	96	108	2½	2½	2½	12	12	12	96	108	120	12	13	14	3	6	7	4	6	8	82	84	90	7	7½	8	8	8	8
	MEN	108	120	132	3	3	3	12	12	12	120	132	144	16	16½	17	4	6	9	5	7	9	102	106	108	9½	10	11	10	11	10
6½	WOMEN	90	104	116	2½	2½	2½	14	13	14	104	117	130	12	13	14	4	6	8	4	7	8	88	91	98	7	7½	8	9	9	9
	MEN	116	130	142	3	3	3	14	13	14	130	143	156	16	16½	17	5	7	9	5	8	10	110	113	118	9½	10	11	11	11	11
7	WOMEN	98	112	126	2½	2½	2½	14	14	14	112	126	140	12	13	14	4	7	9	5	7	9	94	98	106	7	7½	8	10	10	10
	MEN	126	140	154	3	3	3	14	14	14	140	154	168	16	16½	17	5	8	10	5	8	11	120	122	126	9½	10	11	12	12	12

2-1A. Back, Crew Neck Pullover KNIT

STS PER IN	WOMEN/MEN	11 SM	11 MED	11 LG	12 SM	12 MED	12 LG	13 SM	13 MED	13 LG	1 SM	1 MED	1 LG	2 SM	2 MED	2 LG	3 SM	3 MED	3 LG	4 SM	4 MED	4 LG	1 SM	1 MED	1 LG	2 SM	2 MED	2 LG	3 SM	3 MED	3 LG
2	WOMEN	—	—	—	—	—	—	12	12	14	0	½	1	6	6	6	6	6	6	3	3	4	0	½	1	3	3	3	3	3	4
2	MEN	—	—	—	—	—	—	14	16	16																					
2½	WOMEN	—	—	—	—	—	—	14	15	18	0	½	1	6	7	8	6	7	8	4	4	5	0	½	1	3	3	4	4	4	5
2½	MEN	—	—	—	—	—	—	18	19	20																					
3	WOMEN	6	6	6	—	—	—	16	18	20	0	½	1	8	8	10	8	8	10	4	5	5	0	½	1	4	4	5	4	5	5
3	MEN	7	7	7	—	—	—	22	22	24																					
3½	WOMEN	7	7	7	—	—	—	20	21	24	0	½	1	10	9	12	10	9	12	5	6	6	0	½	1	5	5	6	5	6	6
3½	MEN	9	8	8	—	—	—	24	27	28																					
4	WOMEN	8	10	10	—	—	—	22	24	28	0	½	1	10	12	14	10	12	14	6	6	7	0	½	1	5	6	7	6	6	7
4	MEN	10	10	10	—	—	—	28	30	32																					
4½	WOMEN	9	9	9	—	—	—	24	27	30	0	½	1	12	13	14	12	13	14	6	7	8	0	½	1	6	6	7	6	7	8
4½	MEN	11	11	11	—	—	—	32	33	36																					
5	WOMEN	10	10	10	8	8	8	28	30	34	0	½	1	14	14	16	14	14	16	7	8	9	0	½	1	7	7	8	7	8	9
5	MEN	8	8	8	8	8	8	36	38	40																					
5½	WOMEN	7	7	7	7	7	7	30	33	38	0	½	1	14	15	18	14	15	18	8	9	10	0	½	1	7	7	9	8	9	10
5½	MEN	9	9	9	9	9	9	38	41	44																					
6	WOMEN	8	8	8	8	8	8	34	36	42	0	½	1	16	18	20	16	18	20	9	9	11	0	½	1	8	9	10	9	9	11
6	MEN	10	10	10	10	10	10	42	44	48																					
6½	WOMEN	9	9	9	8	8	9	36	39	44	0	½	1	18	19	22	18	19	22	9	10	11	0	½	1	9	9	11	9	10	11
6½	MEN	11	11	11	10	10	11	46	49	52																					
7	WOMEN	9	9	10	9	9	9	38	42	48	0	½	1	18	20	24	18	20	24	10	11	12	0	½	1	9	10	12	10	11	12
7	MEN	12	12	12	11	11	11	50	52	56																					

2-1B. Back, Crew Neck Pullover (continued)   KNIT

2-2. Front, Scoop Neck Pullover   KNIT

2-3. Front, Scoop Neck Cardigan

STS PER IN	NUMBER ON PATTERN	1			2			3			4			5		
		SM	MED	LG	SM	MED	LG	SM	MED	LG	SM	MED	LG	SM	MED	LG
2	WOMEN	4	4½	5	10	11	12	6	6	6	10	11	12	3	3	4
	MEN	6	6½	7½	14	13	14	6	8	8	14	13	14	4	4	4
2½	WOMEN	4	4½	5	14	14	15	6	7	8	14	14	15	4	4	5
	MEN	6	6½	7½	17	17	18	8	9	10	17	17	18	5	5	5
3	WOMEN	4	4½	5	16	17	18	8	8	10	16	17	18	4	5	5
	MEN	6	6½	7½	21	21	21	10	10	12	21	21	21	6	6	6
3½	WOMEN	4	4½	5	19	20	20	10	9	12	19	20	20	5	6	6
	MEN	6	6½	7½	24	24	25	12	13	14	24	24	25	6	7	7
4	WOMEN	4	4½	5	22	22	27	10	12	14	22	22	27	6	6	7
	MEN	6	6½	7½	27	28	28	14	14	16	27	28	28	7	8	8
4½	WOMEN	4	4½	5	25	25	27	12	13	14	25	25	27	6	7	8
	MEN	6	6½	7½	30	32	32	16	15	18	30	32	32	8	9	9
5	WOMEN	4	4½	5	27	28	30	14	14	16	27	28	30	7	8	9
	MEN	6	6½	7½	34	35	35	18	18	20	34	35	35	9	10	10
5½	WOMEN	4	4½	5	30	31	32	14	15	18	30	31	32	8	9	10
	MEN	6	6½	7½	38	39	39	18	19	22	38	39	39	10	11	11
6	WOMEN	4	4½	5	33	33	35	16	18	20	33	33	35	9	9	11
	MEN	6	6½	7½	41	42	42	20	22	24	41	42	42	11	11	12
6½	WOMEN	4	4½	5	35	36	38	18	19	22	35	36	38	9	10	11
	MEN	6	6½	7½	44	45	46	22	23	26	44	45	46	12	13	13
7	WOMEN	4	4½	5	38	39	41	18	20	24	38	39	41	10	11	12
	MEN	6	6½	7½	48	48	49	24	26	28	48	48	49	13	13	14

2-4. Front, Crew Neck Pullover KNIT

STS PER IN	NUMBER ON PATTERN	1			2			3			4			5		
		SM	MED	LG	SM	MED	LG	SM	MED	LG	SM	MED	LG	SM	MED	LG
2	WOMEN	12	12	14	7	7	7	6	6	6	7	7	7	32	32	34
	MEN	14	16	16	8	8	8	6	8	8	8	8	8	36	40	40
2½	WOMEN	14	15	18	9	9	9	6	7	8	9	9	9	38	40	44
	MEN	18	19	20	10	10	10	8	9	10	10	10	10	46	48	50
3	WOMEN	16	18	20	11	11	11	8	8	10	11	11	11	46	48	52
	MEN	22	22	24	12	12	12	10	10	12	12	12	12	56	56	60
3½	WOMEN	20	21	24	12	12	12	10	9	12	12	12	12	54	54	60
	MEN	24	27	28	14	14	14	12	13	14	14	14	14	64	68	70
4	WOMEN	22	24	28	14	14	14	10	12	14	14	14	14	60	64	70
	MEN	28	30	32	16	16	16	14	14	16	16	16	16	74	76	80
4½	WOMEN	24	27	30	16	16	16	12	13	14	16	16	16	68	72	76
	MEN	32	33	36	18	18	18	16	15	18	18	18	18	84	84	90
5	WOMEN	28	30	34	18	18	18	14	14	16	18	18	18	78	80	86
	MEN	36	38	40	20	20	20	18	18	20	20	20	20	93	96	100
5½	WOMEN	30	33	38	19	19	19	14	15	18	19	19	19	82	86	94
	MEN	38	41	44	22	22	22	18	19	22	22	22	22	100	104	110
6	WOMEN	34	36	42	21	21	21	16	18	20	21	21	21	94	96	104
	MEN	42	44	48	24	24	24	20	22	24	24	24	24	110	114	120
6½	WOMEN	36	39	44	23	23	23	18	19	22	23	23	23	100	104	112
	MEN	46	49	52	26	26	26	22	23	26	26	26	26	120	124	130
7	WOMEN	38	42	48	25	25	25	18	20	24	25	25	25	106	112	122
	MEN	50	52	56	28	28	28	24	26	28	28	28	28	130	134	140

2-5. Finishing, Crew Neck Pullover

STS PER IN	NUMBER ON PATTERN	1			2			3			4			5			6			7			8			9			10		
		SM	MED	LG	SM	MED	LG	SM	MED	LG	SM	MED	LG	SM	MED	LG	SM	MED	LG	SM	MED	LG	SM	MED	LG	SM	MED	LG	SM	MED	LG
2	WOMEN	16	16	18	2½	3	3	2	2	2	18	18	20	3	2½	2½	4	5	5	26	28	30	17	17½	18	1	2	2	⅝	⅝	⅝
	MEN	18	18	20	3	3	3½	2	2	2	20	20	22	2½	2	2	5	6	6	30	32	34	18	18½	19	1	2	3	¾	¾	¾
2½	WOMEN	18	20	22	2½	3	3	2	2	2	20	22	24	2½	2	1¾	5	6	7	30	34	38	17	17½	18	1	2	3	⅝	½	½
	MEN	22	22	24	3	3	3½	2	2	2	24	24	26	1¾	1½	1½	7	8	8	38	40	42	18	18½	19	2	3	3	⅝	⅝	⅝
3	WOMEN	22	24	26	2½	3	3	3	3	3	25	27	29	2	1¾	1½	6	7	8	37	41	45	17	17½	18	2	3	3	½	½	½
	MEN	26	28	28	3	3	3½	3	3	3	29	31	31	1½	1½	1¼	8	9	10	45	49	51	18	18½	19	2	3	4	½	½	½
3½	WOMEN	26	28	30	2½	3	3	3	3	3	29	31	33	1¾	1½	1¼	7	8	10	43	47	53	17	17½	18	2	3	4	½	½	⅜
	MEN	30	32	34	3	3	3½	3	3	3	33	35	37	1¼	1¼	1¼	10	11	11	53	57	59	18	18½	19	2	4	5	½	⅜	½
4	WOMEN	30	32	34	2½	3	3	4	4	4	34	36	38	1¾	1½	1¼	7	9	11	48	54	60	17	17½	18	2	4	5	⅜	⅜	⅜
	MEN	34	36	38	3	3	3½	4	4	4	38	40	42	1¼	1	1	11	12	13	60	64	68	18	18½	19	3	4	6	⅜	⅜	⅜
4½	WOMEN	34	36	38	2½	3	3	4	4	4	38	40	42	1½	1¼	1	8	10	13	54	60	68	17	17½	18	2	4	5	⅜	⅜	⅜
	MEN	38	40	42	3	3	3½	4	4	4	42	44	46	1	¾	¾	13	14	15	68	72	76	18	18½	19	3	5	6	⅜	⅜	⅜
5	WOMEN	38	40	42	2½	3	3	5	5	5	43	45	47	1¼	1¼	¾	9	11	14	61	67	75	17	17½	18	3	5	6	⅜	⅜	¼
	MEN	42	46	48	3	3	3½	5	5	5	47	51	53	¾	¾	¾	14	15	16	75	81	85	18	18½	19	3	5	7	⅜	⅜	⅜
5½	WOMEN	42	44	46	2½	3	3	5	5	5	47	49	51	1¼	1	¾	10	13	16	67	75	83	17	17½	18	3	5	7	¼	¼	¼
	MEN	46	50	52	3	3	3½	5	5	5	51	55	57	¾	¾	¾	16	17	18	83	89	93	18	18½	19	4	6	8	¼	¼	⅜
6	WOMEN	46	48	52	2½	3	3	6	6	6	52	54	58	1¼	¾	¾	10	14	16	72	82	90	17	17½	18	3	6	7	¼	¼	¼
	MEN	52	54	58	3	3	3½	6	6	6	58	60	64	¾	¾	½	16	18	19	90	96	102	18	18½	19	4	6	9	¼	¼	¼
6½	WOMEN	48	52	56	2½	3	3	6	6	6	54	58	62	1	¾	¾	12	15	18	78	88	98	17	17½	18	4	6	8	¼	¼	¼
	MEN	56	58	62	3	3	3½	6	6	6	62	64	68	¾	½	½	18	20	21	98	104	110	18	18½	19	5	7	9	¼	¼	¼
7	WOMEN	52	56	60	2½	3	3	7	7	7	59	63	67	1	¾	½	13	16	19	85	95	105	17	17½	18	4	7	9	¼	¼	¼
	MEN	60	64	66	3	3	3½	7	7	7	67	71	73	½	½	½	19	21	23	105	113	119	18	18½	19	5	8	10	¼	¼	¼

2-6A. Sleeves, Crew Neck Pullover KNIT

STS PER IN	NUMBER ON PATTERN	11 SM	11 MED	11 LG	12 SM	12 MED	12 LG	13 SM	13 MED	13 LG	14 SM	14 MED	14 LG
2	WOMEN	8	8	8	½	½	½	1	2	3	8	8	8
	MEN	5	4	6	⅝	⅝	⅝	6	8	7	8	8	8
2½	WOMEN	4	12	10	½	—	⅜	6	—	4	10	10	10
	MEN	4	4	8	½	½	½	10	11	7	10	10	10
3	WOMEN	8	6	4	⅜	⅜	⅜	4	8	12	13	13	13
	MEN	12	10	15	⅜	⅜	⅜	4	8	4	13	13	13
3½	WOMEN	2	6	14	⅜	⅜	¼	12	8	5	15	15	15
	MEN	3	21	6	⅜	—	⅜	16	—	16	15	15	15
4	WOMEN	12	10	8	¼	¼	¼	4	9	14	16	16	16
	MEN	15	15	19	¼	¼	¼	7	9	7	16	16	16
4½	WOMEN	8	21	2	¼	—	¼	10	—	23	18	18	18
	MEN	10	10	13	¼	¼	¼	15	17	16	18	18	18
5	WOMEN	4	2	21	¼	¼	⅛	16	21	6	21	21	21
	MEN	6	4	12	¼	¼	¼	21	26	18	21	21	21
5½	WOMEN	22	22	22	—	⅛	⅛	—	4	8	23	23	23
	MEN	26	31	2	⅛	⅛	¼	4	2	33	23	23	23
6	WOMEN	20	19	18	⅛	⅛	⅛	4	10	15	24	24	24
	MEN	27	28	33	⅛	⅛	⅛	6	8	6	24	24	24
6½	WOMEN	18	21	15	⅛	⅛	⅛	8	10	21	26	26	26
	MEN	24	24	30	⅛	⅛	⅛	12	15	12	26	26	26
7	WOMEN	16	14	13	⅛	⅛	⅛	12	19	25	29	29	29
	MEN	21	22	26	⅛	⅛	⅛	17	20	19	29	29	29

2-6B. Sleeves, Crew Neck Pullover (continued) KNIT

STS PER IN	NUMBER ON PATTERN	1 SM	1 MED	1 LG	2 SM	2 MED	2 LG	3 SM	3 MED	3 LG	4 SM	4 MED	4 LG	5 SM	5 MED	5 LG	6 SM	6 MED	6 LG
2	WOMEN	12	12	14	7	7	7	6	6	6	7	7	7	7	7	7	60	60	62
2½	WOMEN	14	15	18	9	9	9	6	7	8	9	9	9	9	9	8	74	76	76
3	WOMEN	16	18	20	11	11	11	8	8	10	11	11	11	11	10	10	90	88	92
3½	WOMEN	20	21	24	12	12	12	10	9	12	12	12	12	13	13	11	106	106	104
4	WOMEN	22	24	28	14	14	14	10	12	14	14	14	14	15	14	12	120	120	118
4½	WOMEN	24	27	30	16	16	16	12	13	14	16	16	16	17	16	15	136	136	136
5	WOMEN	28	30	34	18	18	18	14	14	16	18	18	18	18	17	16	150	148	150
5½	WOMEN	30	33	38	19	19	19	14	15	18	19	19	19	21	20	18	166	166	166
6	WOMEN	34	36	42	21	21	21	16	18	20	21	21	21	22	21	19	180	180	180
6½	WOMEN	36	39	44	23	23	23	18	19	22	23	23	23	24	23	21	196	196	196
7	WOMEN	38	42	48	25	25	25	18	20	24	25	25	25	26	24	22	210	208	210

2-7. Finishing, Cowl Neck Pullover

STS PER IN	NUMBER ON PATTERN	1			2			3			4			5			6			7			8			9			10		
		SM	MED	LG	SM	MED	LG	SM	MED	LG	SM	MED	LG	SM	MED	LG	SM	MED	LG	SM	MED	LG	SM	MED	LG	SM	MED	LG	SM	MED	LG
1	WOMEN	4	4	4	14	16	18	16	18	20	12	13	14	—	—	1	—	—	1	1	1	1	14	16	16	7	7½	8	4	5	5
	MEN	4	4	4	18	20	22	20	22	24	16	16½	17	—	1	1	—	1	1	1	1	2	18	18	18	9½	10	11	5	5	5
1½	WOMEN	5	5	5	14	16	18	24	27	30	12	13	14	1	1	1	1	1	1	1	2	2	20	21	24	7	7½	8	6	6	7
	MEN	6	6	6	18	20	22	30	33	36	16	16½	17	1	1	2	1	1	2	1	2	2	26	27	28	9½	10	11	8	8	8
2	WOMEN	7	7	7	14	16	18	32	36	40	12	13	14	1	2	2	1	2	2	2	2	3	26	28	30	7	7½	8	7	8	8
	MEN	8	8	8	18	20	22	40	44	48	16	16½	17	1	2	3	1	2	3	2	3	3	34	34	36	9½	10	11	10	9	10
2½	WOMEN	8	8	8	14	16	18	40	45	50	12	13	14	2	3	3	2	3	3	2	3	3	34	35	38	7	7½	8	10	10	10
	MEN	10	10	10	18	20	22	50	55	60	16	16½	17	2	3	4	2	3	4	2	3	4	42	43	46	9½	10	11	12	12	13
3	WOMEN	10	10	10	14	16	18	48	54	60	12	13	14	2	3	4	2	3	4	2	3	4	40	42	46	7	7½	8	6	6	7
	MEN	12	12	12	18	20	22	60	66	72	16	16½	17	2	4	5	2	4	5	2	4	5	52	52	54	9½	10	11	8	8	8
3½	WOMEN	12	12	12	14	16	18	56	63	70	12	13	14	2	4	5	2	4	5	2	4	5	48	49	52	7	7½	8	7	7	7
	MEN	14	14	14	18	20	22	70	77	84	16	16½	17	3	4	6	3	4	6	3	4	5	60	61	64	9½	10	11	9	9	9
4	WOMEN	14	14	14	14	16	18	64	72	80	12	13	14	2	4	5	2	4	5	3	4	5	54	56	60	7	7½	8	8	8	8
	MEN	15	15	15	18	20	22	80	88	96	16	16½	17	3	5	6	3	5	6	3	5	6	68	70	72	9½	10	11	10	10	10
4½	WOMEN	15	15	15	14	16	18	72	81	90	12	13	14	3	5	6	3	5	6	3	5	6	62	63	68	7	7½	8	10	9	10
	MEN	17	17	17	18	20	22	90	99	108	16	16½	17	3	5	7	3	5	7	4	5	7	76	79	82	9½	10	11	11	12	12
5	WOMEN	16	16	16	14	16	18	80	90	100	12	13	14	3	5	7	3	5	7	3	5	6	68	70	76	7	7½	8	10	10	11
	MEN	19	19	19	18	20	22	100	110	120	16	16½	17	4	6	8	4	6	8	4	6	8	86	88	90	9½	10	11	9	9	9
5½	WOMEN	18	18	18	14	16	18	88	99	110	12	13	14	3	6	7	3	6	7	4	6	7	74	77	82	7	7½	8	8	8	8
	MEN	20	20	20	18	20	22	110	121	132	16	16½	17	4	6	9	4	6	9	4	6	8	94	97	100	9½	10	11	10	10	10
6	WOMEN	19	19	19	14	16	18	96	108	120	12	13	14	4	6	8	4	6	8	4	6	8	82	84	90	7	7½	8	8	8	8
	MEN	22	22	22	18	20	22	120	132	144	16	16½	17	5	7	9	5	7	9	5	7	9	102	106	108	9½	10	11	10	11	10

2-8A. Back, Crew Neck Pullover CROCHET

STS PER IN	NUMBER ON PATTERN	11 SM	11 MED	11 LG	12 SM	12 MED	12 LG	13 SM	13 MED	13 LG	14 SM	14 MED	14 LG	15 SM	15 MED	15 LG
1	WOMEN	4	5	5	—	—	—	—	—	—	—	—	—	—	—	—
	MEN	5	5	5	—	—	—	—	—	—	—	—	—	—	—	—
1½	WOMEN	6	6	7	—	—	—	—	—	—	—	—	—	—	—	—
	MEN	8	8	8	—	—	—	—	—	—	—	—	—	—	—	—
2	WOMEN	7	8	8	—	—	—	—	—	—	—	—	—	—	—	—
	MEN	10	9	9	—	—	—	—	—	—	—	—	—	—	—	—
2½	WOMEN	10	10	10	—	—	—	—	—	—	—	—	—	—	—	—
	MEN	12	12	13	—	—	—	—	—	—	—	—	—	—	—	—
3	WOMEN	6	6	7	6	6	6	6	6	6	—	—	—	—	—	—
	MEN	8	8	8	7	7	7	7	7	7	—	—	—	—	—	—
3½	WOMEN	7	7	7	7	7	7	7	7	7	—	—	—	—	—	—
	MEN	9	9	9	9	8	8	9	8	8	—	—	—	—	—	—
4	WOMEN	8	8	8	8	8	8	8	8	8	—	—	—	—	—	—
	MEN	10	10	10	10	10	10	10	10	10	—	—	—	—	—	—
4½	WOMEN	10	9	10	9	9	9	9	9	9	—	—	—	—	—	—
	MEN	11	12	12	11	11	11	11	11	11	—	—	—	—	—	—
5	WOMEN	10	10	11	10	10	10	10	10	10	—	—	—	—	—	—
	MEN	9	9	9	8	8	8	8	8	8	8	8	8	8	8	8
5½	WOMEN	8	8	8	7	7	7	7	7	7	7	7	7	7	7	7
	MEN	10	10	10	9	9	9	9	9	9	9	9	9	9	9	9
6	WOMEN	8	8	8	8	8	8	8	8	8	8	8	8	8	8	8
	MEN	10	11	10	10	10	10	10	10	10	10	10	10	10	10	10

2-8B. Back, Crew Neck Pullover (continued) CROCHET

STS PER IN	NUMBER ON PATTERN	1 SM	1 MED	1 LG	2 SM	2 MED	2 LG	3 SM	3 MED	3 LG	4 SM	4 MED	4 LG	5 SM	5 MED	5 LG
1	WOMEN	1	1	1	1	1	2	1	1½	2	2	2	2	3	3	3
	MEN	1	1	2	1	2	2	2	2½	3½	2	2	2	4	4	4
1½	WOMEN	1	2	2	2	2	2	1	1½	2	2	2	1½	4	4	5
	MEN	1	2	2	2	2	3	2	2½	3½	1½	1½	1½	5	5	5
2	WOMEN	2	3	3	3	3	4	1	1½	2	1	1	1	6	6	7
	MEN	2	3	4	3	4	4	2	2½	3½	1	1	1	7	8	8
2½	WOMEN	2	3	4	3	4	4	1	1½	2	1	1	¾	7	7	9
	MEN	3	4	4	3	4	5	2	2½	3½	¾	¾	¾	9	9	10
3	WOMEN	3	4	5	4	5	5	1	1½	2	¾	¾	¾	8	9	10
	MEN	3	5	6	4	5	6	2	2½	3½	¾	¾	¾	11	11	12
3½	WOMEN	3	5	6	4	5	6	1	1½	2	¾	¾	½	10	10	12
	MEN	4	5	6	4	6	7	2	2½	3½	¾	¾	¾	12	13	14
4	WOMEN	4	6	7	5	6	7	1	1½	2	½	½	½	11	12	14
	MEN	5	6	7	5	7	8	2	2½	3½	¾	½	½	14	15	16
4½	WOMEN	4	6	7	5	7	8	1	1½	2	½	½	½	12	13	15
	MEN	5	7	8	6	7	8	2	2½	3½	½	½	½	16	16	18
5	WOMEN	5	7	8	6	8	9	1	1½	2	½	½	⅜	14	15	17
	MEN	6	8	10	6	8	10	2	2½	3½	½	⅜	⅜	18	19	20
5½	WOMEN	6	8	9	6	8	10	1	1½	2	½	½	⅜	15	16	19
	MEN	6	8	10	7	9	11	2	2½	3½	⅜	⅜	⅜	19	20	22
6	WOMEN	6	9	10	7	9	11	1	1½	2	⅜	⅜	⅜	17	18	21
	MEN	7	9	12	8	10	12	2	2½	3½	⅜	⅜	⅜	21	22	24

2-9. Front, V Neck Cardigan Vest

STS PER IN	NUMBER ON PATTERN	1			2			3			4		
		SM	MED	LG	SM	MED	LG	SM	MED	LG	SM	MED	LG
1	WOMEN	4	4½	5	6	7	7	2	2	2	2	2	2
	MEN	6	6½	7½	7	7	7	2	2	2	4	4	4
1½	WOMEN	4	4½	5	8	9	10	2	3	3	4	3	4
	MEN	6	6½	7½	11	11	11	3	3	3	4	5	6
2	WOMEN	4	4½	5	10	11	12	3	3	4	6	6	6
	MEN	6	6½	7½	14	13	14	4	4	4	6	8	8
2½	WOMEN	4	4½	5	14	14	15	4	4	5	6	7	8
	MEN	6	6½	7½	17	17	18	5	5	5	8	9	10
3	WOMEN	4	4½	5	16	17	18	4	5	5	8	8	10
	MEN	6	6½	7½	21	21	21	6	6	6	10	10	12
3½	WOMEN	4	4½	5	19	20	20	5	6	6	10	9	12
	MEN	6	6½	7½	24	24	25	6	7	7	12	13	14
4	WOMEN	4	4½	5	22	22	27	6	6	7	10	12	14
	MEN	6	6½	7½	27	28	28	7	8	8	14	14	16
4½	WOMEN	4	4½	5	25	25	27	6	7	8	12	13	14
	MEN	6	6½	7½	30	32	32	8	9	9	16	15	18
5	WOMEN	4	4½	5	27	28	30	7	8	9	14	14	16
	MEN	6	6½	7½	34	35	35	9	10	10	18	18	20
5½	WOMEN	4	4½	5	30	31	32	8	9	10	14	15	18
	MEN	6	6½	7½	38	39	39	10	11	11	18	19	22
6	WOMEN	4	4½	5	33	33	35	9	9	11	16	18	20
	MEN	6	6½	7½	41	42	42	11	11	12	20	22	24

2.10. Front, Crew Neck Pullover CROCHET

STS PER IN	NUMBER ON PATTERN	1			2			3			4			5			6		
		SM	MED	LG	SM	MED	LG	SM	MED	LG	SM	MED	LG	SM	MED	LG	SM	MED	LG
1	WOMEN	0	½	1	2	2	2	4	4½	5	1	1	1	1	1	1	2	2	2
	MEN	1	1½	2½	2	2	2	6	6½	7½	1	1	1	2	2	2	2	2	2
1½	WOMEN	0	½	1	2	3	2	4	4½	5	1	1	1	2	2	3	2	3	2
	MEN	1	1½	2½	2	3	2	6	6½	7½	1	1	2	3	3	3	2	3	2
2	WOMEN	0	½	1	4	4	4	4	4½	5	1	1	1	3	3	4	4	4	4
	MEN	1	1½	2½	4	4	4	6	6½	7½	1	2	2	4	4	4	4	4	4
2½	WOMEN	0	½	1	4	5	4	4	4½	5	1	1	2	4	4	5	4	5	4
	MEN	1	1½	2½	4	5	4	6	6½	7½	2	2	3	5	5	5	4	5	4
3	WOMEN	0	½	1	6	6	6	4	4½	5	1	1	2	4	5	5	6	6	6
	MEN	1	1½	2½	6	6	6	6	6½	7½	2	2	3	6	6	6	6	6	6
3½	WOMEN	0	½	1	6	7	6	4	4½	5	2	2	3	5	5	6	6	7	6
	MEN	1	1½	2½	6	7	6	6	6½	7½	3	3	5	6	7	7	6	7	6
4	WOMEN	0	½	1	8	8	8	4	4½	5	2	2	3	5	6	7	8	8	8
	MEN	1	1½	2½	8	8	8	6	6½	7½	3	3	4	7	8	8	8	8	8
4½	WOMEN	0	½	1	8	9	8	4	4½	5	2	2	3	6	7	8	8	9	8
	MEN	1	1½	2½	8	9	8	6	6½	7½	4	4	5	8	8	9	8	9	8
5	WOMEN	0	½	1	10	10	10	4	4½	5	2	2	3	7	8	9	10	10	10
	MEN	1	1½	2½	10	10	10	6	6½	7½	4	4	5	9	10	10	10	10	10
5½	WOMEN	0	½	1	10	11	10	4	4½	5	2	2	4	8	9	10	10	11	10
	MEN	1	1½	2½	10	11	10	6	6½	7½	4	4	6	10	11	11	10	11	10
6	WOMEN	0	½	1	12	12	12	4	4½	5	2	3	4	9	9	11	12	12	12
	MEN	1	1½	2½	12	12	12	6	6½	7½	4	5	6	11	11	12	12	12	12

2-11. Front, Placket and Collar Pullover

STS PER IN	NUMBER ON PATTERN	1			2			3			4			5			6			7			8			9			10		
		SM	MED	LG	SM	MED	LG	SM	MED	LG	SM	MED	LG	SM	MED	LG	SM	MED	LG	SM	MED	LG	SM	MED	LG	SM	MED	LG	SM	MED	LG
1	WOMEN	5	5	5	7½	8	8½	8	10	10	5	5	4	2	2	3	12	14	16	17	17½	18	—	—	1	—	—	1	1⅜	1¼	1¼
	MEN	5	5	5	8½	9	9½	10	10	10	4	4	4	3	3	3	16	16	16	18	18½	19	—	1	1	—	1	1	1¼	1⅜	1½
1½	WOMEN	6	6	6	7½	8	8½	14	14	14	4	4	3	3	3	4	20	20	22	17	17½	18	1	1	1	1	1	1	⅞	⅞	⅞
	MEN	7	7	7	8½	9	9½	14	16	16	3	3	2½	4	4	5	22	24	26	18	18½	19	1	1	2	1	1	2	1	1	1
2	WOMEN	8	8	8	7½	8	8½	18	18	20	3	3	2½	4	5	5	26	28	30	17	17½	18	1	2	2	1	2	2	⅝	⅝	¾
	MEN	9	9	9	8½	9	9½	20	20	22	3	2½	2½	4	5	5	30	32	34	18	18½	19	2	2	3	2	2	3	¾	¾	¾
2½	WOMEN	9	9	9	7½	8	8½	20	22	24	2½	2	2	5	6	6	30	34	38	17	17½	18	2	2	3	2	2	3	⅝	½	½
	MEN	11	11	11	8½	9	9½	24	24	26	2½	2	1¾	5	6	7	38	40	42	18	18½	19	2	3	3	2	3	3	⅝	⅝	⅝
3	WOMEN	12	12	12	7½	8	8½	25	27	29	2	1¾	1½	7	8	8	37	41	45	17	17½	18	2	3	3	2	3	3	½	½	½
	MEN	14	14	14	8½	9	9½	29	31	31	1½	1½	1½	6	7	8	45	49	51	18	18½	19	2	3	4	2	3	4	½	½	⅜
3½	WOMEN	14	14	14	7½	8	8½	29	31	33	1¾	1½	1¼	7	8	10	43	47	53	17	17½	18	2	3	4	2	3	4	½	⅜	½
	MEN	16	16	16	8½	9	9½	33	35	37	1¼	1¼	1¼	10	11	11	53	57	59	18	18½	19	2	4	5	2	4	5	½	½	½
4	WOMEN	16	16	16	7½	8	8½	34	36	38	1¾	1½	1¼	7	9	11	48	54	60	17	17½	18	2	4	5	2	4	5	⅜	⅜	⅜
	MEN	17	17	17	8½	9	9½	38	40	42	1¼	1	1	11	12	13	60	64	68	18	18½	19	3	4	6	3	4	6	⅜	⅜	⅜
4½	WOMEN	17	17	17	7½	8	8½	38	40	42	1½	1¼	1	8	10	13	54	60	68	17	17½	18	2	4	5	2	4	5	⅜	⅜	¼
	MEN	19	19	19	8½	9	9½	42	44	46	1	¾	¾	13	14	15	68	72	76	18	18½	19	3	5	6	3	5	6	⅜	⅜	⅜
5	WOMEN	18	18	18	7½	8	8½	43	45	47	1¼	1¼	¾	9	11	14	61	67	75	17	17½	18	3	5	6	3	5	6	⅜	⅜	¼
	MEN	21	21	21	8½	9	9½	47	51	53	¾	¾	¾	14	15	16	75	81	85	18	18½	19	3	5	7	3	5	7	⅜	⅜	¼
5½	WOMEN	21	21	21	7½	8	8½	47	49	51	1¼	1	¾	10	13	16	67	75	83	17	17½	18	3	5	7	3	5	7	¼	¼	¼
	MEN	23	23	23	8½	9	9½	51	55	57	¾	¾	¾	16	17	18	83	89	93	18	18½	19	4	6	8	4	6	8	¼	¼	¼
6	WOMEN	22	22	22	7½	8	8½	52	54	58	1¼	¾	¾	10	14	16	72	82	90	17	17½	18	3	6	7	3	6	7	¼	¼	⅜
	MEN	25	25	25	8½	9	9½	58	60	64	¾	¾	½	16	18	19	90	96	102	18	18½	19	4	6	9	4	6	9	¼	¼	¼

2-12A. Sleeves, Crew Neck Pullover   CROCHET

STS PER IN	NUMBER ON PATTERN	11			12			13		
		SM	MED	LG	SM	MED	LG	SM	MED	LG
1	WOMEN	4	3	4	—	1½	1	—	2	2
	MEN	6	4	6	—	1¼	—	—	2	—
1½	WOMEN	2	1	4	¾	¾	¾	5	6	4
	MEN	4	1	2	⅞	⅞	⅞	4	8	8
2	WOMEN	8	8	8	½	½	½	1	2	3
	MEN	5	4	6	⅝	⅝	⅝	6	8	7
2½	WOMEN	4	12	10	½	—	⅜	6	—	4
	MEN	4	4	8	½	½	½	10	11	7
3	WOMEN	8	6	4	⅜	⅜	⅜	4	8	12
	MEN	12	10	15	⅜	⅜	⅜	4	8	4
3½	WOMEN	2	6	14	⅜	⅜	¼	12	8	5
	MEN	3	21	6	⅜	—	⅜	16	—	16
4	WOMEN	12	10	8	¼	¼	¼	4	9	14
	MEN	15	15	19	¼	¼	¼	7	9	7
4½	WOMEN	8	21	2	¼	—	¼	10	—	23
	MEN	10	10	13	¼	¼	¼	15	17	16
5	WOMEN	4	2	21	¼	¼	⅛	16	21	6
	MEN	6	4	12	¼	¼	¼	21	26	18
5½	WOMEN	22	22	22	—	⅛	⅛	—	4	8
	MEN	26	31	2	⅛	⅛	¼	4	2	33
6	WOMEN	20	19	18	⅛	⅛	⅛	4	10	15
	MEN	27	28	33	⅛	⅛	⅛	6	8	6

2-12B. Sleeves, Crew Neck Pullover (continued)
CROCHET

STS PER IN	NUMBER ON PATTERN	1			2			3			4			5			6			7		
		SM	MED	LG	SM	MED	LG	SM	MED	LG	SM	MED	LG	SM	MED	LG	SM	MED	LG	SM	MED	LG
1	WOMEN	11	12	13	1	1	1	1	1	1	1	1	2	1	1½	2	2	2	2	3	3	3
	MEN	15	15½	16	1	1	2	1	1	2	1	2	2	2	2½	3½	2	2	2	4	4	4
1½	WOMEN	11	12	13	1	2	2	1	2	2	2	2	2	1	1½	2	2	2	1½	4	4	5
	MEN	15	15½	16	1	2	2	1	2	2	2	2	3	2	2½	3½	1½	1½	1½	5	5	5
2	WOMEN	11	12	13	2	3	3	2	3	3	3	3	4	1	1½	2	1	1	1	6	6	7
	MEN	15	15½	16	2	3	4	2	3	4	3	4	4	2	2½	3½	1	1	1	7	8	8
2½	WOMEN	11	12	13	2	3	4	2	3	4	3	4	4	1	1½	2	1	1	¾	7	7	9
	MEN	15	15½	16	3	4	4	3	4	4	3	4	5	2	2½	3½	¾	¾	¾	9	9	10
3	WOMEN	11	12	13	3	4	5	3	4	5	4	5	5	1	1½	2	¾	¾	¾	8	9	10
	MEN	15	15½	16	3	5	6	3	5	6	4	5	6	2	2½	3½	¾	¾	¾	11	11	12
3½	WOMEN	11	12	13	3	5	6	3	5	6	4	5	6	1	1½	2	¾	¾	½	10	10	12
	MEN	15	15½	16	4	5	6	4	5	6	4	6	7	2	2½	3½	¾	¾	¾	12	13	14
4	WOMEN	11	12	13	4	6	7	4	6	7	5	6	7	1	1½	2	½	½	½	11	12	14
	MEN	15	15½	16	5	6	7	5	6	7	5	7	8	2	2½	3½	¾	½	½	14	15	16
4½	WOMEN	11	12	13	4	6	7	4	6	7	5	7	8	1	1½	2	½	½	½	12	13	15
	MEN	15	15½	16	5	7	8	5	7	8	6	7	8	2	2½	3½	½	½	½	16	16	18
5	WOMEN	11	12	13	5	7	8	5	7	8	6	8	9	1	1½	2	½	½	⅜	14	15	17
	MEN	15	15½	16	6	8	10	6	8	10	6	8	10	2	2½	3½	½	⅜	⅜	18	19	20
5½	WOMEN	11	12	13	6	8	9	6	8	9	6	8	10	1	1½	2	½	½	⅜	15	16	19
	MEN	15	15½	16	6	8	10	6	8	10	7	9	11	2	2½	3½	⅜	⅜	⅜	19	20	22
6	WOMEN	11	12	13	6	9	10	6	9	10	7	9	11	1	1½	2	⅜	⅜	⅜	17	18	21
	MEN	15	15½	16	7	9	12	7	9	12	8	10	12	2	2½	3½	⅜	⅜	⅜	21	22	24

2-13. Front, V Neck Pullover Vest

STS PER IN		1			2			3			4			5			6			7			8			9			10		
		SM	MED	LG	SM	MED	LG	SM	MED	LG	SM	MED	LG	SM	MED	LG	SM	MED	LG	SM	MED	LG	SM	MED	LG	SM	MED	LG	SM	MED	LG
2	WOMEN	14	16	18	2½	2½	2½	2	2	2	16	18	20	1	2	2	2	2	3	13	14	15	4	4½	5	3	3	3	3	3	4
	MEN	18	20	22	3	3	3	2	2	2	20	22	24	1	2	3	2	3	3	17	17	18	6	6½	7½	3	3	3	4	4	4
2½	WOMEN	18	20	22	2½	2½	2½	2	2	3	20	22	25	1	2	3	2	3	3	17	17	19	4	4½	5	3	3	4	4	4	5
	MEN	22	24	28	3	3	3	3	3	2	25	27	30	2	3	3	2	3	4	21	21	23	6	6½	7½	4	4	5	5	5	5
3	WOMEN	22	24	28	2½	2½	2½	2	3	3	24	27	30	2	3	3	2	3	4	20	21	23	4	4½	5	4	4	5	4	5	5
	MEN	28	30	34	3	3	3	2	3	2	30	33	36	2	3	4	2	4	5	26	26	27	6	6½	7½	5	5	6	6	6	6
3½	WOMEN	24	28	32	2½	2½	2½	4	4	3	28	32	35	2	3	4	2	4	5	24	25	26	4	4½	5	5	5	6	5	6	6
	MEN	32	34	38	3	3	3	3	4	3	35	38	41	2	4	5	3	4	5	30	30	31	6	6½	7½	6	6	7	6	7	7
4	WOMEN	28	32	36	2½	2½	2½	4	4	4	32	36	40	2	4	5	3	4	5	27	28	30	4	4½	5	5	6	7	6	6	7
	MEN	36	40	44	3	3	3	4	4	4	40	44	48	3	4	6	3	5	6	34	35	36	6	6½	7½	7	7	8	7	8	8
4½	WOMEN	32	36	40	2½	2½	2½	6	4	5	36	40	45	2	4	5	3	5	6	31	31	34	4	4½	5	6	6	7	6	7	8
	MEN	40	46	50	3	3	3	5	5	4	45	50	54	3	5	6	4	5	7	38	40	41	6	6½	7½	8	8	9	8	9	9
5	WOMEN	36	40	46	2½	2½	2½	4	5	4	40	45	50	3	5	7	3	5	6	34	35	38	4	4½	5	7	7	8	7	8	9
	MEN	46	50	56	3	3	3	4	5	4	50	55	60	3	5	7	4	6	8	43	44	45	6	6½	7½	9	9	10	9	10	10
5½	WOMEN	38	44	50	2½	2½	2½	6	5	6	44	49	55	3	5	7	4	6	7	37	38	41	4	4½	5	7	7	9	8	9	10
	MEN	50	56	60	3	3	3	5	4	6	55	60	66	4	6	8	4	6	8	47	48	50	6	6½	7½	9	9	11	10	11	11
6	WOMEN	42	48	54	2½	2½	2½	6	6	6	48	54	60	3	6	9	4	6	8	41	42	45	4	4½	5	8	9	10	9	9	11
	MEN	54	60	64	3	3	3	6	6	8	60	66	72	4	6	9	5	7	9	51	53	54	6	6½	7½	10	11	12	11	11	12
6½	WOMEN	46	52	58	2½	2½	2½	6	6	7	52	58	65	4	6	8	4	7	8	44	45	49	4	4½	5	9	9	11	9	10	11
	MEN	58	66	72	3	3	3	7	4	6	65	70	78	5	7	9	5	8	10	55	55	59	6	6½	7½	11	11	13	12	13	13
7	WOMEN	50	56	64	2½	2½	2½	6	7	7	56	63	71	4	7	9	5	7	9	47	49	53	4	4½	5	9	10	12	10	11	12
	MEN	64	70	78	3	3	3	6	7	6	70	77	84	5	8	10	5	8	11	60	61	63	6	6½	7½	12	13	14	13	13	14

2-14. Front, Crew Neck Cardigan KNIT

STS PER IN		1			2			3			4			5			6			7			8			9		
NUMBER ON PATTERN		SM	MED	LG	SM	MED	LG	SM	MED	LG	SM	MED	LG	SM	MED	LG	SM	MED	LG	SM	MED	LG	SM	MED	LG	SM	MED	LG
2	WOMEN	10	10	10	12	12	14	10	10	10	32	32	34	34	38	40	1	3	1	3	3	4	6	6	6	1	3	1
2	MEN	11	12	12	14	16	16	11	12	12	36	40	40	46	48	52	1	2	1	4	4	4	7	7	8	1	2	1
2½	WOMEN	12	12	13	14	15	18	12	13	13	38	40	44	42	44	50	2	3	3	4	4	5	6	6	6	2	3	3
2½	MEN	14	14	15	18	19	20	14	15	15	46	48	50	58	60	64	3	1	3	4	5	5	8	7	7	2	1	3
3	WOMEN	15	15	16	16	18	20	15	15	16	46	48	52	52	56	62	4	3	3	5	6	7	6	6	6	4	3	3
3	MEN	17	17	18	22	22	24	17	17	18	56	56	60	70	74	78	3	5	3	7	7	8	7	7	7	2	4	3
3½	WOMEN	17	17	18	20	21	24	17	18	18	54	56	60	60	66	70	5	5	4	6	7	8	6	6	6	5	5	4
3½	MEN	20	20	21	24	27	28	20	21	21	64	68	70	82	84	90	5	3	2	8	9	10	7	7	7	5	2	2
4	WOMEN	19	20	21	22	24	28	19	20	21	60	64	70	68	74	80	6	6	6	7	8	9	6	6	6	6	6	6
4	MEN	23	23	24	28	30	32	23	23	24	74	76	80	92	96	102	3	5	5	10	10	11	7	7	7	3	5	4
4½	WOMEN	22	22	23	24	27	30	22	21	23	68	72	76	76	82	90	5	5	6	8	9	10	6	6	6	5	5	6
4½	MEN	26	26	27	32	33	36	26	27	27	84	86	90	104	108	114	6	4	4	11	12	13	7	7	7	5	4	3
5	WOMEN	25	25	26	28	30	34	25	25	26	78	80	86	86	94	102	6	7	5	10	11	13	6	6	6	6	7	5
5	MEN	29	29	30	36	38	40	29	29	30	94	96	100	116	122	128	5	4	6	13	14	14	7	7	7	4	4	6
5½	WOMEN	26	26	28	30	33	38	26	27	28	82	86	94	94	102	110	7	5	6	11	13	14	6	6	6	7	5	6
5½	MEN	31	31	33	38	41	44	31	32	33	100	104	110	128	132	140	6	5	8	14	15	16	7	7	7	6	7	8
6	WOMEN	29	30	31	34	36	42	29	30	31	92	96	104	102	112	120	5	7	5	13	14	15	6	6	6	5	7	6
6	MEN	34	35	36	42	44	48	34	35	36	110	114	120	138	144	154	5	5	6	16	17	18	7	7	7	5	4	6
6½	WOMEN	32	32	34	36	39	44	32	33	34	100	104	112	110	120	130	6	8	7	14	15	17	6	6	6	6	8	7
6½	MEN	37	37	39	46	49	52	37	38	39	120	124	130	150	156	166	8	7	9	17	18	19	7	7	7	7	7	8
7	WOMEN	34	35	37	38	42	48	34	35	37	106	112	122	128	134	140	6	6	9	17	18	18	6	6	6	6	6	8
7	MEN	40	41	42	50	52	56	40	41	42	130	134	140	160	168	178	6	6	8	19	20	21	7	7	7	5	6	7

2-15. Finishing, Crew Neck Cardigan   KNIT

STS PER IN		1 SM	1 MED	1 LG	2 SM	2 MED	2 LG	3 SM	3 MED	3 LG	4 SM	4 MED	4 LG	5 SM	5 MED	5 LG	6 SM	6 MED	6 LG	7 SM	7 MED	7 LG	8 SM	8 MED	8 LG	1 SM	1 MED	1 LG	2 SM	2 MED	2 LG
1	WOMEN	4	4	4	7	8	9	8	9	10	—	—	1	1	1	1	4	4½	5	1	1	1	2	2	2	7	7	8	20	20	21
1	MEN	4	4	4	9	10	11	10	11	12	—	1	1	1	1	2	6	6½	7½	2	2	2	2	2	2	9	9	9	25	26	26
1½	WOMEN	5	5	5	7	8	9	12	14	15	1	1	1	1	2	2	4	4½	5	2	2	2	2	3	3	9	10	11	20	20	21
1½	MEN	6	6	6	9	10	11	15	16	18	1	1	2	1	2	2	6	6½	7½	2	2	3	3	3	3	11	12	13	25	26	26
2	WOMEN	7	7	7	7	8	9	16	18	20	1	2	2	2	2	3	4	4½	5	3	3	3	3	3	4	13	13	15	20	20	21
2	MEN	8	8	8	9	10	11	20	22	24	2	2	3	2	3	3	6	6½	7½	3	3	4	4	4	4	15	17	17	25	26	26
2½	WOMEN	8	8	8	7	8	9	20	22	25	2	3	3	2	3	3	4	4½	5	3	3	3	4	4	4	15	16	19	20	20	21
2½	MEN	10	10	10	9	10	11	25	27	30	2	3	4	2	3	4	6	6½	7½	4	4	5	5	5	5	19	20	21	25	26	26
3	WOMEN	10	10	10	7	8	9	24	27	30	2	3	4	2	3	4	4	4½	5	4	4	4	4	5	5	17	19	21	20	20	21
3	MEN	12	12	12	9	10	11	30	33	36	3	4	5	2	4	5	6	6½	7½	5	5	6	6	6	6	23	23	25	25	26	26
3½	WOMEN	12	12	12	7	8	9	28	32	35	3	4	4	3	4	5	4	4½	5	5	5	6	5	6	6	21	22	25	20	20	21
3½	MEN	14	14	14	9	10	11	35	38	41	3	4	6	3	4	5	6	6½	7½	6	6	7	6	7	7	25	28	29	25	26	26
4	WOMEN	14	14	14	7	8	9	32	36	40	3	4	5	3	4	5	4	4½	5	5	6	6	6	6	7	23	25	29	20	20	21
4	MEN	15	15	15	9	10	11	40	44	48	4	5	6	3	5	6	6	6½	7½	7	7	8	7	8	8	29	31	33	25	26	26
4½	WOMEN	15	15	15	7	8	9	36	40	45	4	5	6	3	5	6	4	4½	5	6	6	7	6	7	8	25	28	31	20	20	21
4½	MEN	17	17	17	9	10	11	45	50	54	4	5	7	4	5	7	6	6½	7½	8	8	9	8	9	9	33	34	37	25	26	26
5	WOMEN	16	16	16	7	8	9	40	45	50	4	5	6	3	5	6	4	4½	5	7	7	8	7	8	9	29	31	35	20	20	21
5	MEN	19	19	19	9	10	11	50	55	60	4	6	8	4	6	8	6	6½	7½	9	9	10	9	10	10	37	39	41	25	26	26
5½	WOMEN	18	18	18	7	8	9	44	49	55	4	5	7	4	6	7	4	4½	5	7	7	9	8	9	10	31	34	39	20	20	21
5½	MEN	20	20	20	9	10	11	55	60	66	5	7	9	4	6	8	6	6½	7½	9	9	11	10	11	11	39	42	45	25	26	26
6	WOMEN	19	19	19	7	8	9	48	54	60	5	6	7	4	6	8	4	4½	5	8	9	10	9	9	11	35	37	43	20	20	21
6	MEN	22	22	22	9	10	11	60	66	72	5	7	9	5	7	9	6	6½	7½	10	11	12	11	11	12	43	45	49	25	26	26

2-16. Front, Crew Neck Cardigan   CROCHET

2-17. Finishing, Shawl Collar Pullover

STS PER IN	NUMBER ON PATTERN	1 SM	1 MED	1 LG	2 SM	2 MED	2 LG	3 SM	3 MED	3 LG	4 SM	4 MED	4 LG	5 SM	5 MED	5 LG	6 SM	6 MED	6 LG	7 SM	7 MED	7 LG	8 SM	8 MED	8 LG	9 SM	9 MED	9 LG	10 SM	10 MED	10 LG
1	WOMEN	5	5	5	6	6	6	5	5	5	17	18	20	2	2	2	1	1	1	1	1	1	1	1	2	6	6	5	1	1	1
1	MEN	5	5	5	8	8	8	5	5	5	23	24	25	2	1	2	1	1	1	1	1	1	2	2	2	6	7	7	1	1	1
1½	WOMEN	7	7	7	8	9	10	7	7	7	25	28	30	3	2	3	1	1	1	1	1	1	2	3	3	6	7	6	1	1	1
1½	MEN	8	9	9	10	11	12	8	9	9	34	36	38	3	3	1	1	1	1	1	1	1	3	4	4	7	6	7	1	1	1
2	WOMEN	10	10	10	12	12	14	10	10	10	34	38	40	2	2	1	1	1	1	1	1	1	4	4	6	6	6	5	1	1	1
2	MEN	11	12	12	14	16	16	11	12	12	46	48	52	2	3	1	1	1	1	1	1	1	5	5	6	7	7	7	1	1	1
2½	WOMEN	12	12	13	14	15	16	12	12	13	42	44	50	3	4	2	1	1	1	1	1	1	5	5	8	6	6	5	1	1	1
2½	MEN	14	14	15	18	19	20	14	14	15	58	60	64	4	2	4	1	1	1	1	1	1	6	7	7	7	7	7	1	1	1
3	WOMEN	15	15	16	16	18	20	15	15	16	52	56	62	2	3	4	1	1	1	1	1	1	7	7	8	6	6	6	1	1	1
3	MEN	17	17	18	22	22	24	17	17	18	70	74	78	3	2	4	1	1	1	1	1	1	8	9	9	7	7	7	1	1	1
3½	WOMEN	17	17	18	20	21	24	17	17	18	60	66	70	3	3	2	1	1	1	1	1	1	8	9	10	6	6	6	1	1	1
3½	MEN	20	20	21	24	27	28	20	20	21	82	84	90	3	3	3	1	1	1	1	1	1	10	10	11	7	7	7	1	1	1
4	WOMEN	19	20	21	22	24	28	19	20	21	68	74	80	4	4	4	1	1	1	1	1	1	9	10	11	6	6	6	1	1	1
4	MEN	23	23	24	28	30	32	23	23	24	92	96	102	4	2	5	1	1	1	1	1	1	11	12	12	7	7	7	1	1	1
4½	WOMEN	22	22	23	24	27	30	22	22	23	76	82	90	5	5	6	1	1	1	1	1	1	10	11	12	6	6	6	1	1	1
4½	MEN	26	26	27	32	33	36	26	26	27	104	108	114	6	5	4	1	1	1	1	1	1	12	13	14	7	7	7	1	1	1
5	WOMEN	25	25	26	28	30	34	25	25	26	86	94	102	6	7	5	2	2	2	2	2	2	10	11	13	6	6	6	2	2	2
5	MEN	29	29	30	36	38	40	29	29	30	116	122	128	5	4	6	2	2	2	2	2	2	13	14	14	7	7	7	2	2	2
5½	WOMEN	26	26	28	30	33	38	26	26	28	94	102	110	7	5	6	2	2	2	2	2	2	11	13	14	6	6	6	2	2	2
5½	MEN	31	31	33	38	41	44	31	31	33	128	132	140	6	5	6	2	2	2	2	2	2	14	15	16	7	7	7	2	2	2
6	WOMEN	29	30	31	34	36	42	29	30	31	102	112	120	5	7	8	2	2	2	2	2	2	13	14	15	6	6	6	2	2	2
6	MEN	34	35	36	42	44	48	34	35	36	138	144	154	5	5	6	2	2	2	2	2	2	16	17	18	7	7	7	2	2	2

2-18A. Finishing, Crew Neck Cardigan   CROCHET

STS PER IN	NUMBER ON PATTERN	11			1			2			3			4			5			6			7			8			9		
		SM	MED	LG	SM	MED	LG	SM	MED	LG	SM	MED	LG	SM	MED	LG	SM	MED	LG	SM	MED	LG	SM	MED	LG	SM	MED	LG	SM	MED	LG
1	WOMEN	1	1	1	4	4	4	14	16	18	17	19	21	—	—	1	—	—	1	1	1	1	0	½	1	2	2	2	3	3	3
	MEN	1	1	1	4	4	4	18	20	22	21	23	25	—	1	1	—	1	1	1	1	2	1	1½	2½	2	2	2	4	4	4
1½	WOMEN	1	1	1	5	5	5	14	16	18	25	27	31	1	1	1	1	1	1	1	2	2	0	½	1	2	2	1½	4	4	5
	MEN	1	1	1	6	6	6	18	20	22	31	33	37	1	1	2	1	1	2	1	2	2	1	1½	2½	1½	1½	1½	5	5	5
2	WOMEN	1	1	1	7	7	7	14	16	18	33	37	41	1	2	2	1	2	2	2	2	3	0	½	1	1	1	1	6	6	7
	MEN	1	1	1	8	8	8	18	20	22	41	45	49	1	2	3	1	2	3	2	3	3	1	1½	2½	1	1	1	7	8	8
2½	WOMEN	1	1	1	8	8	8	14	16	18	41	45	51	2	3	3	2	3	3	2	3	3	0	½	1	1	1	¾	7	7	9
	MEN	1	1	1	10	10	10	18	20	22	51	55	61	2	3	4	2	3	4	2	3	4	1	1½	2½	¾	¾	¾	9	9	10
3	WOMEN	1	1	1	10	10	10	14	16	18	49	55	61	2	3	4	2	3	4	2	3	4	0	½	1	¾	¾	¾	8	9	10
	MEN	1	1	1	12	12	12	18	20	22	61	67	73	2	4	5	2	4	5	2	4	5	1	1½	2½	¾	¾	¾	11	11	12
3½	WOMEN	1	1	1	12	12	12	14	16	18	57	63	71	2	4	5	2	4	5	2	4	5	0	½	1	¾	¾	½	10	10	12
	MEN	1	1	1	14	14	14	18	20	22	71	77	85	3	4	6	3	4	6	3	4	5	1	1½	2½	¾	¾	¾	12	13	14
4	WOMEN	1	1	1	14	14	14	14	16	18	65	73	81	2	4	5	2	4	5	3	4	5	0	½	1	½	½	½	11	12	14
	MEN	1	1	1	15	15	15	18	20	22	81	89	97	3	5	6	3	5	6	3	5	6	1	1½	2½	¾	½	½	14	15	16
4½	WOMEN	1	1	1	15	15	15	14	16	18	73	81	91	3	5	6	3	5	6	3	5	6	0	½	1	½	½	½	12	13	15
	MEN	1	1	1	17	17	17	18	20	22	91	99	109	3	5	7	3	5	7	4	5	7	1	1½	2½	½	½	½	16	16	18
5	WOMEN	2	2	2	16	16	16	14	16	18	81	91	101	3	5	7	3	5	7	3	5	6	0	½	1	½	½	⅜	14	15	17
	MEN	2	2	2	19	19	19	18	20	22	101	111	121	4	6	8	4	6	8	4	6	8	1	1½	2½	½	⅜	⅜	18	19	20
5½	WOMEN	2	2	2	18	18	18	14	16	18	89	99	111	3	6	7	3	6	7	4	6	7	0	½	1	½	½	⅜	15	16	19
	MEN	2	2	2	20	20	20	18	20	22	111	121	133	4	6	9	4	6	9	4	6	8	1	1½	2½	⅜	⅜	⅜	19	20	22
6	WOMEN	2	2	2	19	19	19	14	16	18	97	109	121	4	6	8	4	6	8	4	6	8	0	½	1	⅜	⅜	⅜	17	18	21
	MEN	2	2	2	22	22	22	18	20	22	121	133	145	5	7	9	5	7	9	5	7	9	1	1½	2½	⅜	⅜	⅜	21	22	24

2-18B. Finishing, Crew Neck Cardigan (continued)   2-19. Front, V Neck Pullover

CROCHET

STS PER IN	NUMBER ON PATTERN	1			2			3			4			5			6			7			8			9		
		SM	MED	LG	SM	MED	LG	SM	MED	LG	SM	MED	LG	SM	MED	LG	SM	MED	LG	SM	MED	LG	SM	MED	LG	SM	MED	LG
2	WOMEN	0	½	1	4	4	4	4	4	4	4	4½	5	1	1	1	1	1	1	1	1	1	1	1	1	3	3	4
	MEN	1	1½	2½	4	4	4	4	4	4	6	6½	7½	1	2	2	1	2	2	1	2	2	1	2	2	4	4	4
2½	WOMEN	0	½	1	4	5	4	4	5	4	4	4½	5	1	1	2	1	1	2	1	1	2	1	1	2	4	4	5
	MEN	1	1½	2½	4	5	4	4	5	4	6	6½	7½	2	2	3	2	2	3	2	2	3	2	2	3	5	5	5
3	WOMEN	0	½	1	6	6	6	6	6	6	4	4½	5	1	1	2	1	1	2	1	1	2	1	1	2	4	5	5
	MEN	1	1½	2½	6	6	6	6	6	6	6	6½	7½	2	2	3	2	2	3	2	2	3	2	2	3	6	6	6
3½	WOMEN	0	½	1	6	7	6	6	7	6	4	4½	5	2	2	3	2	2	3	2	2	3	2	2	3	5	5	6
	MEN	1	1½	2½	6	7	6	7	7	6	6	6½	7½	3	3	5	3	3	5	3	3	5	3	3	5	6	7	7
4	WOMEN	0	½	1	8	8	8	8	8	8	4	4½	5	2	2	3	2	2	3	2	2	3	2	2	3	5	6	7
	MEN	1	1½	2½	8	8	8	8	9	8	6	6½	7½	3	3	4	3	3	4	3	3	4	3	3	4	7	8	8
4½	WOMEN	0	½	1	8	9	8	9	9	8	4	4½	5	2	2	3	2	2	3	2	2	3	2	2	3	6	7	8
	MEN	1	1½	2½	8	9	8	9	9	8	6	6½	7½	4	4	5	4	4	5	4	4	5	4	4	5	8	8	9
5	WOMEN	0	½	1	10	10	10	10	10	10	4	4½	5	2	2	3	2	2	3	2	2	3	2	2	3	7	8	9
	MEN	1	1½	2½	10	10	10	10	11	10	6	6½	7½	4	4	5	4	4	5	4	4	5	4	4	5	9	10	10
5½	WOMEN	0	½	1	10	11	10	11	11	10	4	4½	5	2	2	4	2	2	4	2	2	4	2	2	4	8	9	10
	MEN	1	1½	2½	12	12	12	12	12	12	6	6½	7½	4	4	6	4	4	6	4	4	6	4	4	6	10	11	11
6	WOMEN	0	½	1	12	12	12	12	12	12	4	4½	5	2	3	4	2	3	4	2	3	4	2	3	4	9	9	11
	MEN	1	1½	2½	12	12	12	12	13	12	6	6½	7½	4	5	6	4	5	6	4	5	6	4	5	6	11	11	12
6½	WOMEN	0	½	1	12	13	12	13	13	12	4	4½	5	3	3	5	3	3	5	3	3	5	3	3	5	9	10	11
	MEN	1	1½	2½	12	13	12	13	13	12	6	6½	7½	5	5	7	5	5	7	5	5	7	5	5	7	12	13	13
7	WOMEN	0	½	1	14	14	14	14	14	14	4	4½	5	3	3	5	3	3	5	3	3	5	3	3	5	9	11	12
	MEN	1	1½	2½	14	14	14	14	14	14	6	6½	7½	5	6	7	5	6	7	5	6	7	5	6	7	13	13	14

2-20. Front, Placket and Collar Pullover   KNIT

STS PER IN		NUMBER ON PATTERN																													
		1			**2**			**3**			**4**			**5**			**6**			**7**			**8**			**9**			**10**		
		SM	MED	LG	SM	MED	LG	SM	MED	LG	SM	MED	LG	SM	MED	LG	SM	MED	LG	SM	MED	LG	SM	MED	LG	SM	MED	LG	SM	MED	LG
2	WOMEN	1	1	1	7	7	7	12	12	14	7	7	7	1	1	1	28	28	30	8	8	8	1	1	1	1	1	1	2	2	2
	MEN		2	2	8	8	8	14	16	16	8	8	8		2	2	32	36	36	10	10	10	2	2	2	2	2	2	2	2	2
2½	WOMEN	1	1	2	9	9	9	14	15	18	9	10	9	1	1	2	34	36	40	10	10	10	2	2	2	2	2	2	2	2	2
	MEN	2	2	3	10	10	10	18	19	20	10	11	10	2	2	3	42	44	46	12	12	12	3	3	3	2	2	2	2	2	2
3	WOMEN	1	1	2	11	11	11	16	18	20	11	11	11	1	1	2	40	42	46	12	12	12	3	3	3	2	2	2	2	2	2
	MEN	2	2	3	12	12	12	22	22	24	12	12	12	2	2	3	50	50	54	16	16	16	3	3	3	2	2	3	3	3	3
3½	WOMEN	2	2	3	12	12	12	20	21	24	12	13	12	2	2	3	48	50	54	14	14	14	2	2	2	2	2	2	3	3	3
	MEN	3	3	5	14	14	14	24	27	28	14	15	14	3	3	5	58	62	66	18	18	18	3	3	3	3	3	3	3	3	3
4	WOMEN	2	2	3	14	14	14	22	24	28	14	14	14	2	2	3	54	56	62	16	16	16	3	3	3	3	3	3	3	3	3
	MEN	3	3	4	16	16	16	28	30	32	16	17	16	3	3	4	66	68	72	20	20	20	4	4	4	3	3	4	3	3	3
4½	WOMEN	2	2	3	16	16	16	24	27	30	16	17	16	2	2	3	60	64	68	18	18	18	3	3	3	3	3	4	3	3	3
	MEN	4	4	5	18	18	18	32	33	36	18	19	18	4	4	5	76	78	82	22	22	22	4	4	4	4	4	4	3	3	3
5	WOMEN	2	2	3	18	18	18	28	30	34	18	18	18	2	2	3	68	70	76	20	20	20	4	4	4	3	3	3	3	3	3
	MEN	4	4	5	20	20	20	36	38	40	20	20	20	4	4	5	84	86	90	26	26	26	5	5	5	5	5	5	3	3	3
5½	WOMEN	2	2	4	19	19	19	30	33	38	19	20	19	2	2	4	72	76	84	22	22	22	4	4	4	4	4	4	3	3	3
	MEN	4	4	6	22	22	22	38	41	44	22	23	22	4	4	6	90	94	100	28	28	28	6	6	6	5	5	5	3	3	3
6	WOMEN	2	3	4	21	21	21	34	36	42	21	21	21	2	3	4	80	84	92	24	24	24	5	5	5	4	4	4	3	3	3
	MEN	4	5	6	24	24	24	42	44	48	24	24	24	4	5	6	98	102	108	30	30	30	6	6	6	6	6	6	3	3	3
6½	WOMEN	3	3	5	23	23	23	36	39	44	23	24	23	3	3	5	88	92	100	26	26	26	5	5	5	5	5	5	3	3	3
	MEN	5	5	7	26	26	26	46	49	52	26	27	26	5	5	7	108	112	118	32	32	32	7	7	7	6	6	6	3	3	3
7	WOMEN	3	3	5	25	25	25	38	42	48	25	25	25	3	3	5	94	98	108	28	28	28	6	6	6	5	5	5	3	3	3
	MEN	5	6	7	28	28	28	50	52	56	28	28	28	5	6	7	116	120	126	36	36	36	8	8	8	7	7	7	3	3	3

2-21A. Finishing, Placket and Collar Pullover KNIT

2-21B. Finishing, Placket and Collar Pullover (continued) KNIT

STS PER IN		1 SM	1 MED	1 LG	2 SM	2 MED	2 LG
2	WOMEN	1	1	1	8	8	8
	MEN	—	—	—	10	10	10
2½	WOMEN	—	—	—	10	10	10
	MEN	1	1	1	12	12	12
3	WOMEN	1	1	1	12	12	12
	MEN	1	1	1	16	16	16
3½	WOMEN	—	—	—	14	14	14
	MEN	—	—	—	18	18	18
4	WOMEN	1	1	1	16	16	16
	MEN	1	1	1	20	20	20
4½	WOMEN	—	—	—	18	18	18
	MEN	—	—	—	22	22	22
5	WOMEN	1	1	1	20	20	20
	MEN	—	—	—	26	26	26
5½	WOMEN	—	—	—	22	22	22
	MEN	1	1	1	28	28	28
6	WOMEN	1	1	1	24	24	24
	MEN	—	—	—	30	30	30
6½	WOMEN	—	—	—	26	26	26
	MEN	1	1	1	32	32	32
7	WOMEN	1	1	1	28	28	28
	MEN	1	1	1	36	36	36

2-22. Back, V Neck Pullover Vest

NUMBER ON PATTERN

STS PER IN		1 SM	1 MED	1 LG	2 SM	2 MED	2 LG	3 SM	3 MED	3 LG	4 SM	4 MED	4 LG	5 SM	5 MED	5 LG	6 SM	6 MED	6 LG	7 SM	7 MED	7 LG	8 SM	8 MED	8 LG
2	WOMEN	11	12	13	2	3	3	3	3	4	8	8½	9	5	6	6	—	—	—	—	—	—	12	12	14
	MEN	15	15½	16	2	3	4	3	4	4	10½	11	12	8	7	8	—	—	—	—	—	—	14	16	16
2½	WOMEN	11	12	13	2	3	4	3	4	4	8	8½	9	8	8	8	—	—	—	—	—	—	14	15	18
	MEN	15	15½	16	3	4	4	3	4	5	10½	11	12	10	10	11	—	—	—	—	—	—	18	19	20
3	WOMEN	11	12	13	3	4	5	4	5	5	8	8½	9	5	5	5	4	4	5	—	—	—	16	18	20
	MEN	15	15½	16	3	5	6	4	5	6	10½	11	12	6	6	6	6	6	6	—	—	—	22	22	22
3½	WOMEN	11	12	13	3	5	6	4	5	6	8	8½	9	6	6	6	5	5	5	—	—	—	20	21	24
	MEN	15	15½	16	4	5	6	5	6	7	10½	11	12	8	7	7	7	7	7	—	—	—	24	27	28
4	WOMEN	11	12	13	4	6	7	5	6	7	8	8½	9	6	6	8	6	6	6	—	—	—	22	24	28
	MEN	15	15½	16	5	6	7	5	7	8	10½	11	12	8	8	8	8	8	8	—	—	—	28	30	32
4½	WOMEN	11	12	13	4	6	7	5	7	8	8	8½	9	8	7	8	7	7	7	—	—	—	24	27	30
	MEN	15	15½	16	5	7	8	6	7	8	10½	11	12	9	10	10	9	9	9	—	—	—	32	33	36
5	WOMEN	11	12	13	5	7	8	6	8	9	8	8½	9	8	8	8	7	7	7	6	6	6	28	30	34
	MEN	15	15½	16	6	8	10	6	8	10	10½	11	12	7	7	7	6	6	6	5	5	5	36	38	40
5½	WOMEN	11	12	13	6	8	9	6	8	10	8	8½	9	6	6	6	6	6	6	7	7	7	30	33	38
	MEN	15	15½	16	6	8	10	7	9	11	10½	11	12	8	8	8	8	8	8	7	7	7	38	40	44
6	WOMEN	11	12	13	6	9	10	7	9	11	8	8½	9	6	6	6	8	8	8	6	6	6	34	36	42
	MEN	15	15½	16	7	9	12	8	10	12	10½	11	12	8	9	8	8	8	8	8	8	8	42	44	48
6½	WOMEN	11	12	13	7	9	11	7	10	11	8	8½	9	7	7	7	7	7	7	6	6	7	36	39	44
	MEN	15	15½	16	8	10	12	8	11	13	10½	11	12	9	9	9	9	9	9	8	8	9	46	49	52
7	WOMEN	11	12	13	8	10	12	8	11	13	8	8½	9	7	7	8	7	7	7	7	7	7	38	42	48
	MEN	15	15½	16	8	11	14	9	12	14	10½	11	12	10	10	10	9	9	9	9	9	9	50	52	56

STS PER IN	NUMBER ON PATTERN	1			2			3			4			5			6			7			8			1			1		
		SM	MED	LG	SM	MED	LG	SM	MED	LG	SM	MED	LG	SM	MED	LG	SM	MED	LG	SM	MED	LG	SM	MED	LG	SM	MED	LG	SM	MED	LG
1	WOMEN	5	5	5	16	16	16	5	5	5	2	2	2	1	1	1	1	1	1	1	1	1	1	1	1	18	18	20	2	2½	3
	MEN	5	5	5	18	18	18	6	6	6	1	1	1	1	1	1	1	1	1	1	1	1	2	2	2	22	24	26	3½	3½	4
1½	WOMEN	7	7	7	16	16	16	7	7	7	2	2	2	1	1	1	1	1	1	1	1	1	2	2	2	26	28	30	2	2½	3
	MEN	7	7	7	18	18	18	9	9	9	2	2	2	1	1	1	1	1	1	2	2	2	2	2	2	34	36	38	3½	3½	4
2	WOMEN	9	9	9	16	16	16	9	9	9	2	2	2	1	1	1	1	1	1	2	2	2	2	2	2	36	38	40	2	2½	3
	MEN	9	9	9	18	18	18	11	11	11	2	2	2	1	1	1	1	1	1	3	3	3	2	2	2	46	48	52	3½	3½	4
2½	WOMEN	11	11	11	16	16	16	11	11	11	2	2	2	1	1	1	1	1	1	3	3	3	2	2	2	44	48	50	2	2½	3
	MEN	11	11	11	18	18	18	13	13	13	4	4	4	1	1	1	1	1	1	3	3	3	2	2	2	58	60	64	3½	3½	4
3	WOMEN	13	13	13	16	16	16	13	13	13	4	4	4	1	1	1	1	1	1	3	3	3	2	2	2	54	56	60	2	2½	3
	MEN	13	13	13	18	18	18	16	16	16	3	3	3	1	1	1	1	1	1	3	3	3	3	3	3	68	72	78	3½	3½	4
3½	WOMEN	15	15	15	16	16	16	15	15	15	2	2	2	1	1	1	1	1	1	3	3	3	3	3	3	62	66	70	2	2½	3
	MEN	15	15	15	18	18	18	18	18	18	2	2	2	1	1	1	1	1	1	4	4	4	3	3	3	80	84	90	3½	3½	4
4	WOMEN	17	17	17	16	16	16	17	17	17	4	4	4	1	1	1	1	1	1	3	3	3	3	3	3	72	76	80	2	2½	3
	MEN	17	17	17	18	18	18	21	21	21	5	5	5	1	1	1	1	1	1	4	4	4	3	3	3	92	96	104	3½	3½	4
4½	WOMEN	19	19	19	16	16	16	19	19	19	3	3	3	1	1	1	1	1	1	4	4	4	3	3	3	80	86	90	2	2½	3
	MEN	19	19	19	18	18	18	23	23	23	4	4	4	1	1	1	1	1	1	5	5	5	3	3	3	104	108	116	3½	3½	4
5	WOMEN	21	21	21	16	16	16	21	21	21	5	5	5	1	1	1	1	1	1	4	4	4	3	3	3	90	94	100	2	2½	3
	MEN	21	21	21	18	18	18	26	26	26	4	4	4	1	1	1	1	1	1	6	6	6	3	3	3	114	120	130	3½	3½	4
5½	WOMEN	23	23	23	16	16	16	23	23	23	4	4	4	2	2	2	2	2	2	4	4	4	3	3	3	98	104	110	2	2½	3
	MEN	23	23	23	18	18	18	28	28	28	6	6	6	2	2	2	2	2	2	5	5	5	3	3	3	126	132	142	3½	3½	4
6	WOMEN	25	25	25	16	16	16	25	25	25	3	3	3	2	2	2	2	2	2	5	5	5	3	3	3	108	114	120	2	2½	3
	MEN	25	25	25	18	18	18	31	31	31	6	6	6	2	2	2	2	2	2	6	6	6	3	3	3	138	144	156	3½	3½	4

2-23. Finishing, Placket and Collar Pullover CROCHET 2-24. 2-25.

2-24. Finishing, V Neck Pullover Vest

2-25. Finishing, Boat Neck Pullover

2-26. Finishing, Placket and Collar Cardigan — KNIT

STS PER IN		NUMBER ON PATTERN 1			2			3			4			5		
		SM	MED	LG	SM	MED	LG	SM	MED	LG	SM	MED	LG	SM	MED	LG
2	WOMEN	32	36	38	3	5	1	3	3	4	5	5	5	2	4	1
	MEN	44	46	50	4	1	3	3	4	4	7	7	7	4	1	3
2½	WOMEN	40	44	48	2	4	3	4	5	6	5	5	5	2	3	3
	MEN	56	58	62	3	4	2	5	5	7	7	7	7	2	3	2
3	WOMEN	48	52	58	3	3	3	6	7	8	5	5	5	3	2	3
	MEN	66	70	74	4	3	5	6	7	7	7	7	7	4	2	4
3½	WOMEN	56	62	66	5	5	5	7	8	9	5	5	5	4	5	4
	MEN	78	80	86	3	4	4	8	8	9	7	7	7	3	4	3
4	WOMEN	64	70	76	4	4	5	9	10	11	5	5	5	3	4	4
	MEN	88	92	98	5	3	6	9	10	10	7	7	7	4	3	6
4½	WOMEN	72	78	86	5	6	5	10	11	13	5	5	5	5	5	4
	MEN	100	104	110	4	6	5	11	11	12	7	7	7	3	5	5
5	WOMEN	80	88	96	7	6	5	11	13	15	5	5	5	6	5	4
	MEN	110	116	122	5	5	4	12	13	13	7	7	7	5	5	5
5½	WOMEN	88	96	104	6	5	6	13	15	17	5	5	5	5	4	5
	MEN	122	126	134	4	6	7	13	13	15	7	7	7	4	6	6
6	WOMEN	96	106	114	5	7	6	15	17	18	5	5	5	4	6	6
	MEN	132	138	148	6	9	7	15	15	17	7	7	7	5	8	6
6½	WOMEN	104	114	124	6	6	6	17	18	20	5	5	5	6	6	6
	MEN	144	150	160	8	8	6	16	17	19	7	7	7	8	7	5
7	WOMEN	112	122	134	5	8	9	18	19	21	5	5	5	5	7	8
	MEN	154	162	172	6	7	8	18	19	20	7	7	7	6	6	8

2-27. Finishing, Scoop Neck Pullover

STS PER IN		NUMBER ON PATTERN 1			2			3			4			5		
		SM	MED	LG	SM	MED	LG	SM	MED	LG	SM	MED	LG	SM	MED	LG
2	WOMEN	12	12	14	16	16	16	6	6	6	16	16	16	50	50	52
	MEN	14	15	18	20	20	20	6	7	8	20	20	20	60	62	66
2½	WOMEN	16	18	20	24	24	24	8	8	10	24	24	24	72	74	78
3	WOMEN	20	21	24	28	28	28	10	9	12	28	28	28	86	86	92
3½	WOMEN	22	24	28	32	32	32	10	12	14	32	32	32	96	100	106
4	WOMEN	24	27	30	36	36	36	12	13	14	36	36	36	108	112	116
4½	WOMEN	28	30	34	40	40	40	14	14	16	40	40	40	122	126	130
5	WOMEN	30	33	38	44	44	44	14	15	18	44	44	44	132	136	144
5½	WOMEN	34	36	42	48	48	48	16	18	20	48	48	48	146	150	158
6	WOMEN	36	39	44	52	52	52	18	19	22	52	52	52	158	162	170
6½	WOMEN	38	42	48	56	56	56	18	20	24	56	56	56	168	174	184

2-28. Front, Scoop Neck Pullover CROCHET

STS PER IN		NUMBER ON PATTERN 1			2			3			4		
		S/M	MED	LG	S/M	MED	LG	S/M	MED	LG	S/M	MED	LG
1	WOMEN	0	½	1	2	2	2	2	2	2	2	2	2
	MEN												
1½	WOMEN	0	½	1	4	3	4	2	3	3	4	3	4
	MEN												
2	WOMEN	0	½	1	6	6	6	3	3	3	6	6	6
	MEN												
2½	WOMEN	0	½	1	6	7	8	4	4	5	6	7	8
	MEN												
3	WOMEN	0	½	1	8	8	10	4	5	5	8	8	10
	MEN												
3½	WOMEN	0	½	1	10	9	12	5	6	6	10	9	12
	MEN												
4	WOMEN	0	½	1	10	12	14	6	6	7	10	12	14
	MEN												
4½	WOMEN	0	½	1	12	13	14	6	7	8	12	13	14
	MEN												
5	WOMEN	0	½	1	14	14	16	7	8	9	14	14	16
	MEN												
5½	WOMEN	0	½	1	14	15	18	8	9	10	14	15	18
	MEN												
6	WOMEN	0	½	1	16	18	20	9	9	11	16	18	20
	MEN												

2-29. Front, Scoop Neck Cardigan

STS PER IN		NUMBER ON PATTERN 1			2			3		
		S/M	MED	LG	S/M	MED	LG	S/M	MED	LG
1	WOMEN	0	½	1	1	1	1	2	2	2
	MEN									
1½	WOMEN	0	½	1	2	2	2	2	3	3
	MEN									
2	WOMEN	0	½	1	3	3	3	3	3	3
	MEN									
2½	WOMEN	0	½	1	3	3	4	4	4	5
	MEN									
3	WOMEN	0	½	1	4	4	5	4	5	5
	MEN									
3½	WOMEN	0	½	1	5	5	6	5	6	6
	MEN									
4	WOMEN	0	½	1	5	6	7	6	6	7
	MEN									
4½	WOMEN	0	½	1	6	6	7	6	7	8
	MEN									
5	WOMEN	0	½	1	7	7	8	7	8	9
	MEN									
5½	WOMEN	0	½	1	8	9	10	8	9	10
	MEN									

2-30. Finishing, V Neck Pullover

STS PER IN		NUMBER ON PATTERN 1			2			3		
		S/M	MED	LG	S/M	MED	LG	S/M	MED	LG
1	WOMEN	6	6	6	7	7	7	7	7	7
	MEN	8	8	8	8	8	8	8	8	8
1½	WOMEN	8	9	10	10	10	10	10	10	10
	MEN	10	11	12	13	13	13	13	13	13
2	WOMEN	12	12	14	14	14	14	14	14	14
	MEN	14	16	16	17	17	17	17	17	17
2½	WOMEN	14	15	18	17	17	17	17	17	17
	MEN	18	19	20	21	21	21	21	21	21
3	WOMEN	16	18	20	21	21	21	21	21	21
	MEN	22	22	24	25	25	25	25	25	25
3½	WOMEN	20	21	24	24	24	24	24	24	24
	MEN	24	27	28	30	30	30	30	30	30
4	WOMEN	22	24	28	28	28	28	28	28	28
	MEN	28	30	32	34	34	34	34	34	34
4½	WOMEN	24	27	30	31	31	31	31	31	31
	MEN	32	33	36	38	38	38	38	38	38
5	WOMEN	28	30	34	35	35	35	35	35	35
	MEN	36	38	40	42	42	42	42	42	42
5½	WOMEN	30	33	38	38	38	38	38	38	38
	MEN	38	41	44	46	46	46	46	46	46
6	WOMEN	34	36	42	42	42	42	42	42	42
	MEN	42	44	48	51	51	51	51	51	51

STS PER IN	NUMBER ON PATTERN	1 S M	1 M E D	1 L G	2 S M	2 M E D	2 L G	3 S M	3 M E D	3 L G	4 S M	4 M E D	4 L G
1	WOMEN	6	6	6	8	8	8	2	2	2	8	8	8
	MEN												
1½	WOMEN	8	9	10	12	12	12	4	3	4	12	12	12
	MEN												
2	WOMEN	12	12	14	16	16	16	6	6	6	16	16	16
	MEN												
2½	WOMEN	14	15	18	20	20	20	6	7	8	20	20	20
	MEN												
3	WOMEN	16	18	20	24	24	24	8	8	10	24	24	24
	MEN												
3½	WOMEN	20	21	24	28	28	28	10	9	12	28	28	28
	MEN												
4	WOMEN	22	24	28	32	32	32	10	12	14	32	32	32
	MEN												
4½	WOMEN	24	27	30	36	36	36	12	13	14	36	36	36
	MEN												
5	WOMEN	28	30	34	40	40	40	14	14	16	40	40	40
	MEN												
5½	WOMEN	30	33	38	44	44	44	14	15	18	44	44	44
	MEN												
6	WOMEN	34	36	42	48	48	48	16	18	20	48	48	48
	MEN												

2-31. Finishing, Scoop Neck Pullover CROCHET

STS PER IN	NUMBER ON PATTERN	1 S M	1 M E D	1 L G	2 S M	2 M E D	2 L G	3 S M	3 M E D	3 L G
1	WOMEN	0	½	1	2	2	2	3	3	3
	MEN	1	1½	2½	2	2	2	4	4	4
1½	WOMEN	0	½	1	2	2	1½	4	4	5
	MEN	1	1½	2½	1½	1½	1½	5	5	5
2	WOMEN	0	½	1	1	1	1	6	6	7
	MEN	1	1½	2½	1	1	1	7	8	8
2½	WOMEN	0	½	1	1	1	¾	7	7	9
	MEN	1	1½	2½	¾	¾	¾	9	9	10
3	WOMEN	0	½	1	¾	¾	¾	8	9	10
	MEN	1	1½	2½	¾	¾	¾	11	11	12
3½	WOMEN	0	½	1	¾	¾	½	10	10	12
	MEN	1	1½	2½	¾	¾	¾	12	13	14
4	WOMEN	0	½	1	½	½	½	11	12	14
	MEN	1	1½	2½	¾	½	½	14	15	16
4½	WOMEN	0	½	1	½	½	½	12	13	15
	MEN	1	1½	2½	½	½	½	16	16	18
5	WOMEN	0	½	1	½	½	⅜	14	15	17
	MEN	1	1½	2½	½	⅜	⅜	18	19	20
5½	WOMEN	0	½	1	½	½	⅜	15	16	19
	MEN	1	1½	2½	⅜	⅜	⅜	19	20	22
6	WOMEN	0	½	1	⅜	⅜	⅜	17	18	21
	MEN	1	1½	2½	⅜	⅜	⅜	21	22	24

2-32. Front, V Neck Cardigan

STS PER IN	NUMBER ON PATTERN	1 S M	1 M E D	1 L G	2 S M	2 M E D	2 L G	3 S M	3 M E D	3 L G
1	WOMEN	0	½	1	6	6	6	6	6	6
	MEN	1	1½	2½	8	8	8	8	8	8
1½	WOMEN	0	½	1	8	9	10	8	9	10
	MEN	1	1½	2½	10	11	12	10	11	12
2	WOMEN	0	½	1	12	12	14	12	12	14
	MEN	1	1½	2½	14	16	16	14	16	16
2½	WOMEN	0	½	1	14	15	18	14	15	18
	MEN	1	1½	2½	18	19	20	18	19	20
3	WOMEN	0	½	1	16	18	20	16	18	20
	MEN	1	1½	2½	22	22	24	22	22	24
3½	WOMEN	0	½	1	20	21	24	20	21	24
	MEN	1	1½	2½	24	27	28	24	27	28
4	WOMEN	0	½	1	22	24	28	22	24	28
	MEN	1	1½	2½	28	30	32	28	30	32
4½	WOMEN	0	½	1	24	27	30	24	27	30
	MEN	1	1½	2½	32	33	36	32	33	36
5	WOMEN	0	½	1	28	30	34	28	30	34
	MEN	1	1½	2½	36	38	40	36	38	40
5½	WOMEN	0	½	1	30	33	38	30	33	38
	MEN	1	1½	2½	38	41	44	38	41	44
6	WOMEN	0	½	1	34	36	42	34	36	42
	MEN	1	1½	2½	42	44	48	42	44	48

2-33. Front, Shawl Collar Pullover

STS PER IN		1 SM	1 MED	1 LG	2 SM	2 MED	2 LG	3 SM	3 MED	3 LG	4 SM	4 MED	4 LG	5 SM	5 MED	5 LG	6 SM	6 MED	6 LG	7 SM	7 MED	7 LG	8 SM	8 MED	8 LG
2	WOMEN	19	19	19	12	12	14	19	19	19	50	50	50	26	28	32	2	1	1	3	4	5	2	1	1
	MEN																								
2½	WOMEN	23	23	24	14	15	18	23	24	24	60	62	66	32	36	40	1	1	1	5	6	7	1	1	1
	MEN																								
3	WOMEN	28	28	29	16	18	20	28	28	29	72	74	78	38	44	48	2	1	1	6	8	9	2	1	1
	MEN																								
3½	WOMEN	33	33	34	20	21	24	33	34	34	86	88	92	46	50	56	2	2	3	8	9	10	2	2	3
	MEN																								
4	WOMEN	37	38	39	22	24	28	37	38	39	96	100	106	52	58	64	3	4	5	9	10	11	3	4	5
	MEN																								
4½	WOMEN	42	44	43	24	27	30	42	43	43	108	112	116	58	66	72	4	6	5	10	11	13	4	6	5
	MEN																								
5	WOMEN	47	47	48	28	30	34	47	47	48	122	124	130	64	72	80	5	5	5	11	13	15	5	5	5
	MEN																								
5½	WOMEN	51	51	53	30	33	38	51	52	53	132	136	144	72	80	88	5	5	5	13	15	17	5	5	5
	MEN																								
6	WOMEN	56	57	58	34	36	42	56	57	58	146	150	158	78	86	96	7	6	7	14	16	18	7	6	7
	MEN																								
6½	WOMEN	61	61	63	36	39	44	61	62	63	158	162	170	84	94	104	7	9	7	15	17	20	7	9	7
	MEN																								
7	WOMEN	65	66	68	38	42	48	65	66	68	168	174	184	90	102	112	6	6	7	17	20	22	6	6	7
	MEN																								

2-34. Finishing, Scoop Neck Cardigan   KNIT

STS PER IN		1			2			3			4			5			6			7			8			9			10		
		SM	MED	LG	SM	MED	LG	SM	MED	LG	SM	MED	LG	SM	MED	LG	SM	MED	LG	SM	MED	LG	SM	MED	LG	SM	MED	LG	SM	MED	LG
1	WOMEN	8	8	8	6	6	6	8	8	8	14	15	16	2	2	3	1	1	1	1	1	1	1	1	1	1	1	1	1	1	1
	MEN																															
1½	WOMEN	12	12	12	8	9	10	12	12	12	20	22	24	2	1	2	1	1	1	1	1	1	1	1	1	1	1	1	1	1	1
	MEN																															
2	WOMEN	19	19	19	12	12	14	19	19	19	26	28	32	3	2	1	1	1	1	1	1	1	3	4	5	1	1	1	1	1	1
	MEN																															
2½	WOMEN	23	23	24	14	15	18	23	24	24	32	36	40	1	3	3	1	1	1	1	1	1	5	5	6	1	1	1	1	1	1
	MEN																															
3	WOMEN	28	28	29	16	18	20	28	28	29	38	44	48	4	5	4	1	1	1	1	1	1	5	6	7	1	1	1	1	1	1
	MEN																															
3½	WOMEN	33	33	34	20	21	24	33	34	34	46	50	56	3	3	3	1	1	1	1	1	1	7	8	9	1	1	1	1	1	1
	MEN																															
4	WOMEN	37	38	39	22	24	28	37	38	39	52	58	64	4	4	4	1	1	1	1	1	1	8	9	10	1	1	1	1	1	1
	MEN																															
4½	WOMEN	42	42	43	24	27	30	42	43	43	58	66	72	4	5	5	1	1	1	1	1	1	9	10	11	1	1	1	1	1	1
	MEN																															
5	WOMEN	47	47	48	28	30	34	47	47	48	64	72	80	4	5	6	2	2	2	2	2	2	10	11	12	2	2	2	2	2	2
	MEN																															
5½	WOMEN	51	51	53	30	33	38	51	52	53	72	80	88	5	6	7	2	2	2	2	2	2	11	12	13	2	2	2	2	2	2
	MEN																															
6	WOMEN	56	57	58	34	36	42	56	57	58	78	86	96	5	6	8	2	2	2	2	2	2	12	13	14	2	2	2	2	2	2
	MEN																															

2-35. Finishing, Scoop Neck Cardigan   CROCHET

2-36. Finishing, Cowl Neck Pullover CROCHET

STS PER IN		NUMBER ON PATTERN 1			2			3			4			5		
		S M	M E D	L G	S M	M E D	L G	S M	M E D	L G	S M	M E D	L G	S M	M E D	L G
1	WOMEN	6	6	6	4	4	4	2	2	2	4	4	4	4	4	4
	MEN															
1½	WOMEN	8	9	10	5	5	5	4	3	4	5	5	5	6	6	5
	MEN															
2	WOMEN	12	12	14	7	7	7	6	6	6	7	7	7	7	7	7
	MEN															
2½	WOMEN	14	15	18	9	9	9	6	7	8	9	9	9	9	9	8
	MEN															
3	WOMEN	16	18	20	11	11	11	8	8	10	11	11	11	11	10	10
	MEN															
3½	WOMEN	20	21	24	12	12	12	10	9	12	12	12	12	13	13	11
	MEN															
4	WOMEN	22	24	28	14	14	14	10	12	14	14	14	14	15	14	12
	MEN															
4½	WOMEN	24	27	30	16	16	16	12	13	14	16	16	16	17	16	15
	MEN															
5	WOMEN	28	30	34	18	18	18	14	14	16	18	18	18	18	17	16
	MEN															
5½	WOMEN	30	33	38	19	19	19	14	15	18	19	19	19	21	20	18
	MEN															
6	WOMEN	34	36	42	21	21	21	16	18	20	21	21	21	22	21	19
	MEN															

2-37. Puff Sleeve

STS PER IN		1			2			3			4		
		S M	M E D	L G	S M	M E D	L G	S M	M E D	L G	S M	M E D	L G
1	WOMEN	17	17½	18	—	—	1	—	—	1	5½	6	6½
1½	WOMEN	17	17½	18	1	1	1	1	1	1	5½	6	6½
2	WOMEN	17	17½	18	1	2	2	1	2	2	5½	6	6½
2½	WOMEN	17	17½	18	1	2	3	1	2	3	5½	6	6½
3	WOMEN	17	17½	18	2	3	3	2	3	3	5½	6	6½
3½	WOMEN	17	17½	18	2	3	4	2	3	4	5½	6	6½
4	WOMEN	17	17½	18	2	4	5	2	4	5	5½	6	6½
4½	WOMEN	17	17½	18	2	4	5	2	4	5	5½	6	6½
5	WOMEN	17	17½	18	3	5	6	3	5	6	5½	6	6½
5½	WOMEN	17	17½	18	3	5	7	3	5	7	5½	6	6½
6	WOMEN	17	17½	18	3	6	7	3	6	7			

STS PER IN	NUMBER ON PATTERN	1			2			3			4			5			6			7			8			9			
		SM	MED	LG	SM	MED	LG	SM	MED	LG	SM	MED	LG	SM	MED	LG	SM	MED	LG	SM	MED	LG	SM	MED	LG	SM	MED	LG	
2	WOMEN	28	32	36	2½	2½	2½	5	5	5	33	37	41	1	2	2	2	2	3	0	½	1	1	1	1	6	6	7	
	MEN	36	40	44	3	3	3	5	5	5	41	45	49	1	2	3	2	3	3	1	1½	2½	1	1	1	7	8	8	
2½	WOMEN	34	40	44	2½	2½	2½	7	5	7	41	45	51	1	2	3	2	3	3	0	½	1	1	1	¾	7	7	9	
	MEN	44	50	54	3	3	3	7	5	7	51	55	61	2	3	3	2	3	4	1	1½	2½	¾	¾	¾	9	9	10	
3	WOMEN	42	48	54	2½	2½	2½	7	7	7	49	55	61	2	3	3	2	3	4	0	½	1	¾	¾	¾	8	9	10	
	MEN	54	60	66	3	3	3	7	7	7	61	67	73	2	3	4	2	4	5	1	1½	2½	¾	¾	¾	11	11	12	
3½	WOMEN	48	56	62	2½	2½	2½	9	7	9	57	63	71	2	3	4	2	4	5	0	½	1	¾	¾	½	10	10	12	
	MEN	62	70	76	3	3	3	9	7	9	71	77	85	2	4	5	3	4	5	1	1½	2½	¾	¾	¾	12	13	14	
4	WOMEN	56	64	72	2½	2½	2½	9	9	9	65	73	81	2	4	5	3	4	5	0	½	1	½	½	½	11	12	14	
	MEN	72	80	88	3	3	3	9	9	9	81	89	97	3	4	6	3	5	6	1	1½	2½	¾	½	½	14	15	16	
4½	WOMEN	62	72	80	2½	2½	2½	11	9	11	73	81	91	2	4	5	3	5	6	0	½	1	½	½	½	12	13	15	
	MEN	80	90	98	3	3	3	11	9	11	91	99	109	3	5	6	4	5	7	1	1½	2½	½	½	½	16	16	18	
5	WOMEN	70	80	90	2½	2½	2½	11	11	11	81	91	101	3	5	6	3	5	6	0	½	1	½	½	⅜	14	15	17	
	MEN	90	100	110	3	3	3	11	11	11	101	111	121	3	5	7	4	6	8	1	1½	2½	½	⅜	⅜	18	19	20	
5½	WOMEN	76	88	98	2½	2½	2½	13	11	13	89	99	111	3	5	7	4	6	7	0	½	1	½	½	⅜	15	16	19	
	MEN	98	110	120	3	3	3	13	11	13	111	121	133	4	6	8	4	6	8	1	1½	2½	⅜	⅜	⅜	19	20	22	
6	WOMEN	84	96	108	2½	2½	2½	13	13	13	97	109	121	3	6	7	4	6	8	0	½	1	⅜	⅜	⅜	17	18	21	
	MEN	108	120	132	3	3	3	13	13	13	121	133	145	4	6	9	5	7	9	1	1½	2½	⅜	⅜	⅜	21	22	24	
6½	WOMEN	90	104	116	2½	2½	2½	15	13	15	105	117	131	4	6	8	4	7	8	0	½	1	⅜	⅜	⅜	18	19	22	
	MEN	116	130	142	3	3	3	15	13	15	131	143	157	5	7	9	5	8	10	1	1½	2½	⅜	⅜	⅜	23	24	26	
7	WOMEN	98	112	126	2½	2½	2½	15	15	15	113	127	141	4	7	9	5	7	9	0	½	1	⅜	⅜	¼	19	21	24	
	MEN	126	140	154	3	3	3	15	15	15	141	155	169	5	8	10	5	8	11	1	1½	2½	⅜	⅜	¼	25	26	28	

2-38. Front, V Neck Pullover KNIT

STS PER IN		1 SM	1 MED	1 LG	2 SM	2 MED	2 LG	3 SM	3 MED	3 LG	4 SM	4 MED	4 LG	5 SM	5 MED	5 LG	6 SM	6 MED	6 LG	7 SM	7 MED	7 LG	8 SM	8 MED	8 LG	9 SM	9 MED	9 LG
2	WOMEN	24	27	30	14	14	14	12	12	14	14	14	14	24	27	30	88	94	102	2	2	2	3	4	5	4	4	4
2	MEN	34	36	39	17	17	17	14	16	16	17	17	17	34	36	39	116	122	128	2	3	2	4	4	5	5	5	5
2½	WOMEN	30	34	37	17	17	17	14	15	18	17	18	17	30	34	37	108	118	126	2	4	3	5	5	6	4	4	4
2½	MEN	42	45	49	21	21	21	18	19	20	21	22	21	42	45	49	144	152	160	4	3	3	5	6	7	5	5	5
3	WOMEN	36	40	45	21	21	21	16	18	20	21	21	21	36	40	45	130	140	152	3	3	4	6	7	8	4	4	4
3	MEN	51	54	58	25	25	25	22	22	24	25	25	25	51	54	58	174	180	190	4	3	5	7	8	8	5	5	5
3½	WOMEN	42	47	52	24	24	24	20	21	24	24	25	24	42	47	52	152	164	176	4	5	5	7	8	9	4	4	4
3½	MEN	59	63	68	30	30	30	24	27	28	30	31	30	59	63	68	202	214	224	4	4	5	9	9	10	5	5	5
4	WOMEN	48	54	60	28	28	28	22	24	28	28	28	28	48	54	60	174	188	204	6	5	6	8	10	11	4	4	4
4	MEN	68	72	78	34	34	34	28	30	32	34	34	34	68	72	78	232	242	256	5	5	6	10	11	12	5	5	5
4½	WOMEN	54	61	67	31	31	31	24	27	30	31	32	31	54	61	67	194	212	226	4	7	6	10	11	13	4	4	4
4½	MEN	76	81	88	38	38	38	32	33	36	38	39	38	76	81	88	260	272	288	6	5	6	12	13	14	5	5	5
5	WOMEN	60	68	75	35	35	35	28	30	34	35	35	35	60	68	75	218	236	254	6	6	5	11	13	15	4	4	4
5	MEN	85	90	97	42	42	42	36	38	40	42	42	42	85	90	97	290	302	318	7	7	6	13	14	16	5	5	5
5½	WOMEN	66	74	82	38	38	38	30	33	38	38	39	38	66	74	82	238	258	278	8	8	8	12	14	16	4	4	4
5½	MEN	93	99	107	46	46	46	38	41	44	46	47	46	93	99	107	316	332	350	6	7	6	15	16	18	5	5	5
6	WOMEN	72	81	90	42	42	42	34	36	42	42	42	42	72	81	90	262	282	306	6	8	7	14	16	18	4	4	4
6	MEN	102	108	117	51	51	51	42	44	48	51	51	51	102	108	117	348	362	384	6	7	6	17	18	20	5	5	5
6½	WOMEN	78	88	97	45	45	45	36	39	44	45	46	45	78	88	97	282	306	328	8	6	7	15	18	20	4	4	4
6½	MEN	110	117	127	55	55	55	46	49	52	55	56	55	110	117	127	376	394	416	9	6	9	18	20	21	5	5	5
7	WOMEN	84	94	105	49	49	49	38	42	48	49	49	49	84	94	105	304	328	356	6	8	7	17	19	22	4	4	4
7	MEN	119	126	136	59	59	59	50	52	56	59	59	59	119	126	136	406	422	446	8	8	8	20	21	23	5	5	5

2-39. Finishing, V Neck Cardigan   KNIT

STS PER IN		1 SM	1 MED	1 LG	2 SM	2 MED	2 LG	3 SM	3 MED	3 LG	4 SM	4 MED	4 LG	5 SM	5 MED	5 LG	6 SM	6 MED	6 LG	7 SM	7 MED	7 LG	8 SM	8 MED	8 LG	9 SM	9 MED	9 LG	10 SM	10 MED	10 LG
1	WOMEN	12	13	15	7	7	7	6	6	6	7	7	7	12	13	15	1	1	1	1	1	1	1	1	1	2	2	2	4	4	4
1	MEN	17	18	19	8	8	8	8	8	8	8	8	8	17	18	19	1	1	2	1	1	1	1	1	1	2	2	2	5	5	5
1½	WOMEN	18	20	22	10	10	10	8	9	10	10	10	10	18	20	22	1	2	1	1	1	1	1	1	1	3	3	4	4	4	4
1½	MEN	25	27	29	13	13	13	10	11	12	13	13	13	25	27	29	3	2	3	1	1	1	1	1	1	3	3	4	5	5	5
2	WOMEN	24	27	30	14	14	14	12	12	14	14	14	14	24	27	30	3	2	2	1	1	1	1	1	1	4	5	6	4	4	4
2	MEN	34	36	39	17	17	17	14	16	16	17	17	17	34	36	39	3	2	3	1	1	1	1	1	1	5	6	6	5	5	5
2½	WOMEN	30	34	37	17	17	17	14	15	18	17	17	17	30	34	37	2	2	4	1	1	1	1	1	1	6	7	7	4	4	4
2½	MEN	42	45	49	21	21	21	18	19	20	21	21	21	42	45	49	2	4	3	1	1	1	1	1	1	7	7	8	5	5	5
3	WOMEN	36	40	45	21	21	21	16	18	20	21	21	21	36	40	45	3	3	3	1	1	1	1	1	1	7	8	9	4	4	4
3	MEN	51	54	58	25	25	25	22	22	24	25	25	25	51	54	58	4	3	3	1	1	1	1	1	1	8	9	10	5	5	5
3½	WOMEN	42	47	52	24	24	24	20	21	24	24	24	24	42	47	52	5	5	4	1	1	1	1	1	1	8	9	11	4	4	4
3½	MEN	59	63	68	30	30	30	24	27	28	30	30	30	59	63	68	4	5	5	1	1	1	1	1	1	10	10	11	5	5	5
4	WOMEN	48	54	60	28	28	28	22	24	28	28	28	28	48	54	60	6	6	4	1	1	1	1	1	1	9	11	13	4	4	4
4	MEN	68	72	78	34	34	34	28	30	32	34	34	34	68	72	78	6	5	6	1	1	1	1	1	1	11	12	13	5	5	5
4½	WOMEN	54	61	67	31	31	31	24	27	30	31	31	31	54	61	67	6	5	6	1	1	1	1	1	1	11	13	14	4	4	4
4½	MEN	76	81	88	38	38	38	32	33	36	38	38	38	76	81	88	5	5	5	1	1	1	1	1	1	13	14	15	5	5	5
5	WOMEN	60	68	75	35	35	35	28	30	34	35	35	35	60	68	75	6	6	5	2	2	2	1	1	2	11	13	15	4	4	4
5	MEN	85	90	97	42	42	42	36	38	40	42	42	42	85	90	97	7	7	6	2	2	2	2	2	2	13	13	15	5	5	5
5½	WOMEN	66	74	82	38	38	38	30	33	38	38	38	38	66	74	82	8	8	8	2	2	2	2	2	2	12	14	16	4	4	4
5½	MEN	93	99	107	46	46	46	38	41	44	46	46	46	93	99	107	6	7	6	2	2	2	2	2	2	15	16	18	5	5	5
6	WOMEN	72	81	90	42	42	42	34	36	42	42	42	42	72	81	90	6	7	8	2	2	2	2	2	2	14	16	18	4	4	4
6	MEN	102	108	117	51	51	51	42	44	48	51	51	51	102	108	117	6	7	6	2	2	2	2	2	2	17	18	20	5	5	5

2-40A. Finishing, V Neck Cardigan   CROCHET

STS PER IN		11 SM	11 MED	11 LG	12 SM	12 MED	12 LG	1 SM	1 MED	1 LG	2 SM	2 MED	2 LG	3 SM	3 MED	3 LG	4 SM	4 MED	4 LG	5 SM	5 MED	5 LG	6 SM	6 MED	6 LG	7 SM	7 MED	7 LG	8 SM	8 MED	8 LG
1	WOMEN	1	1	1	1	1	1	16	18	19	1	1	2	1	1	1	1	1	1	2	2	2	5	6	6	1	1	1	1	1	1
1	MEN	1	1	1	1	1	1	22	24	26	1	1	2	1	1	1	1	1	1	2	2	2	7	8	8	1	1	1	1	1	1
1½	WOMEN	1	1	1	1	1	1	24	26	28	2	3	1	1	1	1	1	1	1	3	3	4	6	6	6	1	1	1	1	1	1
1½	MEN	1	1	1	1	1	1	32	36	38	2	3	1	1	1	1	1	1	1	3	4	4	8	7	8	1	1	1	1	1	1
2	WOMEN	1	1	1	1	1	1	32	36	38	3	3	1	1	1	1	1	1	1	4	5	6	6	6	6	1	1	1	1	1	1
2	MEN	1	1	1	1	1	1	44	46	50	2	2	3	1	1	1	1	1	1	4	5	6	9	8	8	1	1	1	1	1	1
2½	WOMEN	1	1	1	1	1	1	40	44	48	2	4	4	1	1	1	1	1	1	6	6	7	6	6	6	1	1	1	1	1	1
2½	MEN	1	1	1	1	1	1	56	58	62	3	4	3	1	1	1	1	1	1	6	6	7	8	8	8	1	1	1	1	1	1
3	WOMEN	1	1	1	1	1	1	48	52	58	4	3	4	1	1	1	1	1	1	7	8	9	6	6	6	1	1	1	1	1	1
3	MEN	1	1	1	1	1	1	66	70	74	5	3	5	1	1	1	1	1	1	7	8	8	8	8	8	1	1	1	1	1	1
3½	WOMEN	1	1	1	1	1	1	56	62	66	3	3	3	1	1	1	1	1	1	9	10	11	6	6	6	1	1	1	1	1	1
3½	MEN	1	1	1	1	1	1	78	80	86	4	5	4	1	1	1	1	1	1	9	9	10	8	8	8	1	1	1	1	1	1
4	WOMEN	1	1	1	1	1	1	64	70	76	4	5	5	1	1	1	1	1	1	10	11	12	6	6	6	1	1	1	1	1	1
4	MEN	1	1	1	1	1	1	88	92	98	5	4	3	1	1	1	1	1	1	10	11	12	8	8	8	1	1	1	1	1	1
4½	WOMEN	1	1	1	1	1	1	72	78	86	6	4	5	1	1	1	1	1	1	11	13	14	6	6	6	1	1	1	1	1	1
4½	MEN	1	1	1	1	1	1	100	104	110	4	6	6	1	1	1	1	1	2	12	12	13	8	8	8	1	1	1	1	1	1
5	WOMEN	2	2	2	2	2	2	80	88	96	4	6	7	2	2	2	2	2	2	12	13	14	6	6	6	2	2	2	2	2	2
5	MEN	2	2	2	2	2	2	110	116	122	5	5	4	2	2	2	2	2	2	12	13	14	8	8	8	2	2	2	2	2	2
5½	WOMEN	2	2	2	2	2	2	88	96	104	6	7	6	2	2	2	2	2	2	13	14	16	6	6	6	2	2	2	2	2	2
5½	MEN	2	2	2	2	2	2	122	126	134	4	6	6	2	2	2	2	2	2	14	14	15	8	8	8	2	2	2	2	2	2
6	WOMEN	2	2	2	2	2	2	96	106	114	7	7	6	2	2	2	2	2	2	14	16	18	6	6	6	2	2	2	2	2	2
6	MEN	2	2	2	2	2	2	132	138	148	5	8	7	2	2	2	2	2	2	15	15	17	8	8	8	2	2	2	2	2	2

2-40B. Finishing, V Neck Cardigan (continued)   CROCHET

2-41. Finishing, Placket and Collar Cardigan

NUMBER ON PATTERN		1			1			1			1			2			3		
STS PER IN		S M	M E D	L G	S M	M E D	L G	S M	M E D	L G	S M	M E D	L G	S M	M E D	L G	S M	M E D	L G
2	WOMEN	36	38	40	12	12	14	2	2½	3	17	17½	18	1	2	2	5½	6	6½
	MEN	46	48	52	14	16	16	3½	3½	4									
2½	WOMEN	44	48	50	14	15	18	2	2½	3	17	17½	18	1	2	3	5½	6	6½
	MEN	58	60	64	18	19	20	3½	3½	4									
3	WOMEN	54	56	60	16	18	20	2	2½	3	17	17½	18	2	3	3	5½	6	6½
	MEN	68	72	78	22	24	24	3½	3½	4									
3½	WOMEN	62	66	70	20	21	24	2	2½	3	17	17½	18	2	3	4	5½	6	6½
	MEN	80	84	90	24	27	28	3½	3½	4									
4	WOMEN	72	76	80	22	24	28	2	2½	3	17	17½	18	2	4	5	5½	6	6½
	MEN	92	96	104	28	30	32	3½	3½	4									
4½	WOMEN	80	86	90	24	27	30	2	2½	3	17	17½	18	2	4	5	5½	6	6½
	MEN	104	108	116	32	33	36	3½	3½	4									
5	WOMEN	90	94	100	28	30	34	2	2½	3	17	17½	18	3	5	6	5½	6	6½
	MEN	114	120	130	36	38	40	3½	3½	4									
5½	WOMEN	98	104	110	30	33	38	2	2½	3	17	17½	18	3	5	7	5½	6	6½
	MEN	126	132	142	38	41	44	3½	3½	4									
6	WOMEN	108	114	120	34	36	42	2	2½	3	17	17½	18	3	6	7	5½	6	6½
	MEN	138	144	156	42	44	48	3½	3½	4									
6½	WOMEN	116	124	130	36	39	44	2	2½	3	17	17½	18	4	6	8	5½	6	6½
	MEN	150	156	168	46	49	52	3½	3½	4									
7	WOMEN	126	132	140	38	42	48	2	2½	3	17	17½	18	4	7	9	5½	6	6½
	MEN	160	168	182	50	52	56	3½	3½	4									

2-42. Finishing, V Neck Pullover Vest KNIT

2-43. Back, Shawl Collar Cardigan

2-44. Finishing, Boat Neck Pullover

2-45. Puff Sleeves

STS PER IN	NUMBER ON PATTERN	1			2			3			4			5			6			7			8			9			10		
		SM	MED	LG	SM	MED	LG	SM	MED	LG	SM	MED	LG	SM	MED	LG	SM	MED	LG	SM	MED	LG	SM	MED	LG	SM	MED	LG	SM	MED	LG
1	WOMEN	11	12	13	1	1	1	1	1	1	1	1	2	8	8½	9	3	4	4	3	4	4	—	—	—	—	—	—	—	—	—
	MEN	15	15½	16	1	1	2	1	1	2	1	2	2	10½	11	12	4	4	4	4	4	4	—	—	—	—	—	—	—	—	—
1½	WOMEN	11	12	13	1	2	2	1	2	2	2	2	2	8	8½	9	5	5	6	5	5	6	—	—	—	—	—	—	—	—	—
	MEN	15	15½	16	1	2	2	1	2	2	2	2	3	10½	11	12	7	7	7	7	7	7	—	—	—	—	—	—	—	—	—
2	WOMEN	11	12	13	2	3	3	2	3	3	3	3	4	8	8½	9	5	6	6	5	6	6	—	—	—	—	—	—	—	—	—
	MEN	15	15½	16	2	3	4	2	3	4	3	4	4	10½	11	12	8	7	8	8	7	8	—	—	—	—	—	—	—	—	—
2½	WOMEN	11	12	13	2	3	4	2	3	4	3	4	4	8	8½	9	8	8	8	8	8	8	—	—	—	—	—	—	—	—	—
	MEN	15	15½	16	3	4	4	3	4	4	3	4	5	10½	11	12	10	10	11	10	10	11	—	—	—	—	—	—	—	—	—
3	WOMEN	11	12	13	3	4	5	3	4	5	4	5	5	8	8½	9	5	5	5	5	5	5	4	4	5	4	4	5	—	—	—
	MEN	15	15½	16	3	5	6	3	5	6	4	5	6	10½	11	12	6	6	6	6	6	6	6	6	6	6	6	6	—	—	—
3½	WOMEN	11	12	13	3	5	6	3	5	6	4	5	6	8	8½	9	6	6	6	6	6	6	5	5	5	5	5	5	—	—	—
	MEN	15	15½	16	4	5	6	4	5	6	4	6	7	10½	11	12	8	7	7	8	7	7	7	7	7	7	7	7	—	—	—
4	WOMEN	11	12	13	4	6	7	4	6	7	5	6	7	8	8½	9	6	6	6	6	6	6	6	6	6	6	6	6	—	—	—
	MEN	15	15½	16	5	6	7	5	6	7	5	7	8	10½	11	12	8	8	8	8	8	8	8	8	8	8	8	8	—	—	—
4½	WOMEN	11	12	13	4	6	7	4	6	7	5	7	8	8	8½	9	8	7	8	8	7	8	7	7	7	7	7	7	—	—	—
	MEN	15	15½	16	5	7	8	5	7	8	6	7	8	10½	11	12	9	10	10	9	10	10	9	9	9	9	9	9	—	—	—
5	WOMEN	11	12	13	5	7	8	5	7	8	6	8	9	8	8½	9	8	8	8	8	8	8	7	7	8	7	7	8	—	—	—
	MEN	15	15½	16	6	8	10	6	8	10	6	8	10	10½	11	12	7	7	7	7	7	7	7	7	7	7	7	7	6	6	6
5½	WOMEN	11	12	13	6	8	9	6	8	9	6	8	10	8	8½	9	6	6	6	6	6	6	6	6	6	6	6	6	5	5	5
	MEN	15	15½	16	6	8	10	6	8	10	7	9	11	10½	11	12	8	8	8	8	8	8	8	8	8	8	8	8	7	7	7
6	WOMEN	11	12	13	6	9	10	6	9	10	7	9	11	8	8½	9	6	6	6	6	6	6	6	6	6	6	6	6	6	6	6
	MEN	15	15½	16	7	9	12	7	9	12	8	10	12	10½	11	12	8	9	8	8	9	8	8	8	8	8	8	8	8	8	8

2-46A. Back, V Neck Pullover Vest CROCHET

STS PER IN	NUMBER ON PATTERN	11			1			2			3			4			1			2			1			2			3		
		S M	M E D	L G	S M	M E D	L G	S M	M E D	L G	S M	M E D	L G	S M	M E D	L G	S M	M E D	L G	S M	M E D	L G	S M	M E D	L G	S M	M E D	L G	S M	M E D	L G
1	WOMEN	—	—	—	6	6	6	4	4	4	2	2	2	4	4	4	8	8	8	15	15	15	5	5½	6	3	3	3	13½	14	15
	MEN	—	—	—	8	8	8	4	4	4	4	4	4	4	4	4	8	8	8	17	17	17	7½	8	9	3	3	3	17	17½	18
1½	WOMEN	—	—	—	8	9	10	5	5	5	4	3	4	5	5	5	11	11	11	15	15	15	5	5½	6	4	4	4	13½	14	15
	MEN	—	—	—	10	11	12	6	6	6	4	5	6	6	6	6	12	12	12	17	17	17	7½	8	9	4	4	4	17	17½	18
2	WOMEN	—	—	—	12	12	14	7	7	7	6	6	6	7	7	7	15	15	15	15	15	15	5	5½	6	5	5	5	13½	14	15
	MEN	—	—	—	14	16	16	8	8	8	6	8	8	8	8	8	15	15	15	17	17	17	7½	8	9	5	5	5	17	17½	18
2½	WOMEN	—	—	—	14	15	18	9	9	9	6	7	8	9	9	9	18	18	18	15	15	15	5	5½	6	6	6	6	13½	14	15
	MEN	—	—	—	18	19	20	10	10	10	8	9	10	10	10	10	19	19	19	17	17	17	7½	8	9	6	6	6	17	17½	18
3	WOMEN	—	—	—	16	18	20	11	11	11	8	8	10	11	11	11	22	22	22	15	15	15	5	5½	6	7	7	7	13½	14	15
	MEN	—	—	—	22	22	24	12	12	12	10	10	12	12	12	12	22	22	22	17	17	17	7½	8	9	7	7	7	17	17½	18
3½	WOMEN	—	—	—	20	21	24	12	12	12	10	9	12	12	12	12	25	25	25	15	15	15	5	5½	6	8	8	8	13½	14	15
	MEN	—	—	—	24	27	28	14	14	14	12	13	14	14	14	14	26	26	26	17	17	17	7½	8	9	8	8	8	17	17½	18
4	WOMEN	—	—	—	22	24	28	14	14	14	10	12	14	14	14	14	29	29	29	15	15	15	5	5½	6	9	9	9	13½	14	15
	MEN	—	—	—	28	30	32	16	16	16	14	14	16	16	16	16	29	29	29	17	17	17	7½	8	9	9	9	9	17	17½	18
4½	WOMEN	—	—	—	24	27	30	16	16	16	12	13	14	16	16	16	32	32	32	15	15	15	5	5½	6	10	10	10	13½	14	15
	MEN	—	—	—	32	33	36	18	18	18	16	15	18	18	18	18	33	33	33	17	17	17	7½	8	9	10	10	10	17	17½	18
5	WOMEN	—	—	—	28	30	34	18	18	18	14	14	16	18	18	18	36	36	36	15	15	15	5	5½	6	11	11	11	13½	14	15
	MEN	6	6	6	36	36	40	20	20	20	18	18	20	20	20	20	36	36	36	17	17	17	7½	8	9	11	11	11	17	17½	18
5½	WOMEN	5	5	5	30	33	38	19	19	19	14	15	18	19	19	19	39	39	39	15	15	15	5	5½	6	12	12	12	13½	14	15
	MEN	7	7	7	38	40	44	22	22	22	18	19	22	22	22	22	40	40	40	17	17	17	7½	8	9	12	12	12	17	17½	18
6	WOMEN	6	6	6	34	36	42	21	21	21	16	18	20	21	21	21	43	43	43	15	15	15	5	5½	6	13	13	13	13½	14	15
	MEN	8	8	8	42	44	48	24	24	24	20	22	24	24	24	24	43	43	43	17	17	17	7½	8	9	13	13	13	17	17½	18

2-46B. Back, V Neck Pullover Vest (continued)
CROCHET

2-47. Finishing, Crew Neck Pullover

2-48. Finishing, Turtleneck Pullover

2-49. Back, Boat Neck Pullover

STS PER IN	NUMBER ON PATTERN	1 SM	1 MED	1 LG	2 SM	2 MED	2 LG	3 SM	3 MED	3 LG
2	WOMEN	0	½	1	12	12	14	12	12	14
	MEN	½	1	2	14	16	16	14	16	16
2½	WOMEN	0	½	1	14	15	18	14	15	18
	MEN	½	1	2	18	19	20	18	19	20
3	WOMEN	0	½	1	16	18	20	16	18	20
	MEN	½	1	2	22	22	24	22	22	24
3½	WOMEN	0	½	1	20	21	24	20	21	24
	MEN	½	1	2	24	27	28	24	27	28
4	WOMEN	0	½	1	22	24	28	22	24	28
	MEN	½	1	2	28	30	32	28	30	32
4½	WOMEN	0	½	1	24	27	30	24	27	30
	MEN	½	1	2	32	33	36	32	33	36
5	WOMEN	0	½	1	28	30	34	28	30	34
	MEN	½	1	2	36	38	40	36	38	40
5½	WOMEN	0	½	1	30	33	38	30	33	38
	MEN	½	1	2	38	41	44	38	41	44
6	WOMEN	0	½	1	34	36	42	34	36	42
	MEN	½	1	2	42	44	48	42	44	48
6½	WOMEN	0	½	1	36	39	44	36	39	44
	MEN	½	1	2	46	49	52	46	49	52
7	WOMEN	0	½	1	38	42	48	38	42	48
	MEN	½	1	2	50	52	56	50	52	56

2-50. Front, Shawl Collar Pullover

STS PER IN		1 SM	1 MED	1 LG	2 SM	2 MED	2 LG	3 SM	3 MED	3 LG	4 SM	4 MED	4 LG	5 SM	5 MED	5 LG
2	WOMEN	14	14	14	12	12	14	14	14	14	40	40	42	6	6	7
	MEN	18	18	18	14	16	16	18	18	18	50	52	52	7	8	8
2½	WOMEN	18	18	18	14	15	18	18	19	18	50	52	54	6	6	7
	MEN	23	23	23	18	19	20	23	24	23	64	66	66	7	8	8
3	WOMEN	21	21	21	16	18	20	21	21	21	58	60	62	6	6	7
	MEN	27	27	27	22	22	24	27	27	27	76	76	78	7	8	8
3½	WOMEN	25	25	25	20	21	24	25	26	25	70	72	74	6	6	7
	MEN	32	32	32	24	27	28	32	33	32	88	92	92	7	8	8
4	WOMEN	28	28	28	22	24	28	28	28	28	78	80	84	6	6	7
	MEN	36	36	36	28	30	32	36	36	36	100	102	104	7	8	8
4½	WOMEN	32	32	32	28	27	30	32	33	32	88	92	94	6	6	7
	MEN	41	41	41	32	33	36	41	42	41	114	116	118	7	8	8
5	WOMEN	35	35	35	28	30	34	35	35	35	98	100	104	6	6	7
	MEN	45	45	45	36	38	40	45	45	45	126	128	130	7	8	8
5½	WOMEN	39	39	39	30	33	38	39	40	39	108	112	116	6	6	7
	MEN	50	50	50	38	41	44	50	51	50	138	142	144	7	8	8
6	WOMEN	42	42	42	34	36	42	42	42	42	118	120	126	6	6	7
	MEN	54	54	54	42	44	48	54	54	54	150	152	156	7	8	8
6½	WOMEN	46	46	46	36	39	44	46	47	46	128	132	136	6	6	7
	MEN	59	59	59	46	49	52	59	60	59	164	168	170	7	8	8
7	WOMEN	49	49	49	38	42	48	49	49	49	136	140	146	6	6	7
	MEN	63	63	63	50	52	56	63	63	63	176	178	182	7	8	8

2-51. Finishing, Shawl Collar Pullover

STS PER IN	NUMBER ON PATTERN	1			2			3			4			5			6			7			8			9			10		
		SM	MED	LG	SM	MED	LG	SM	MED	LG	SM	MED	LG	SM	MED	LG	SM	MED	LG	SM	MED	LG	SM	MED	LG	SM	MED	LG	SM	MED	LG
2	WOMEN	8	8	8	1	1	1	2	2	2	2½	2½	2½	2¾	3	3¼	4	4	4	12	13	14	1	1	1	6	6	7	7½	8	8½
	MEN	8	8	8	1	1	1	2	2	2	3	3	3	3¾	3¾	4	5	5	5	16	16½	17	1	1	1	7	8	8	10	10½	11½
2½	WOMEN	10	10	10	2	2	2	2	2	2	2½	2½	2½	2¾	3	3¼	4	4	4	12	13	14	1	1	¾	7	7	9	7½	8	8½
	MEN	10	10	10	2	2	2	2	2	2	3	3	3	3¾	3¾	4	5	5	5	16	16½	17	¾	¾	¾	9	9	10	10	10½	11½
3	WOMEN	12	12	12	2	2	2	4	4	4	2½	2½	2½	2¾	3	3¼	4	4	4	12	13	14	¾	¾	¾	8	9	10	7½	8	8½
	MEN	12	12	12	2	2	2	4	4	4	3	3	3	3¾	3¾	4	5	5	5	16	16½	17	¾	¾	¾	11	11	12	10	10½	11½
3½	WOMEN	14	14	14	3	3	3	4	4	4	2½	2½	2½	2¾	3	3¼	4	4	4	12	13	14	¾	¾	½	10	10	12	7½	8	8½
	MEN	14	14	14	3	3	3	4	4	4	3	3	3	3¾	3¾	4	5	5	5	16	16½	17	¾	¾	¾	12	13	14	10	10½	11½
4	WOMEN	16	16	16	3	3	3	6	6	6	2½	2½	2½	2¾	3	3¼	4	4	4	12	13	14	½	½	½	11	12	14	7½	8	8½
	MEN	16	16	16	3	3	3	6	6	6	3	3	3	3¾	3¾	4	5	5	5	16	16½	17	¾	½	½	14	15	16	10	10½	11½
4½	WOMEN	18	18	18	4	4	4	6	6	6	2½	2½	2½	2¾	3	3¼	4	4	4	12	13	14	½	½	½	12	13	15	7½	8	8½
	MEN	18	18	18	4	4	4	6	6	6	3	3	3	3¾	3¾	4	5	5	5	16	16½	17	½	½	½	16	16	18	10	10½	11½
5	WOMEN	20	20	20	4	4	4	8	8	8	2½	2½	2½	2¾	3	3¼	4	4	4	12	13	14	½	½	⅜	14	15	17	7½	8	8½
	MEN	20	20	20	4	4	4	8	8	8	3	3	3	3¾	3¾	4	5	5	5	16	16½	17	½	⅜	⅜	18	19	20	10	10½	11½
5½	WOMEN	22	22	22	5	5	5	8	8	8	2½	2½	2½	2¾	3	3¼	4	4	4	12	13	14	½	½	⅜	15	16	19	7½	8	8½
	MEN	22	22	22	5	5	5	8	8	8	3	3	3	3¾	3¾	4	5	5	5	16	16½	17	⅜	⅜	⅜	19	20	22	10	10½	11½
6	WOMEN	24	24	24	5	5	5	10	10	10	2½	2½	2½	2¾	3	3¼	4	4	4	12	13	14	⅜	⅜	⅜	17	18	21	7½	8	8½
	MEN	24	24	24	5	5	5	10	10	10	3	3	3	3¾	3¾	4	5	5	5	16	16½	17	⅜	⅜	⅜	21	22	24	10	10½	11½
6½	WOMEN	26	26	26	6	6	6	10	10	10	2½	2½	2½	2¾	3	3¼	4	4	4	12	13	14	⅜	⅜	⅜	18	19	22	7½	8	8½
	MEN	26	26	26	6	6	6	10	10	10	3	3	3	3¾	3¾	4	5	5	5	16	16½	17	⅜	⅜	⅜	23	24	26	10	10½	11½
7	WOMEN	28	28	28	6	6	6	12	12	12	2½	2½	2½	2¾	3	3¼	4	4	4	12	13	14	⅜	⅜	¼	19	21	24	7½	8	8½
	MEN	28	28	28	6	6	6	12	12	12	3	3	3	3¾	3¾	4	5	5	5	16	16½	17	⅜	⅜	¼	25	26	28	10	10½	11½

2-52. Finishing, Shawl Collar Cardigan KNIT

STS PER IN	NUMBER ON PATTERN	11 SM	11 MED	11 LG	12 SM	12 MED	12 LG	13 SM	13 MED	13 LG	14 SM	14 MED	14 LG	15 SM	15 MED	15 LG
2	WOMEN	6	6	7	1	1	1	6	6	7	9½	10½	11½	2½	2½	2½
	MEN	7	8	8	1	1	1	7	8	8	13	13½	14	3	3	3
2½	WOMEN	6	6	7	1	1	¾	7	7	9	9½	10½	11½	2½	2½	2½
	MEN	7	8	8	¾	¾	¾	9	9	10	13	13½	14	3	3	3
3	WOMEN	6	6	7	¾	¾	¾	8	9	10	9½	10½	11½	2½	2½	2½
	MEN	7	8	8	¾	¾	¾	11	11	12	13	13½	14	3	3	3
3½	WOMEN	6	6	7	¾	¾	½	10	10	12	9½	10½	11½	2½	2½	2½
	MEN	7	8	8	¾	¾	¾	12	13	14	13	13½	14	3	3	3
4	WOMEN	6	6	7	½	½	½	11	12	14	9½	10½	11½	2½	2½	2½
	MEN	7	8	8	¾	½	½	14	15	16	13	13½	14	3	3	3
4½	WOMEN	6	6	7	½	½	½	12	13	15	9½	10½	11½	2½	2½	2½
	MEN	7	8	8	½	½	½	16	16	18	13	13½	14	3	3	3
5	WOMEN	6	6	7	½	½	⅜	14	15	17	9½	10½	11½	2½	2½	2½
	MEN	7	8	8	½	⅜	⅜	18	19	20	13	13½	14	3	3	3
5½	WOMEN	6	6	7	½	½	⅜	15	16	19	9½	10½	11½	2½	2½	2½
	MEN	7	8	8	⅜	⅜	⅜	19	20	22	13	13½	14	3	3	3
6	WOMEN	6	6	7	⅜	⅜	⅜	17	18	21	9½	10½	11½	2½	2½	2½
	MEN	7	8	8	⅜	⅜	⅜	21	22	24	13	13½	14	3	3	3
6½	WOMEN	6	6	7	⅜	⅜	⅜	18	19	22	9½	10½	11½	2½	2½	2½
	MEN	7	8	8	⅜	⅜	⅜	23	24	26	13	13½	14	3	3	3
7	WOMEN	6	6	7	⅜	⅜	¼	19	21	24	9½	10½	11½	2½	2½	2½
	MEN	7	8	8	⅜	⅜	¼	25	26	28	13	13½	14	3	3	3

2-53. Finishing, Shawl Collar Cardigan (continued) KNIT

STS PER IN	NUMBER ON PATTERN	1 SM	1 MED	1 LG	2 SM	2 MED	2 LG	3 SM	3 MED	3 LG	4 SM	4 MED	4 LG	5 SM	5 MED	5 LG
2	WOMEN	2	3	3	3	3	4	1	1½	2	1	1	1	6	6	7
	MEN	2	3	4	3	4	4	2	2½	3½	1	1	1	7	8	8
2½	WOMEN	2	3	4	3	4	4	1	1½	2	1	1	¾	7	7	9
	MEN	3	4	4	3	4	5	2	2½	3½	¾	¾	¾	9	9	10
3	WOMEN	3	4	5	4	5	5	1	1½	2	¾	¾	¾	8	9	10
	MEN	3	5	6	4	5	6	2	2½	3½	¾	¾	¾	11	11	12
3½	WOMEN	3	5	6	4	5	6	1	1½	2	¾	¾	½	10	10	12
	MEN	4	5	6	4	6	7	2	2½	3½	¾	¾	¾	12	13	14
4	WOMEN	4	6	7	5	6	7	1	1½	2	½	½	½	11	12	14
	MEN	5	6	7	5	7	8	2	2½	3½	¾	½	½	14	15	16
4½	WOMEN	4	6	7	5	7	8	1	1½	2	½	½	½	12	13	15
	MEN	5	7	8	6	7	8	2	2½	3½	½	½	½	16	16	18
5	WOMEN	5	7	8	6	8	9	1	1½	2	½	½	⅜	14	15	17
	MEN	6	8	10	6	8	10	2	2½	3½	½	⅜	⅜	18	19	20
5½	WOMEN	6	8	9	6	8	10	1	1½	2	½	½	⅜	15	16	19
	MEN	6	8	10	7	9	11	2	2½	3½	⅜	⅜	⅜	19	20	22
6	WOMEN	6	9	10	7	9	11	1	1½	2	⅜	⅜	⅜	17	18	21
	MEN	7	9	12	8	10	12	2	2½	3½	⅜	⅜	⅜	21	22	24
6½	WOMEN	7	9	11	7	10	11	1	1½	2	⅜	⅜	⅜	18	19	22
	MEN	8	10	12	8	11	13	2	2½	3½	⅜	⅜	⅜	23	24	26
7	WOMEN	8	10	12	8	11	13	1	1½	2	⅜	⅜	¼	19	21	24
	MEN	8	11	14	9	12	14	2	2½	3½	⅜	⅜	¼	25	26	28

2-54. Front, V Neck Cardigan Vest

STS PER IN	NUMBER ON PATTERN	1			2			3			4			5			6			7			8			9			10		
		SM	MED	LG	SM	MED	LG	SM	MED	LG	SM	MED	LG	SM	MED	LG	SM	MED	LG	SM	MED	LG	SM	MED	LG	SM	MED	LG	SM	MED	LG
1	WOMEN	4	4	4	1	1	1	1	1	1	1	1	1	2¾	3	3¼	4	4	4	12	13	14	2	2	2	3	3	3	7½	8	8½
	MEN	4	4	4	1	1	1	1	1	1	1	1	1	3¾	3¾	4	5	5	5	16	16½	17	2	2	2	4	4	4	10	10½	11½
1½	WOMEN	4	4	4	1	1	1	1	1	1	1	1	1	2¾	3	3¼	4	4	4	12	13	14	2	2	1½	4	4	5	7½	8	8½
	MEN	4	4	4	1	1	1	1	1	1	1	1	1	3¾	3¾	4	5	5	5	16	16½	17	1½	1½	1½	5	5	5	10	10½	11½
2	WOMEN	5	5	5	2	2	2	1	1	1	1	1	1	2¾	3	3¼	4	4	4	12	13	14	1	1	1	6	6	7	7½	8	8½
	MEN	5	5	5	2	2	2	1	1	1	1	1	1	3¾	3¾	4	5	5	5	16	16½	17	1	1	1	7	8	8	10	10½	11½
2½	WOMEN	6	6	6	2	2	2	1	1	1	1	1	1	2¾	3	3¼	4	4	4	12	13	14	1	1	¾	7	7	9	7½	8	8½
	MEN	6	6	6	2	2	2	1	1	1	1	1	1	3¾	3¾	4	5	5	5	16	16½	17	¾	¾	¾	9	9	10	10	10½	11½
3	WOMEN	7	7	7	3	3	3	1	1	1	1	1	1	2¾	3	3¼	4	4	4	12	13	14	¾	¾	¾	8	9	10	7½	8	8½
	MEN	7	7	7	3	3	3	1	1	1	1	1	1	3¾	3¾	4	5	5	5	16	16½	17	¾	¾	¾	11	11	12	10	10½	11½
3½	WOMEN	8	8	8	3	3	3	1	1	1	1	1	1	2¾	3	3¼	4	4	4	12	13	14	¾	¾	½	10	10	12	7½	8	8½
	MEN	8	8	8	3	3	3	1	1	1	1	1	1	3¾	3¾	4	5	5	5	16	16½	17	¾	¾	¾	12	13	14	10	10½	11½
4	WOMEN	9	9	9	4	4	4	1	1	1	1	1	1	2¾	3	3¼	4	4	4	12	13	14	½	½	½	11	12	14	7½	8	8½
	MEN	9	9	9	4	4	4	1	1	1	1	1	1	3¾	3¾	4	5	5	5	16	16½	17	¾	½	½	14	15	16	10	10½	11½
4½	WOMEN	10	10	10	4	4	4	1	1	1	1	1	1	2¾	3	3¼	4	4	4	12	13	14	½	½	½	12	13	15	7½	8	8½
	MEN	10	10	10	4	4	4	1	1	1	1	1	1	3¾	3¾	4	5	5	5	16	16½	17	½	½	½	16	16	18	10	10½	11½
5	WOMEN	11	11	11	4	4	4	2	2	2	2	2	2	2¾	3	3¼	4	4	4	12	13	14	½	½	⅜	14	15	17	7½	8	8½
	MEN	11	11	11	4	4	4	2	2	2	2	2	2	3¾	3¾	4	5	5	5	16	16½	17	½	⅜	⅜	18	19	20	10	10½	11½
5½	WOMEN	12	12	12	4	4	4	2	2	2	2	2	2	2¾	3	3¼	4	4	4	12	13	14	½	½	⅜	15	16	19	7½	8	8½
	MEN	12	12	12	4	4	4	2	2	2	2	2	2	3¾	3¾	4	5	5	5	16	16½	17	⅜	⅜	⅜	19	20	22	10	10½	11½
6	WOMEN	13	13	13	5	5	5	2	2	2	2	2	2	2¾	3	3¼	4	4	4	12	13	14	⅜	⅜	⅜	17	18	21	7½	8	8½
	MEN	13	13	13	5	5	5	2	2	2	2	2	2	3¾	3¾	4	5	5	5	16	16½	17	⅜	⅜	⅜	21	22	24	10	10½	11½

2-55A. Finishing, Shawl Collar Cardigan CROCHET

STS PER IN	NUMBER ON PATTERN	11			12			13			14		
		SM	MED	LG	SM	MED	LG	SM	MED	LG	SM	MED	LG
1	WOMEN	6	6	7	2	2	2	3	3	3	19½	21	22½
	MEN	7	8	8	2	2	2	4	4	4	26	27	28½
1½	WOMEN	6	6	7	2	2	1½	4	4	5	19½	21	22½
	MEN	7	8	8	1½	1½	1½	5	5	5	26	27	28½
2	WOMEN	6	6	7	1	1	1	6	6	7	19½	21	22½
	MEN	7	8	8	1	1	1	7	8	8	26	27	28½
2½	WOMEN	6	6	7	1	1	¾	7	7	9	19½	21	22½
	MEN	7	8	8	¾	¾	¾	9	9	10	26	27	28½
3	WOMEN	6	6	7	¾	¾	¾	8	9	10	19½	21	22½
	MEN	7	8	8	¾	¾	¾	11	11	12	26	27	28½
3½	WOMEN	6	6	7	¾	¾	½	10	12	12	19½	21	22½
	MEN	7	8	8	¾	¾	¾	12	13	14	26	27	28½
4	WOMEN	6	6	7	½	½	½	11	12	14	19½	21	22½
	MEN	7	8	8	¾	½	½	14	15	16	26	27	28½
4½	WOMEN	6	6	7	½	½	½	12	13	15	19½	21	22½
	MEN	7	8	8	½	½	½	16	16	18	26	27	28½
5	WOMEN	6	6	7	½	½	⅜	14	15	17	19½	21	22½
	MEN	7	8	8	½	⅜	⅜	18	19	20	26	27	28½
5½	WOMEN	6	6	7	½	½	⅜	15	16	19	19½	21	22½
	MEN	7	8	8	⅜	⅜	⅜	19	20	22	26	27	28½
6	WOMEN	6	6	7	⅜	⅜	⅜	17	18	21	19½	21	22½
	MEN	7	8	8	⅜	⅜	⅜	21	22	24	26	27	28½

2-55B. Finishing, Shawl Collar Cardigan (continued)

CROCHET

STS PER IN	NUMBER ON PATTERN	11			12			13		
		SM	MED	LG	SM	MED	LG	SM	MED	LG
1	WOMEN	4	3	4	—	1½	1	—	2	2
	MEN	6	4	6	—	1¼	—	—	2	—
1½	WOMEN	2	1	4	¾	¾	¾	5	6	4
	MEN	4	1	2	⅞	⅞	⅞	4	8	8
2	WOMEN	8	8	8	½	½	½	1	2	3
	MEN	5	4	6	⅝	⅝	⅝	6	8	7
2½	WOMEN	4	12	10	½	—	⅜	6	—	4
	MEN	4	4	8	½	½	½	10	11	7
3	WOMEN	8	6	4	⅜	⅜	⅜	4	8	12
	MEN	12	10	15	⅜	⅜	⅜	4	8	4
3½	WOMEN	2	6	14	⅜	⅜	¼	12	18	5
	MEN	16	21	16	⅜	—	⅜	16	—	16
4	WOMEN	12	10	8	¼	¼	¼	4	9	14
	MEN	15	15	19	¼	¼	¼	7	9	7
4½	WOMEN	8	21	2	¼	—	¼	10	—	23
	MEN	10	10	13	¼	¼	¼	15	17	16
5	WOMEN	4	2	21	¼	¼	⅛	16	21	6
	MEN	6	4	12	¼	¼	¼	21	26	18
5½	WOMEN	22	22	22	—	⅛	⅛	—	4	8
	MEN	26	31	2	⅛	⅛	¼	4	2	33
6	WOMEN	20	19	18	⅛	⅛	⅛	4	10	15
	MEN	27	28	33	⅛	⅛	⅛	6	8	6

2-56. Short sleeves (continued)

STS PER IN	NUMBER ON PATTERN	11			12			13		
		SM	MED	LG	SM	MED	LG	SM	MED	LG
1	WOMEN	4	3	4	—	1½	1	—	2	2
	MEN									
1½	WOMEN	2	1	4	¾	¾	¾	5	6	4
	MEN									
2	WOMEN	8	8	8	½	½	½	1	2	3
	MEN									
2½	WOMEN	4	12	10	½	—	⅜	6	—	4
	MEN									
3	WOMEN	8	6	4	⅜	⅜	⅜	4	8	12
	MEN									
3½	WOMEN	2	6	14	⅜	⅜	¼	12	18	5
	MEN									
4	WOMEN	12	10	8	¼	¼	¼	4	9	14
	MEN									
4½	WOMEN	8	21	2	¼	—	¼	10	—	23
	MEN									
5	WOMEN	4	2	21	¼	¼	⅛	16	21	6
	MEN									
5½	WOMEN	22	22	22	—	⅛	⅛	—	4	8
	MEN									
6	WOMEN	20	19	18	⅛	⅛	⅛	4	10	15
	MEN									

2-57. Three-Quarter Sleeves (continued)

STS PER IN	NUMBER ON PATTERN	1			2			3			4			5			6			7			8			9		
		SM	MED	LG	SM	MED	LG	SM	MED	LG	SM	MED	LG	SM	MED	LG	SM	MED	LG	SM	MED	LG	SM	MED	LG	SM	MED	LG
2	WOMEN	28	32	36	2½	2½	2½	4	4	4	32	36	40	12	13	14	1	2	2	2	2	3	26	28	30	5	5½	6
	MEN	36	40	44	3	3	3	4	4	4	40	44	48	16	16½	17	1	2	3	2	3	3	34	34	36	7½	8	9
2½	WOMEN	34	40	44	2½	2½	2½	6	6	6	40	46	50	12	13	14	1	2	3	2	3	3	34	36	38	5	5½	6
	MEN	44	50	54	3	3	3	6	6	6	50	56	60	16	16½	17	2	3	3	2	3	4	42	44	46	7½	8	9
3	WOMEN	42	48	54	2½	2½	2½	6	6	6	48	54	60	12	13	14	2	3	3	2	3	4	40	42	46	5	5½	6
	MEN	54	60	66	3	3	3	6	6	6	60	66	72	16	16½	17	2	3	4	2	4	5	52	52	54	7½	8	9
3½	WOMEN	48	56	62	2½	2½	2½	8	8	8	56	64	70	12	13	14	2	3	4	2	4	5	48	50	52	5	5½	6
	MEN	62	70	76	3	3	3	8	8	8	70	78	84	16	16½	17	2	4	5	3	4	5	60	62	64	7½	8	9
4	WOMEN	56	64	72	2½	2½	2½	8	8	8	64	72	80	12	13	14	2	4	5	3	4	5	54	56	60	5	5½	6
	MEN	72	80	88	3	3	3	8	8	8	80	88	96	16	16½	17	3	4	6	3	5	6	68	70	72	7½	8	9
4½	WOMEN	62	72	80	2½	2½	2½	10	10	10	72	82	90	12	13	14	2	4	5	3	5	6	62	64	68	5	5½	6
	MEN	80	90	98	3	3	3	10	10	10	90	100	108	16	16½	17	3	5	6	4	5	7	76	80	82	7½	8	9
5	WOMEN	70	80	90	2½	2½	2½	10	10	10	80	90	100	12	13	14	3	5	6	3	5	6	68	70	76	5	5½	6
	MEN	90	100	110	3	3	3	10	10	10	100	110	120	16	16½	17	3	5	7	4	6	8	86	88	90	7½	8	9
5½	WOMEN	76	88	98	2½	2½	2½	12	12	12	88	100	110	12	13	14	3	5	7	4	6	7	74	78	82	5	5½	6
	MEN	98	110	120	3	3	3	12	12	12	110	122	132	16	16½	17	4	6	8	4	6	8	94	98	100	7½	8	9
6	WOMEN	84	96	108	2½	2½	2½	12	12	12	96	108	120	12	13	14	3	6	7	4	6	8	82	84	90	5	5½	6
	MEN	108	120	132	3	3	3	12	12	12	120	132	144	16	16½	17	4	6	9	5	7	9	102	106	108	7½	8	9
6½	WOMEN	90	104	116	2½	2½	2½	14	14	14	104	118	130	12	13	14	4	6	8	4	7	8	88	92	98	5	5½	6
	MEN	116	130	142	3	3	3	14	14	14	130	144	156	16	16½	17	5	7	9	5	8	10	110	114	118	7½	8	9
7	WOMEN	98	112	126	2½	2½	2½	14	14	14	112	126	140	12	13	14	4	7	9	5	7	9	94	98	106	5	5½	6
	MEN	126	140	154	3	3	3	14	14	14	140	154	168	16	16½	17	5	8	10	5	8	11	120	122	126	7½	8	9

2-58. Back, Boat Neck Pullover KNIT

STS PER IN	NUMBER ON PATTERN	1			2			3			4			5			6			7			8			9			10		
		SM	MED	LG	SM	MED	LG	SM	MED	LG	SM	MED	LG	SM	MED	LG	SM	MED	LG	SM	MED	LG	SM	MED	LG	SM	MED	LG	SM	MED	LG
2	WOMEN	18	20	22	2	2	2	20	22	24	¾	¾	¾	3	3	3	26	28	30	4	4	4	1	2	2	⅝	⅝	⅝	8	8	8
	MEN	24	26	28	2	2	2	26	28	30	1	1	1	2	2	2	30	32	34	5	5	5	1	2	3	¾	¾	¾	5	4	6
2½	WOMEN	22	26	28	2	2	2	24	28	30	¾	¾	½	3	3	4	30	34	38	4	4	4	1	2	3	⅝	½	½	4	12	10
	MEN	30	32	36	2	2	2	32	34	38	¾	¾	1	3	3	2	38	40	42	5	5	5	2	3	3	⅝	⅝	⅝	4	4	8
3	WOMEN	28	30	34	3	3	3	31	33	37	¾	½	½	3	4	4	37	41	45	4	4	4	2	3	3	½	½	½	8	6	4
	MEN	36	40	42	3	3	3	39	43	45	¾	¾	¾	3	3	3	45	49	51	5	5	5	2	3	4	½	½	½	12	10	15
3½	WOMEN	32	36	38	3	3	3	35	39	41	½	½	½	4	4	4	43	47	53	4	4	4	2	3	4	½	½	⅜	2	6	14
	MEN	42	46	50	3	3	3	45	49	53	¾	¾	¾	4	4	3	53	57	59	5	5	5	2	4	5	½	⅜	½	3	21	6
4	WOMEN	36	40	44	4	4	4	40	44	48	½	½	¼	4	5	6	48	54	60	4	4	4	2	4	5	⅜	⅜	⅜	12	10	8
	MEN	48	52	56	4	4	4	52	56	60	¾	¾	¾	4	4	4	60	64	68	5	5	5	3	4	6	⅜	⅜	⅜	15	15	19
4½	WOMEN	40	46	50	4	4	4	44	50	54	½	½	¼	5	5	7	54	60	68	4	4	4	2	4	5	⅜	⅜	⅜	8	21	2
	MEN	54	58	64	4	4	4	58	62	68	½	½	¾	5	5	4	68	72	76	5	5	5	3	5	6	⅜	⅜	⅜	10	10	13
5	WOMEN	46	50	56	5	5	5	51	55	61	½	¼	¼	5	6	7	61	67	75	4	4	4	3	5	6	⅜	⅜	¼	4	2	21
	MEN	60	66	70	5	5	5	65	71	75	½	½	½	5	5	5	75	81	85	5	5	5	3	5	7	⅜	⅜	⅜	6	4	12
5½	WOMEN	50	56	60	5	5	5	55	61	65	¼	¼	¼	6	7	9	67	75	83	4	4	4	3	5	7	¼	¼	¼	22	22	22
	MEN	66	70	78	5	5	5	71	77	83	½	½	½	6	6	5	83	89	93	5	5	5	4	6	8	¼	¼	⅜	26	31	2
6	WOMEN	54	60	66	6	6	6	60	66	72	¼	¼	¼	6	8	9	72	82	90	4	4	4	3	6	7	¼	¼	¼	20	19	18
	MEN	72	78	84	6	6	6	78	84	90	½	½	½	6	6	6	90	96	102	5	5	5	4	6	9	¼	¼	¼	27	28	33
6½	WOMEN	58	66	72	6	6	6	64	72	78	¼	¼	¼	7	8	10	78	88	98	4	4	4	4	6	8	¼	¼	¼	18	21	15
	MEN	78	84	92	6	6	6	84	90	98	½	½	½	7	7	6	98	104	110	5	5	5	5	7	9	¼	¼	¼	24	24	30
7	WOMEN	64	70	78	7	7	7	71	77	85	¼	¼	¼	7	9	10	85	95	105	4	4	4	4	7	9	¼	¼	¼	16	14	13
	MEN	84	92	98	7	7	7	91	99	105	½	½	½	7	7	7	105	113	119	5	5	5	5	8	10	¼	¼	¼	21	22	26

2-59A. Short Sleeves KNIT

STS PER IN	NUMBER ON PATTERN	11 SM	11 MED	11 LG	12 SM	12 MED	12 LG	13 SM	13 MED	13 LG	1 SM	1 MED	1 LG	2 SM	2 MED	2 LG	3 SM	3 MED	3 LG	1 SM	1 MED	1 LG	2 SM	2 MED	2 LG	3 SM	3 MED	3 LG
2	WOMEN	½	½	½	1	2	3	8	8	8	12	12	14	14	14	14	14	14	14	0	½	1	1	1	1	6	6	7
	MEN	⅝	⅝	⅝	6	8	7	8	8	8	14	16	16	17	17	17	17	17	17	1	1½	2½	1	1	1	7	8	8
2½	WOMEN	½	—	⅜	6	—	4	10	10	10	14	15	18	17	17	17	17	18	17	0	½	1	1	1	¾	7	7	9
	MEN	½	½	½	10	11	7	10	10	10	18	19	20	21	21	21	21	22	21	1	1½	2½	¾	¾	¾	9	9	10
3	WOMEN	⅜	⅜	⅜	4	8	12	13	13	13	16	18	20	21	21	21	21	21	21	0	½	1	¾	¾	¾	8	9	10
	MEN	⅜	⅜	⅜	4	8	4	13	13	13	22	22	24	25	25	25	25	25	25	1	1½	2½	¾	¾	¾	11	11	12
3½	WOMEN	⅜	⅜	¼	12	8	5	15	15	15	20	21	24	24	24	24	24	25	24	0	½	1	¾	¾	½	10	10	12
	MEN	⅜	—	⅜	16	—	16	15	15	15	24	27	28	30	30	30	30	29	30	1	1½	2½	¾	¾	¾	12	13	14
4	WOMEN	¼	¼	¼	4	9	14	16	16	16	22	24	28	28	28	28	28	28	28	0	½	1	½	½	½	11	12	14
	MEN	¼	¼	¼	7	9	7	16	16	16	28	30	32	34	34	34	34	34	34	1	1½	2½	¾	½	½	14	15	16
4½	WOMEN	¼	—	¼	10	—	23	18	18	18	24	27	30	31	31	31	31	32	31	0	½	1	½	½	½	12	13	15
	MEN	¼	¼	¼	15	17	16	18	18	18	32	33	36	38	38	38	38	39	38	1	1½	2½	½	½	½	16	16	18
5	WOMEN	¼	¼	⅛	16	21	6	21	21	21	28	30	34	35	35	35	35	35	35	0	½	1	½	½	⅜	14	15	17
	MEN	¼	¼	¼	21	26	18	21	21	21	36	38	40	42	42	42	42	42	42	1	1½	2½	½	⅜	⅜	18	19	20
5½	WOMEN	—	⅛	⅛	—	4	8	23	23	23	30	33	38	38	38	38	38	39	38	0	½	1	½	½	⅜	15	16	19
	MEN	⅛	⅛	¼	4	2	33	23	23	23	38	41	44	46	46	46	46	47	46	1	1½	2½	⅜	⅜	⅜	19	20	22
6	WOMEN	⅛	⅛	⅛	4	10	15	24	24	24	34	36	42	42	42	42	42	42	42	0	½	1	⅜	⅜	⅜	17	18	21
	MEN	⅛	⅛	⅛	6	8	6	24	24	24	42	44	48	51	51	51	51	51	51	1	1½	2½	⅜	⅜	⅜	21	22	24
6½	WOMEN	⅛	⅛	⅛	8	10	21	26	26	26	36	39	44	45	45	45	45	46	45	0	½	1	⅜	⅜	⅜	18	19	22
	MEN	⅛	⅛	⅛	12	15	12	26	26	26	46	49	52	55	55	55	55	56	55	1	1½	2½	⅜	⅜	⅜	23	24	26
7	WOMEN	⅛	⅛	⅛	12	19	25	29	29	29	38	42	48	49	49	49	49	49	49	0	½	1	⅜	⅜	¼	19	21	24
	MEN	⅛	⅛	⅛	17	20	19	29	29	29	50	52	56	59	59	59	59	59	59	1	1½	2½	⅜	⅜	¼	25	26	28

2-59B. Short Sleeves (continued) KNIT

2-60. Finishing, V Neck Pullover

2-61. Front, V Neck Cardigan

STS PER IN	NUMBER ON PATTERN	1			2			3			4			5			6			7			8			9			10		
		S M	M E D	L G	S M	M E D	L G	S M	M E D	L G	S M	M E D	L G	S M	M E D	L G	S M	M E D	L G	S M	M E D	L G	S M	M E D	L G	S M	M E D	L G	S M	M E D	L G
1	WOMEN	2	2	2	9	10	11	10	10	12	1	1	1	1	2	2	12	14	16	4	4	4	—	—	1	—	—	1	1⅜	1¼	1¼
	MEN	2	2	2	12	13	14	12	14	14	1	1	1	2	1	1	16	16	16	5	5	5	—	1	1	—	1	1	1¼	1⅜	1½
1½	WOMEN	3	3	3	9	10	11	16	16	18	1	1	1	2	2	2	20	20	22	4	4	4	1	1	1	1	1	1	⅞	⅞	⅞
	MEN	3	3	3	12	13	14	18	20	22	1	1	1	2	2	2	22	24	26	5	5	5	1	1	2	1	1	2	1	1	1
2	WOMEN	3	3	3	9	10	11	20	22	24	¾	¾	¾	3	3	3	26	28	30	4	4	4	1	2	2	1	2	2	⅝	⅝	⅝
	MEN	3	3	3	12	13	14	26	28	30	1	1	1	2	2	2	30	32	34	5	5	5	1	2	3	1	2	3	¾	¾	¾
2½	WOMEN	4	4	4	9	10	11	24	28	30	¾	¾	½	3	3	4	30	34	38	4	4	4	1	2	3	1	2	3	⅝	½	½
	MEN	4	4	4	12	13	14	32	34	38	¾	¾	1	3	3	2	38	40	42	5	5	5	2	3	3	2	3	3	⅝	⅝	⅝
3	WOMEN	4	4	4	9	10	11	31	33	37	¾	½	½	3	4	4	37	41	45	4	4	4	2	3	3	2	3	3	½	½	½
	MEN	4	4	4	12	13	14	39	43	45	¾	¾	¾	3	3	3	45	49	51	5	5	5	2	3	4	2	3	4	½	½	½
3½	WOMEN	5	5	5	9	10	11	35	39	41	½	½	½	4	4	4	43	47	53	4	4	4	2	3	4	2	3	4	½	½	⅜
	MEN	5	5	5	12	13	14	45	49	53	¾	¾	¾	4	4	3	53	57	59	5	5	5	2	4	5	2	4	5	½	⅜	½
4	WOMEN	5	5	5	9	10	11	40	44	48	½	½	½	4	5	6	48	54	60	4	4	4	2	4	5	2	4	5	⅜	⅜	⅜
	MEN	5	5	5	12	13	14	52	56	60	¾	¾	¾	4	4	4	60	64	68	5	5	5	3	4	6	3	4	6	⅜	⅜	⅜
4½	WOMEN	6	6	6	9	10	11	44	50	54	½	½	¼	5	5	7	54	60	68	4	4	4	2	4	5	2	4	5	⅜	⅜	⅜
	MEN	6	6	6	12	13	14	58	62	68	½	½	¾	5	5	4	68	72	76	5	5	5	3	5	6	3	5	6	⅜	⅜	⅜
5	WOMEN	6	6	6	9	10	11	51	55	61	½	½	¼	5	6	7	61	67	75	4	4	4	3	5	6	3	5	6	⅜	⅜	¼
	MEN	6	6	6	12	13	14	65	71	75	½	½	½	5	5	5	75	81	85	5	5	5	3	5	7	3	5	7	⅜	⅜	⅜
5½	WOMEN	7	7	7	9	10	11	55	61	65	¼	¼	¼	6	7	9	67	75	83	4	4	4	3	5	7	3	5	7	¼	¼	¼
	MEN	7	7	7	12	13	14	71	77	83	½	½	½	6	6	5	83	89	93	5	5	5	4	6	8	4	6	8	¼	¼	⅜
6	WOMEN	7	7	7	9	10	11	60	66	72	¼	¼	¼	6	8	9	72	82	90	4	4	4	3	6	7	3	6	7	¼	¼	¼
	MEN	7	7	7	12	13	14	78	84	90	½	½	½	6	6	6	90	96	102	5	5	5	4	6	9	4	6	9	¼	¼	¼

2-62. Short Sleeves CROCHET

STS PER IN	NUMBER ON PATTERN	1			2			3			4			5			6			7			8			9			10		
		SM	MED	LG	SM	MED	LG	SM	MED	LG	SM	MED	LG	SM	MED	LG	SM	MED	LG	SM	MED	LG	SM	MED	LG	SM	MED	LG	SM	MED	LG
2	WOMEN	18	18	20	2	2	2	20	20	22	1½	1	1½	3	4	4	26	28	30	8½	9	9½	1	2	2	⅝	⅝	⅝	8	8	8
	MEN																														
2½	WOMEN	22	22	24	2	2	2	24	24	26	1½	1	1	3	5	6	30	34	38	8½	9	9½	1	2	3	⅝	½	½	4	12	10
	MEN																														
3	WOMEN	26	28	28	3	3	3	29	31	31	1	1	1	4	5	7	37	41	45	8½	9	9½	2	3	3	½	½	½	8	6	4
	MEN																														
3½	WOMEN	30	32	34	3	3	3	33	35	37	1	1	¾	5	6	8	43	47	53	8½	9	9½	2	3	4	½	½	⅜	2	6	14
	MEN																														
4	WOMEN	34	36	38	4	4	4	38	40	42	1	¾	¾	5	7	9	48	54	60	8½	9	9½	2	4	5	⅜	⅜	⅜	12	10	8
	MEN																														
4½	WOMEN	38	40	44	4	4	4	42	44	48	¾	¾	¾	6	8	10	54	60	68	8½	9	9½	2	4	5	⅜	⅜	⅜	8	21	2
	MEN																														
5	WOMEN	42	46	48	5	5	5	47	51	53	¾	¾	½	7	8	11	61	67	75	8½	9	9½	3	5	6	⅜	⅜	¼	4	2	21
	MEN																														
5½	WOMEN	48	50	52	5	5	5	53	55	57	¾	½	½	7	10	13	67	75	83	8½	9	9½	3	5	7	¼	¼	¼	22	22	22
	MEN																														
6	WOMEN	52	54	58	6	6	6	58	60	64	¾	½	½	7	11	13	72	82	90	8½	9	9½	3	6	7	¼	¼	¼	20	19	18
	MEN																														
6½	WOMEN	56	58	62	6	6	6	62	64	68	½	½	½	8	12	15	78	88	98	8½	9	9½	4	6	8	¼	¼	¼	18	21	15
	MEN																														
7	WOMEN	60	64	66	7	7	7	67	71	73	½	½	⅜	9	12	16	85	95	105	8½	9	9½	4	7	9	¼	¼	¼	16	14	13
	MEN																														

2-63A. Three-Quarter Sleeves   KNIT

STS PER IN	NUMBER ON PATTERN	11			12			13						1			2			3			4			5			6		
		SM	MED	LG	SM	MED	LG	SM	MED	LG	SM	MED	LG	SM	MED	LG	SM	MED	LG	SM	MED	LG	SM	MED	LG	SM	MED	LG	SM	MED	LG
2	WOMEN	½	½	½	1	2	3	8	8	8				11	12	13	2	3	3	3	3	4	1	1½	2	1	1	1	6	6	7
	MEN													15	15½	16	2	3	4	3	4	4	2	2½	3½	1	1	1	7	8	8
2½	WOMEN	½	—	⅜	6	—	4	10	10	10				11	12	13	2	3	4	3	4	4	1	1½	2	1	1	¾	7	7	9
	MEN													15	15½	16	3	4	4	3	4	5	2	2½	3½	¾	¾	¾	9	9	10
3	WOMEN	⅜	⅜	⅜	4	8	12	13	13	13				11	12	13	3	4	5	4	5	5	1	1½	2	¾	¾	¾	8	9	10
	MEN													15	15½	16	3	5	6	4	5	6	2	2½	3½	¾	¾	¾	11	11	12
3½	WOMEN	⅜	⅜	¼	12	8	5	15	15	15				11	12	13	3	5	6	4	5	6	1	1½	2	¾	¾	½	10	10	12
	MEN													15	15½	16	4	5	6	4	6	7	2	2½	3½	¾	¾	¾	12	13	14
4	WOMEN	¼	¼	¼	4	9	14	16	16	16				11	12	13	4	6	7	5	6	7	1	1½	2	½	½	½	11	12	14
	MEN													15	15½	16	5	6	7	5	7	8	2	2½	3½	¾	½	½	14	15	16
4½	WOMEN	¼	—	¼	10	—	23	18	18	18				11	12	13	4	6	7	5	7	8	1	1½	2	½	½	½	12	13	15
	MEN													15	15½	16	5	7	8	6	7	8	2	2½	3½	½	½	½	16	16	18
5	WOMEN	¼	¼	⅛	16	21	6	21	21	21				11	12	13	5	7	8	6	8	9	1	1½	2	½	½	⅜	14	15	17
	MEN													15	15½	16	6	8	10	6	8	10	2	2½	3½	½	⅜	⅜	18	19	20
5½	WOMEN	—	⅛	⅛	—	4	8	23	23	23				11	12	13	6	8	9	6	8	10	1	1½	2	½	½	⅜	15	16	19
	MEN													15	15½	16	6	8	10	7	9	11	2	2½	3½	⅜	⅜	⅜	19	20	22
6	WOMEN	⅛	⅛	⅛	4	10	15	24	24	24				11	12	13	6	9	10	7	9	11	1	1½	2	⅜	⅜	⅜	17	18	21
	MEN													15	15½	16	7	9	12	8	10	12	2	2½	3½	⅜	⅜	⅜	21	22	24
6½	WOMEN	⅛	⅛	⅛	8	10	21	26	26	26				11	12	13	7	9	11	7	10	11	1	1½	2	⅜	⅜	⅜	18	19	22
	MEN													15	15½	16	8	10	12	8	11	13	2	2½	3½	⅜	⅜	⅜	23	24	26
7	WOMEN	⅛	⅛	⅛	12	19	25	29	29	29				11	12	13	8	10	12	8	11	13	1	1½	2	⅜	⅜	¼	19	21	24
	MEN													15	15½	16	8	11	14	9	12	14	2	2½	3½	⅜	⅜	¼	25	26	28

2-63B. Three-Quarter Sleeves (continued) KNIT

2-64. Front, V Neck Pullover Vest

STS PER IN	NUMBER ON PATTERN	1			2			3			4			5			6			7			8			9			10		
		SM	MED	LG	SM	MED	LG	SM	MED	LG	SM	MED	LG	SM	MED	LG	SM	MED	LG	SM	MED	LG	SM	MED	LG	SM	MED	LG	SM	MED	LG
1	WOMEN	2	2	2	8½	9	9½	10	10	12	2	2	2	1	2	2	12	14	16	8½	9	9½	—	—	1	—	—	1	1⅜	1¼	1¼
	MEN																														
1½	WOMEN	3	3	3	8½	9	9½	14	14	16	1½	1½	1½	3	3	3	20	20	22	8½	9	9½	1	1	1	1	1	1	⅞	⅞	⅞
	MEN																														
2	WOMEN	3	3	3	8½	9	9½	20	20	22	1½	1	1½	3	4	4	26	28	30	8½	9	9½	1	2	2	1	2	2	⅝	⅝	⅝
	MEN																														
2½	WOMEN	4	4	4	8½	9	9½	24	24	26	1½	1	1	3	5	6	30	34	38	8½	9	9½	1	2	3	1	2	3	⅝	½	½
	MEN																														
3	WOMEN	4	4	4	8½	9	9½	29	31	31	1	1	1	4	5	7	37	41	45	8½	9	9½	2	3	3	2	3	3	½	½	½
	MEN																														
3½	WOMEN	5	5	5	8½	9	9½	33	35	37	1	1	¾	5	6	8	43	47	53	8½	9	9½	2	3	4	2	3	4	½	½	⅜
	MEN																														
4	WOMEN	5	5	5	8½	9	9½	38	40	42	1	¾	¾	5	7	9	48	54	60	8½	9	9½	2	4	5	2	4	5	⅜	⅜	⅜
	MEN																														
4½	WOMEN	6	6	6	8½	9	9½	42	44	48	¾	¾	¾	6	8	10	54	60	68	8½	9	9½	2	4	5	2	4	5	⅜	⅜	⅜
	MEN																														
5	WOMEN	6	6	6	8½	9	9½	47	51	53	¾	¾	½	7	8	11	61	67	75	8½	9	9½	3	5	6	3	5	6	⅜	⅜	¼
	MEN																														
5½	WOMEN	7	7	7	8½	9	9½	53	55	57	¾	½	½	7	10	13	67	75	83	8½	9	9½	3	5	7	3	5	7	¼	¼	¼
	MEN																														
6	WOMEN	7	7	7	8½	9	9½	58	60	64	¾	½	½	7	11	13	72	82	90	8½	9	9½	3	6	7	3	6	7	¼	¼	¼
	MEN																														

2-65. Three-Quarter Sleeves CROCHET

✿ Raglan Sleeves

Raglan sleeves are popular because it is easy to make a raglan sleeve sweater that fits well. The fit at the shoulder does not have to be as precise as with a set-in sleeve. A raglan sleeve is flattering to almost anyone, but should especially be considered by those with broad shoulders because the shoulders are deemphasized by the fit of the sleeve. The body and the sleeves are made the same as the set-in sleeve sweater up to the armhole; the differences begin above the armhole. The raglan sleeve extends from the underarm to the neckline, and the front and back are decreased from the underarm to the neck to accommodate the sleeves. The sleeves must be sewn to the body before the neck finishing can be worked. Raglan sleeve sweaters don't have a shoulder seam to define the shoulder. Rather, they mold to fit the wearer, with no seams falling in the wrong places. There are four neck styles in this section plus two sleeve variations at the end.

CREW NECKS

The opening for the crew neck will be slightly larger on the raglan sleeve sweater than on the set-in sleeve sweater (see Figures 3-1, 3-2, and 3-3), because of the additional stitches from the top of the sleeves used in the neckline finishing. Once finished, however, the neckline will look the same as the set-in sleeve crew

3-1. Women's Crew Neck Pullover.

3-2. Men's Crew Neck Pullover.

3-3. Women's Crew Neck Cardigan.

neck. As in the set-in sleeve crewneck, the raglan crew neck cardigan directions are given only for women's sizes. There is, however, a raglan round neck cardigan with a collar for men under Placket and Collar Necks.

Knitted Pullovers for Men and Women

See Figures 3-4, 3-5, and 3-6.

BACK   See Charts 3-1A and 3-1B.

On smaller needles cast on ①_____ sts. K1p1 in ribbing for ②_____ inches. Change to larger needles and inc ③_____ sts evenly across row. ④_____ sts. Work even in stockinette until piece measures ⑤_____ inches. *Shape armhole:* Bind off ⑥_____ sts at beg of next 2 rows. Dec 1 stitch each end every ⑦_____ inches ⑧_____ times. (Dec 1 stitch each end every ⑨_____ inches ⑩_____ times. Dec 1 stitch each end every ⑪_____ inches ⑫_____ times) ⑬_____ times. Place rem ⑭_____ sts on holder.

FRONT   See Chart 3-25.

Work same as back until armhole measures ①_____ inches. *Shape neck:* Place markers around center ②_____ sts. Work to first marker, place center ③_____ sts on holder, join new ball of yarn, work across rem sts. Dec 1 stitch each neck edge every other row ④_____ times. Continue armhole shaping same as back until no sts remain.

SLEEVES   See Charts 3-3A and 3-3B.

On smaller needles cast on ①_____ sts. K1p1 in ribbing for ②_____ inches. Change to larger needles and inc ③_____ sts evenly across row. ④_____ sts. Work in stockinette and inc 1 stitch each end every ⑤_____ inches ⑥_____ times. ⑦_____ sts. Work even until sleeve measures ⑧_____ inches or length desired to underarm. *Shape cap:* Bind off ⑨_____ sts at beg of next 2 rows. Dec 1 stitch each end every ⑩_____ inches ⑪_____ times. (Dec 1 stitch each end every ⑫_____ inches ⑬_____ times. Dec 1 stitch each end every ⑭_____ inches ⑮_____ times) ⑯_____ times. Place rem ⑰_____ sts on holder.

FINISHING   See Chart 3-29.

Sew side and sleeve seams. Sew sleeves to body. *Neck band:* With right side facing you beginning at front side of right sleeve on smaller sized circular needle k ①_____ sts from right sleeve holder, k ②_____ sts from back holder, k ③_____ sts from left sleeve holder, pick up ④_____ sts along left side neck, k ⑤_____ sts from front holder, pick up ⑥_____ sts along right side neck. ⑦_____ sts. K1p1 in ribbing for 1 inch. Bind off all sts loosely in ribbing.

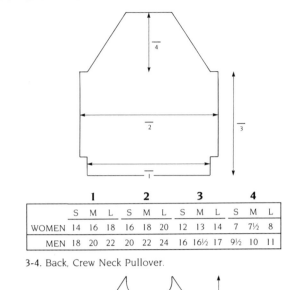

	1			2			3			4		
	S	M	L	S	M	L	S	M	L	S	M	L
WOMEN	14	16	18	16	18	20	12	13	14	7	7½	8
MEN	18	20	22	20	22	24	16	16½	17	9½	10	11

3-4. Back, Crew Neck Pullover.

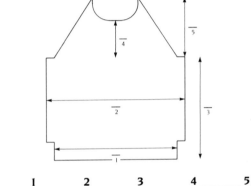

	1			2			3			4			5		
	S	M	L	S	M	L	S	M	L	S	M	L	S	M	L
WOMEN	14	16	18	16	18	20	12	13	14	4	4½	5	7	7½	8
MEN	18	20	22	20	22	24	16	16½	17	6	6½	7½	9½	10	11

3-5. Front, Crew Neck Pullover.

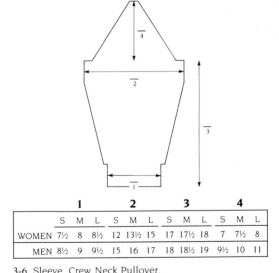

	1			2			3			4		
	S	M	L	S	M	L	S	M	L	S	M	L
WOMEN	7½	8	8½	12	13½	15	17	17½	18	7	7½	8
MEN	8½	9	9½	15	16	17	18	18½	19	9½	10	11

3-6. Sleeve, Crew Neck Pullover.

Crocheted Pullovers for Men and Women

See Figures 3-4, 3-5, and 3-6.

BACK   See Charts 3-5A and 3-5B.

Ribbing: On smaller hook ch ①_____ . Sc in 2nd ch from hook and in each ch across, ch 1, turn. *Next row*: Working through back loop only, sc in each st across, ch 1, turn. Rep last row until piece measures ②_____ inches. Do not turn. *Next row*: Change to larger hook, ch 1, working along long side of ribbing work ③_____ sc evenly across, ch 1, turn. Rep last row until piece measures ④_____ inches. *Shape armhole*: Sl st across ⑤_____ sts, work to within ⑥_____ sts of end, ch 1, turn. Dec 1 stitch each end every ⑦_____ inches ⑧_____ times. (Dec 1 stitch each end every ⑨_____ inches ⑩_____ times. Dec 1 stitch each end every ⑪_____ inches ⑫_____ times) ⑬_____ times, fasten off.

FRONT   See Chart 3-8.

Work same as back until armhole measures ①_____ inches. *Shape neck*: Place marker around center ②_____ sts. *Left side*: Work to first marker, ch 1, turn. Dec 1 stitch at neck edge every other row ③_____ times. Continue armhole shaping same as back until 1 stitch remains, fasten off. *Right side*: Skip center ④_____ sts and work right side same as left side but reverse shaping.

SLEEVES   See Charts 3-7A and 3-7B.

Ribbing: On smaller hook, ch ①_____ . Sc in 2nd ch from hook and in each ch across, ch 1, turn. *Next row*: Working through back loop only, sc in each st across, ch 1, turn. Rep last row until piece measures ②_____ inches. Do not turn. *Next row*: Change to larger hook, ch 1, working along long side of ribbing work ③_____ sc evenly across, ch 1, turn. Rep last row. Inc 1 stitch each end every ④_____ inches ⑤_____ times. ⑥_____ sts. Work even until piece measures ⑦_____ inches or length desired to underarm. *Shape cap*: Sl st across ⑧_____ sts, work to within ⑨_____ sts of end, ch 1, turn. Dec 1 stitch each end every ⑩_____ inches ⑪_____ times. (Dec 1 stitch each end every ⑫_____ inches ⑬_____ times. Dec 1 stitch each end every ⑭_____ inches ⑮_____ times) ⑯_____ times, fasten off.

FINISHING   See Chart 3-6.

Sew side and sleeve seams. Sew sleeves to body. *Neck band*: With right side facing you beginning at front of right sleeve on smaller hook, sc ①_____ along top of right sleeve, sc ②_____ along back neck, sc ③_____ along top of left sleeve, sc ④_____ along left side neck, sc ⑤_____ along center front neck, sc ⑥_____ along right side neck. Sc in each st until neck band measures 1 inch, fasten off.

Knitted Cardigans for Women

See Figures 3-7, 3-4, and 3-6.

BACK   Same as Back for Crew Neck Pullover.

LEFT FRONT   See Charts 3-9A and 3-9B.

On smaller needles cast on ①_____ sts. K1p1 in ribbing for ②_____ inches. Change to larger needles and inc ③_____ sts evenly across row. ④_____ sts. Work even in stockinette until piece measures same as back to underarm. *Shape armhole*: On right side, bind off ⑤_____ sts at beg of row, work across rem sts. P 1 row. Dec 1 stitch at armhole edge every ⑥_____ inches ⑦_____ times. (Dec 1 stitch at armhole edge every ⑧_____ inches ⑨_____ times. Dec 1 stitch at armhole edge every ⑩_____ inches ⑪_____ times) ⑫_____ times. When armhole measures ⑬_____ inches, *shape neck*: On wrong side, bind off ⑭_____ sts at beg of row, work rem sts. Dec 1 stitch at neck edge every other row ⑮_____ times. Continue armhole shaping until no sts remain.

RIGHT FRONT   Same as Left Front but reverse shaping.

SLEEVES   Same as Sleeves for Crew Neck Pullover.

FINISHING   See Charts 3-11A and 3-11B.

Sew side and sleeve seams. Sew sleeves to body. *Neck band*: With right side facing you on smaller needles pick up ①_____ sts along right front neck, k ②_____ sts from right sleeve holder, k ③_____ sts from back holder, k ④_____ sts from left sleeve holder, pick up

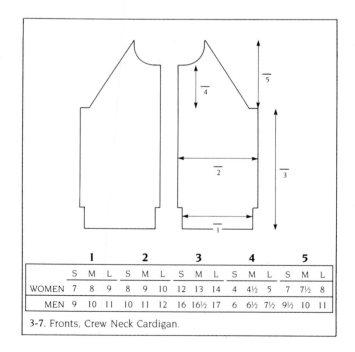

	1			2			3			4			5		
	S	M	L	S	M	L	S	M	L	S	M	L	S	M	L
WOMEN	7	8	9	8	9	10	12	13	14	4	4½	5	7	7½	8
MEN	9	10	11	10	11	12	16	16½	17	6	6½	7½	9½	10	11

3-7. Fronts, Crew Neck Cardigan.

⑤ _____ sts along left front neck. ⑥ _____ sts. K1p1 in ribbing for 1 inch. Bind off all sts loosely in ribbing. *Left front band*: With right side facing you on smaller needles pick up ⑦ _____ sts evenly along left front edge. K1p1 in ribbing for 1¼ inches. Bind off all sts loosely in ribbing. *Right front band*: Work same as for left front band until band measures ½ inch. *Make buttonholes*: Work ⑧ _____ sts, (yo, k2tog, work ⑨ _____ sts) ⑩ _____ times, yo k2tog, work rem ⑪ _____ sts. Continue to work in ribbing until band measures 1¼ inches. Bind off all sts loosely in ribbing. Sew buttons to correspond to buttonholes.

Crocheted Cardigans for Women

See Figures 3-7, 3-4, and 3-6.

BACK Same as Back for Crew Neck Pullover.

LEFT FRONT See Charts 3-13A and 3-13B.
   Ribbing: On smaller hook, ch ① _____ . Sc in 2nd ch from hook and in each ch across, ch 1, turn. *Next row*: Working through back loop only, sc in each st across, ch 1, turn. Rep last row until piece measures ② _____ inches. Do not turn. *Next row*: Change to larger hook, ch 1, working along long side of ribbing work ③ _____ sc evenly across, ch 1, turn. Rep last row until piece measures same as back to underarm. *Shape armhole*: On right side sl st across ④ _____ sts, work across row. Dec 1 stitch at armhole edge every ⑤ _____ inches

⑥ _____ times. (Dec 1 stitch at armhole edge every ⑦ _____ inches ⑧ _____ times. Dec 1 stitch at armhole edge every ⑨ _____ inches ⑩ _____ times) ⑪ _____ times. When armhole measures ⑫ _____ inches, *shape neck*: On wrong side, sl st across ⑬ _____ sts, work across row. Dec 1 stitch at neck edge every other row ⑭ _____ times. Continue armhole shaping until 1 stitch remains, fasten off.

RIGHT FRONT Same as Left Front but reverse shaping.

SLEEVES Same as Sleeves for Crew Neck Pullover.

FINISHING Charts 3-15A and 3-15B.
   Sew side and sleeve seams. Sew sleeves to body. *Neck band*: With right side facing you on smaller hook sc ① _____ along right front neck, sc ② _____ along top of right sleeve, sc ③ _____ along back neck, sc ④ _____ along top of left sleeve, sc ⑤ _____ along left front neck, ch 1, turn. Work even in sc for 1 inch, fasten off. *Left front band*: With right side facing you on smaller hook sc ⑥ _____ evenly along left front edge, ch 1, turn. Work even in sc for 1¼ inches, fasten off. *Right front band*: Work same as for left front band until band measures ½ inch. *Make buttonholes*: Sc ⑦ _____ , (ch ⑧ _____ , sk ⑨ _____ , sc ⑩ _____) ⑪ _____ times, ch ⑫ _____ , sk ⑬ _____ , sc rem sts, ch 1, turn. Continue to work even in sc until band measures 1¼ inches, fasten off. Sew buttons to correspond to buttonholes.

TURTLENECKS

The turtleneck will be slightly looser on the raglan sleeve sweater than on the set-in sleeve sweater (see Figures 3-8 and 3-9). If a snugger fit is desired for the neck, knit with a needle two sizes smaller, or crochet the neck 2 inches shorter and ease the collar into the neckline. Turtleneck sweaters are made the same way as crew necks. The neck is done in the finishing stage.

Knitted Pullovers for Men and Women

See Figures 3-4, 3-5, and 3-6.

BACK Same as Back for Crew Neck Pullover.

FRONT Same as Front for Crew Neck Pullover.

SLEEVES Same as Sleeves for Crew Neck Pullover.

FINISHING Sew side and sleeve seams. Sew sleeves to body. *Turtleneck*: Pick up sts around neck same as for Crew Neck Pullover. K1p1 in ribbing for 3½ inches. Change to larger needle and continue to work in ribbing until neck measures 7 inches. Bind off all sts loosely in ribbing.

Crocheted Pullovers for Men and Women

See Figures 3-4, 3-5, and 3-6.

BACK Same as Back for Crew Neck Pullover.

FRONT Same as Front for Crew Neck Pullover.

SLEEVES Same as Sleeves for Crew Neck Pullover.

FINISHING See Chart 3-31.
   Sew side and sleeve seams. Sew sleeves to body. *Turtleneck*: On larger hook, ch ① _____ . Sc in 2nd ch

3-8. Women's Turtleneck Pullover.

3-9. Men's Turtleneck Pullover.

from hook and in each ch across, ch 1, turn. *Next row*: Working through back loop only, ch in each st across, ch 1, turn. Rep last row until piece measures ②——

PLACKET AND COLLAR NECKS

A raglan sleeve sweater with a placket and collar neckline makes an attractive sporty sweater (see Figures 3-10, 3-11, 3-12, and 3-13).

Knitted Pullovers for Men and Women

See Figures 3-14, 3-4, and 3-6.

BACK Same as Back for Crew Neck Pullover.

FRONT See Chart 3-12.
   Work same as back until armhole measures ①—— inches. *Shape neck*: Place markers around center ②—— sts. On a right side row, work to first marker, join new ball of yarn, bind off center ③—— sts, work rem sts. Continue armhole shaping same as back until armhole measures ④—— inches, ready for a right side row. *Next row*: Work to within ⑤—— sts of neck

inches, fasten off. Sew turtleneck into circle along short side of piece. Sew turtleneck onto neck, easing pieces together.

edge, place ⑥—— sts on holder. Work across rem sts on right side neck. *Next row* (wrong side): Work to within ⑦—— sts of neck edge, place ⑧—— sts on holder. Work across rem sts on left side neck. Dec 1 stitch each neck edge every other row ⑨—— times. Continue armhole shaping same as back until no sts remain.

SLEEVES Same as Sleeves for Crew Neck Pullover.

FINISHING See Charts 3-17A and 3-17B.
   Sew side and sleeve seam. Sew sleeves to body. *Collar*: With right side facing you on larger needles k ①—— sts from right front holder, pick up ②—— sts along right side neck, k ③—— sts from right sleeve holder, k ④—— sts from back holder, k ⑤—— sts from left sleeve holder, pick up ⑥—— sts along left side neck, k ⑦—— sts from left front

3-10. Women's Placket and Collar Pullover.

3-11. Men's Placket and Collar Pullover.

3-12. Women's Placket and Collar Cardigan.

3-13. Men's Placket and Collar Cardigan.

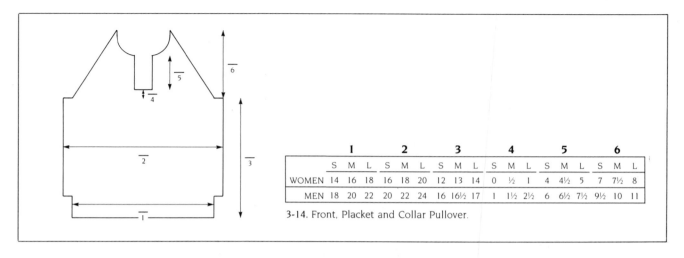

		1			2			3			4			5			6		
	S	M	L	S	M	L	S	M	L	S	M	L	S	M	L	S	M	L
WOMEN	14	16	18	16	18	20	12	13	14	0	½	1	4	4½	5	7	7½	8
MEN	18	20	22	20	22	24	16	16½	17	1	1½	2½	6	6½	7½	9½	10	11

3-14. Front, Placket and Collar Pullover.

holder. ⑧_____ sts. K1p1 in ribbing for 4 inches. Bind off all sts loosely in ribbing. *Left front band:* With right side facing you on smaller needles pick up ⑨_____ sts evenly along right side of neck opening beginning where collar meets body and ending at bound off sts. K1p1 in ribbing for ¾ inch. For men, *make buttonholes:* Work ⑩_____ sts, (yo, k2tog, work ⑪_____ sts) ⑫_____ times, work rem ⑬_____ sts. Continue to work in ribbing until band measures 2 inches. Bind off all sts loosely in ribbing. *Right front band:* With right side facing you pick up ⑭_____ sts evenly along left side of neck opening beginning at bound off sts and ending where collar meets body. K1p1 in ribbing for ¾ inch. For women, *make buttonholes* same as for men. Continue to work in ribbing until band measures 2 inches. Bind off all sts loosely in ribbing. Overlap the center bands, the right side on top for women, left side on top for men, and sew both layers to the bound off sts. Sew buttons to correspond to buttonholes.

Crocheted Pullovers for Men and Women

See Figures 3-14, 3-4, and 3-6.

BACK   Same as Back for Crew Neck Pullover.

FRONT   See Chart 3-19.
   Work same as back until armhole measures ①_____ inches. *Shape neck:* Place markers around center ②_____ sts. *Left side:* Work to first marker, ch 1, turn. Continue armhole shaping same as back until armhole measures ③_____ inches. Work to within ④_____ sts of neck edge, ch 1, turn. Dec 1 stitch at neck edge every other row ⑤_____ times. Continue armhole shaping same as back until 1 stitch remains, fasten off. *Right side:* Skip center ⑥_____ sts and work right side same as left side but reverse shaping.

SLEEVES   Same as Sleeves for Crew Neck Pullover.

FINISHING   See Chart 3-21.
   Sew side and sleeve seams. Sew sleeves to body. *Collar:* On larger hook, ch ①_____ . Sc in 2nd ch from hook and in each ch across, ch 1, turn. *Next row:* Working through back loop only, sc in each st across, ch 1, turn. Rep last row until piece measures ②_____ inches, fasten off. Sew collar into place around neck edge, easing collar in. *Front bands:* On larger hook ch ③_____ . Sc in 2nd ch from hook and in each ch across, ch 1, turn. *Next row:* Working through back loop only, sc in each st across, ch 1, turn. Rep last row until piece measures ¾ inch. *Make buttonholes:* Work across ④_____ , (ch ⑤_____ , sk ⑥_____ , sc ⑦_____) ⑧_____ times, ch 1, turn. Continue to work even in sc until band measures 2 inches, fasten off. Make a second band the same but without the buttonholes. Sew the long side of the band to the long edge of the neck opening from where collar meets body to beginning of opening. Sew the band with buttonholes on the right side for women, left side for men. Overlap the bands, keeping the buttonholes in front, and sew both layers to open edge at bottom of neck opening. Sew buttons to correspond to buttonholes.

Knitted Cardigans for Men and Women

See Figures 3-4, 3-6, and 3-7.

BACK   Same as Back for Crew Neck Pullover.

LEFT FRONT   Same as Left Front for Crew Neck Cardigan.

RIGHT FRONT   Same as Left Front but reverse shaping.

SLEEVES   Same as Sleeves for Crew Neck Pullover.

FINISHING   See Chart 3-22.

Sew side and sleeve seams. Sew sleeves to body. *Collar:* Pick up sts same as for Crew Neck Cardigan neck band. K1p1 in ribbing for 4 inches. Bind off all sts loosely in ribbing. *Left front band:* With right side facing you on smaller needles pick up ①____ sts evenly along left front edge, beginning at top of left front where collar meets body and ending at bottom of ribbing. K1p1 in ribbing for ½ inch. For men, *make buttonholes:* Work ②____ sts, (yo, k2tog, work ③____ sts) ④____ times, yo, k2tog, work rem ⑤____ sts. Continue to work in ribbing until band measures 1¼ inches. Bind off all sts loosely in ribbing. *Right front band:* Work same as for left front band. For women, *make buttonholes* on right band. Sew buttons to correspond to buttonholes.

Crocheted Cardigans for Men and Women

See Figures 3-4, 3-6, and 3-7.

BACK   Same as Back for Crew Neck Pullover.

LEFT FRONT   Same as Left Front for Crew Neck Cardigan.

RIGHT FRONT   Same as Left Front but reverse shaping.

SLEEVES   Same as Sleeves for Crew Neck Pullover.

FINISHING   See Chart 3-23.

Sew side and sleeve seams. Sew sleeves to body. Make collar same as for Placket and Collar Pullover. *Left front band:* With right side facing you on smaller hook sc ①____ evenly along left front edge, beginning at top of left front where collar meets body and ending at bottom of ribbing, ch 1, turn. Work even in sc until band measures ½ inch. For men, *make buttonholes:* Sc ②____ , (ch ③____ , sk ④____ , sc ⑤____) ⑥____ times, ch ⑦____ , sk ⑧____ , end sc for rem sts, ch 1, turn. Continue to work even in sc until band measures 1¼ inches, fasten off. *Right front band:* Work same as for left front band. For women, *make buttonholes* on right band. Sew buttons to correspond to buttonholes.

V NECKS

The line of the raglan sleeve looks very handsome combined with the line of the V neck (see Figures 3-15, 3-16, 3-17, and 3-18). The neckline and the armhole will be decreased at different rates. Attention must be paid when making the neckline and armholes to avoid mistakes, but the result is well worth the effort.

3-15. Women's V Neck Pullover.

3-16. Men's V Neck Pullover.

3-17. Women's V Neck Cardigan.

3-18. Men's V Neck Cardigan.

Knitted Pullovers for Men and Women

See Figures 3-19, 3-4, and 3-6.

BACK   Same as Back for Crew Neck Pullover.

FRONT   See Charts 3-24A and 3-24B.

On smaller needles cast on ①_____ sts. K1p1 in ribbing for ②_____ inches. Change to larger needles and inc ③_____ sts evenly across row. ④_____ sts. Work even until piece measures same as back to underarm. *Shape armhole:* Bind off ⑤_____ sts at beg of next 2 rows. Dec 1 stitch each end every ⑥_____ inches ⑦_____ times. (Dec 1 stitch each end every ⑧_____ inches ⑨_____ times. Dec 1 stitch each end every ⑩_____ inches ⑪_____ times) ⑫_____ times. When armhole measures ⑬_____ inches, *shape neck:* Place markers around center st. Work to first marker, place center st on holder, join new ball of yarn, work across rem sts. Dec 1 stitch each neck edge every ⑭_____ inches ⑮_____ times. Continue armhole shaping until no sts remain.

SLEEVES   Same as Sleeves for Crew Neck Pullover.

FINISHING   See Chart 3-10.

Sew side and sleeve seams. Sew sleeves to body. *Neck band:* With right side facing you beginning at front side of right sleeve on smaller sized circular needle k ①_____ sts from right sleeve holder, k ②_____ sts from back holder, k ③_____ sts from left sleeve holder, pick up ④_____ sts along left side neck, place marker, k center st, place marker, pick up ⑤_____ sts along right side neck. K1p1 in ribbing to within 2 sts of first marker, sl 1, k1, psso, sl marker, k center st, sl marker, k2tog, continue k1p1 in ribbing. Continue to work in ribbing, working above pattern at center front every row until band measures 1 inch. Bind off all sts loosely in ribbing.

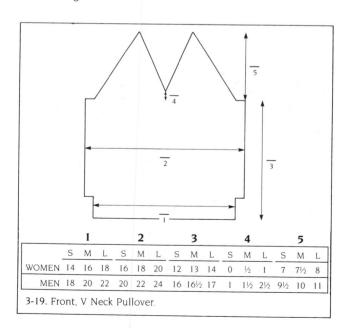

	1			2			3			4			5		
	S	M	L	S	M	L	S	M	L	S	M	L	S	M	L
WOMEN	14	16	18	16	18	20	12	13	14	0	½	1	7	7½	8
MEN	18	20	22	20	22	24	16	16½	17	1	1½	2½	9½	10	11

3-19. Front, V Neck Pullover.

Crocheted Pullovers for Men and Women

See Figures 3-19, 3-4, and 3-6.

BACK Same as Back for Crew Neck Pullover.

FRONT See Charts 3-26A and 3-26B.

Ribbing: On smaller hook ch ①_____ . Sc in 2nd ch from hook and in each ch across, ch 1, turn. *Next row:* Working through back loop only, sc in each st across, ch 1, turn. Rep last row until piece measures ②_____ inches. Do not turn. *Next row:* Change to larger hook, ch 1, working along long side of ribbing work ③_____ sc evenly across, ch 1, turn. Rep last row until piece measures same as back to underarm. *Shape armhole:* Sl st across ④_____ sts, work to within ⑤_____ sts of end, ch 1, turn. Dec 1 stitch each end every ⑥_____ inches ⑦_____ times. (Dec 1 stitch each end every ⑧_____ inches ⑨_____ times. Dec 1 stitch each end every ⑩_____ inches ⑪_____ times) ⑫_____ times. When armhole measures ⑬_____ inches, *shape neck:* Place markers around center st. *Left side:* Work to first marker, ch 1, turn. Dec 1 stitch at neck edge every ⑭_____ inches ⑮_____ times. Continue armhole shaping same as back until 1 stitch remains, fasten off. *Right side:* Skip center st and work right side same as left side but reverse shaping.

SLEEVES Same as Sleeves for Crew Neck Pullover.

FINISHING See Chart 3-27.

Sew side and sleeve seams. Sew sleeves to body. *Neck band:* With right side facing you beginning at front of right sleeve on smaller hook sc ①_____ along top of right sleeve, sc ②_____ along back neck, sc ③_____ along top of left sleeve, sc ④_____ along left side neck, sc center st, sc ⑤_____ along right side neck. Work in sc to within 2 sts of center front st, dec 1 stitch, sc center st, dec 1 stitch, continue in sc. Continue to work in sc, dec 1 stitch on each side of center st on every round until band measures 1 inch, fasten off.

Knitted Cardigans for Men and Women

See Figures 3-20, 3-4, and 3-6.

BACK Same as Back for Crew Neck Pullover.

LEFT FRONT See Chart 3-4.

Work same as Left Front for Crew Neck Cardigan until armhole measures ①_____ inches. *Shape neck* Dec 1 stitch at neck edge every ②_____ inches ③_____ times. Continue armhole shaping same as back until no sts remain.

RIGHT FRONT Same as Left Front but reverse shaping.

SLEEVES Same as Sleeves for Crew Neck Pullover.

FINISHING See Charts 3-28A and 3-28B.

Sew side and sleeve seams. Sew sleeves to body. *Neck band:* With right side facing you on smaller needles pick up ①_____ sts along right front edge, pick up ②_____ sts along right neck edge, k ③_____ sts from right sleeve holder, k ④_____ sts from back holder, k ⑤_____ sts from left sleeve holder, pick up ⑥_____ sts from left neck edge, pick up ⑦_____ sts along left front edge. ⑧_____ sts. K1p1 in ribbing for ½ inch. *Make buttonholes:* Beginning on right side for women, left side for men, work ribbing for ⑨_____ sts, (yo, k2tog, work ⑩_____ sts) ⑪_____ times, yo, k2tog, work in ribbing for rem sts. Continue to work in ribbing until band measures 1¼ inches. Bid off all sts loosely in ribbing. Sew buttons to correspond to buttonholes.

Crocheted Cardigans for Men and Women

See Figures 3-20, 3-4, and 3-6.

BACK Same as Back for Crew Neck Pullover.

LEFT FRONT See Chart 3-30.

Work same as Left Front for Crew Neck Cardigan until armhole measures ①_____ inches. *Shape neck:* Dec 1 stitch at neck edge every ②_____ inches ③_____ times. Continue armhole shaping until 1 stitch remains, fasten off.

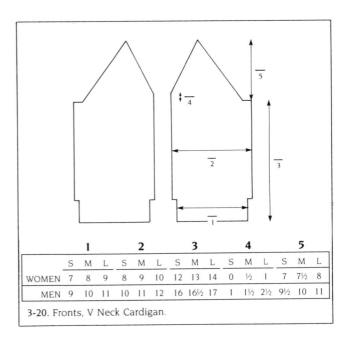

	1			2			3			4			5		
	S	M	L	S	M	L	S	M	L	S	M	L	S	M	L
WOMEN	7	8	9	8	9	10	12	13	14	0	½	1	7	7½	8
MEN	9	10	11	10	11	12	16	16½	17	1	1½	2½	9½	10	11

3-20. Fronts, V Neck Cardigan.

RIGHT FRONT   Same as Left Front but reverse shaping.

SLEEVES   Same as Sleeves for Crew Neck Pullover.

FINISHING   See Charts 3-32 and 3-20.

Sew side and sleeve seams. Sew sleeves to body. *Neck band:* With right side facing you on smaller hook sc ①____ along right front edge, sc ②____ along right neck edge, sc ③____ along top of right sleeve, sc ④____ along back neck, sc ⑤____ along top of left sleeve, sc ⑥____ along left neck edge, sc ⑦____ along left front edge, ch 1, turn. Work in sc until band measures ½ inch. *Make buttonholes:* Beginning at right side for women, left side for men, sc ⑧____ , (ch ⑨____ , sk ⑩____ , sc ⑪____) ⑫____ times, ch ⑬____ , sk ⑭____ , sc across rem sts. Continue to work even in sc until band measures 1¼ inches, fasten off. Sew buttons to correspond to buttonholes.

SLEEVE VARIATIONS

Either one of the two sleeve variations that follow—short sleeves and three-quarter sleeves—will fit into any of the sweaters in the raglan sleeve section (see Figures 3-21, 3-22, and 3-23). Follow the directions for the back and front for any sweater in this section, make the chosen sleeve, then return to the original sweater directions for the finishing.

Short Sleeves

Short sleeves look good with many neck styles (see Figures 3-21 and 3-22). Before deciding to make short sleeves, consider the weight of the yarn and the weather conditions the sweater will be worn in. Short sleeves will use a little less yarn than long sleeves.

KNITTED SHORT SLEEVES FOR MEN AND WOMEN See Figure 3-24 and Charts 3-33 and 3-2.

On smaller needles cast on ①____ sts. K1p1 in ribbing for 1 inch. Change to larger needles and inc ②____ sts evenly across row. ③____ sts. Work in stockinette and inc 1 stitch each and every ④____ inches ⑤____ times. ⑥____ sts. Work even until sleeve measures ⑦____ inches. *Shape cap:* Bind off ⑧____ sts at beg of next 2 rows. Dec 1 stitch each end every ⑨____ inches ⑩____ times. (Dec 1 stitch each end every ⑪____ inches ⑫____ times. Dec 1 stitch each end every ⑬____ inches ⑭____ times) ⑮____ times. Place rem ⑯____ sts on holder.

CROCHETED SHORT SLEEVES FOR MEN AND WOMEN   See Figure 3-24 and Charts 3-34 and 3-14.

3-21. Women's Short Sleeves.

3-22. Men's Short Sleeves.

3-23. Women's Three-Quarter Sleeves.

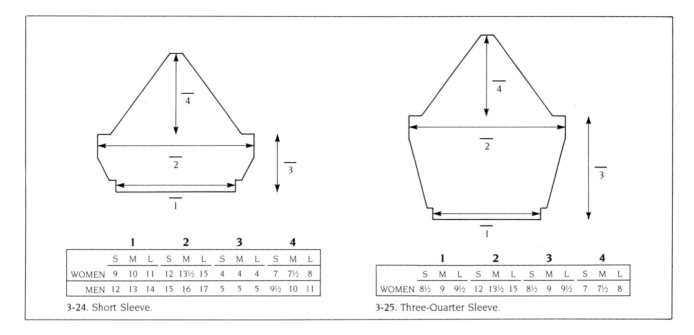

	1			2			3			4		
	S	M	L	S	M	L	S	M	L	S	M	L
WOMEN	9	10	11	12	13½	15	4	4	4	7	7½	8
MEN	12	13	14	15	16	17	5	5	5	9½	10	11

3-24. Short Sleeve.

	1			2			3			4		
	S	M	L	S	M	L	S	M	L	S	M	L
WOMEN	8½	9	9½	12	13½	15	8½	9	9½	7	7½	8

3-25. Three-Quarter Sleeve.

Ribbing: On smaller hook, ch ①_____ . Sc in 2nd ch from hook and in each ch across, ch 1, turn. *Next row*: Working through back loop only, sc in each st across, ch 1, turn. Rep last row until piece measures ②_____ inches. Do not turn. *Next row*: Change to larger hook, ch 1, working along long side of ribbing work ③_____ sc evenly across, ch 1, turn. Rep last row. Inc 1 stitch each end every ④_____ inches ⑤_____ times. ⑥_____ sts. Work even until piece measures ⑦_____ inches. *Shape cap*: Sl st across ⑧_____ sts, work to within ⑨_____ st of end, ch 1, turn. Dec 1 stitch each end every ⑩_____ inches ⑪_____ times. (Dec 1 stitch each end every ⑫_____ inches ⑬_____ times. Dec 1 stitch each end every ⑭_____ inches ⑮_____ times) ⑯_____ times, fasten off.

Three-Quarter Sleeves

Three-quarter sleeves add a feminine touch to a sweater (see Figure 3-23). Three-quarter sleeves are made the same as long sleeves, just shorter, and will use slightly less yarn. The directions are written only for women's sizes.

KNITTED THREE-QUARTER SLEEVES FOR WOMEN
See Figure 3-25 and Charts 3-35 and 3-18.

On smaller needles cast on ①_____ sts. K1p1 in ribbing for 1 inch. Change to larger needles and inc ②_____ sts evenly across row. ③_____ sts. Work in stockinette and inc 1 stitch each end every ④_____ inches ⑤_____ times. ⑥_____ sts. Work even until sleeve measures ⑦_____ inches. *Shape cap*: Bind off ⑧_____ sts at beg of next 2 rows. Dec 1 stitch each end every ⑨_____ inches ⑩_____ times. (Dec 1 stitch each end every ⑪_____ inches ⑫_____ times. Dec 1 stitch each end every ⑬_____ inches ⑭_____ times) ⑮_____ times. Place rem ⑯_____ sts on holder.

CROCHETED THREE-QUARTER SLEEVES FOR WOMEN
See Figure 3-25 and Charts 3-36 and 3-16.

Ribbing: On smaller hook, ch ①_____ . Sc in 2nd ch from hook and in each ch across, ch 1, turn. *Next row*: Working through back loop only, sc in each st across, ch 1, turn. Rep last row until piece measures ②_____ inches. Do not turn. *Next row*: Change to larger hook ch 1, working along long side of ribbing work ③_____ sc evenly across, ch 1, turn. Rep last row. Inc 1 stitch each end every ④_____ inches ⑤_____ times. ⑥_____ sts. Work even until piece measures ⑦_____ inches. *Shape cap*: Sl st across ⑧_____ sts, work to within ⑨_____ sts of end, ch 1, turn. Dec 1 stitch each end every ⑩_____ inches ⑪_____ times. (Dec 1 stitch each end every ⑫_____ inches ⑬_____ times. Dec 1 stitch each end every ⑭_____ inches ⑮_____ times) ⑯_____ times, fasten off.

GAUGE CHARTS

STS PER IN		1 SM	1 MED	1 LG	2 SM	2 MED	2 LG	3 SM	3 MED	3 LG	4 SM	4 MED	4 LG	5 SM	5 MED	5 LG	6 SM	6 MED	6 LG	7 SM	7 MED	7 LG	8 SM	8 MED	8 LG	9 SM	9 MED	9 LG	10 SM	10 MED	10 LG
2	WOMEN	28	32	36	2½	2½	2½	4	4	4	32	36	40	12	13	14	1	2	2	¾	¾	¾	1	10	1	⅞	—	¾	1	—	4
2	MEN	36	40	44	3	3	3	4	4	4	40	44	48	16	16½	17	1	2	3	—	—	⅞	—	—	1	⅞	⅞	⅞	1	2	3
2½	WOMEN	34	40	44	2½	2½	2½	6	5	6	40	45	50	12	13	14	1	2	3	—	½	—	—	1	—	⅝	⅝	⅝	2	2	12
2½	MEN	44	50	54	3	3	3	6	5	6	50	55	60	16	16½	17	2	3	3	—	—	⅝	—	—	2	¾	¾	¾	3	1	1
3	WOMEN	42	48	54	2½	2½	2½	6	6	6	48	54	60	12	13	14	2	3	3	½	½	½	14	15	1	—	—	½	—	—	3
3	MEN	54	60	66	3	3	3	6	6	6	60	66	72	16	16½	17	2	3	4	½	⅝	—	—	—	—	⅝	⅝	⅝	1	1	2
3½	WOMEN	48	56	62	2½	2½	2½	8	7	8	56	63	70	12	13	14	2	3	4	—	—	½	1	—	1	½	½	½	1	1	1
3½	MEN	62	70	76	3	3	3	8	7	8	70	77	84	16	16½	17	2	4	5	½	½	½	—	1	3	½	½	½	3	4	4
4	WOMEN	56	64	72	2½	2½	2½	8	8	8	64	72	80	12	13	14	2	4	5	—	—	—	—	—	—	⅜	—	½	18	—	1
4	MEN	72	80	88	3	3	3	8	8	8	80	88	96	16	16½	17	3	4	6	⅜	⅜	⅜	—	20	—	½	½	½	—	1	2
4½	WOMEN	62	72	80	2½	2½	2½	10	9	10	72	81	90	12	13	14	2	4	5	⅜	¼	⅜	2	2	1	⅜	⅜	⅜	1	1	1
4½	MEN	80	90	98	3	3	3	10	9	10	90	99	108	16	16½	17	3	5	6	—	—	—	2	2	3	⅜	⅜	⅜	12	7	14
5	WOMEN	7	80	90	2½	2½	2½	10	10	10	80	90	100	12	13	14	3	5	7	¼	¼	¼	3	—	2	⅜	⅜	⅜	1	2	2
5	MEN	90	100	110	3	3	3	10	10	10	100	110	120	16	16½	17	3	5	7	¼	¼	—	2	1	—	⅜	⅜	⅜	2	3	2
5½	WOMEN	76	88	98	2½	2½	2½	12	11	12	88	99	110	12	13	14	3	5	7	¼	—	¼	2	—	5	⅜	⅜	⅜	1	1	1
5½	MEN	98	110	120	3	3	3	12	11	12	110	121	132	16	16½	17	4	6	8	⅜	⅜	¼	2	1	—	⅜	⅜	⅜	1	1	4
6	WOMEN	84	96	108	2½	2½	2½	12	12	12	96	108	120	12	13	14	3	6	7	¼	¼	¼	28	30	32	—	—	—	—	—	—
6	MEN	108	120	132	3	3	3	12	12	12	120	132	144	16	16½	17	4	6	9	¼	¼	¼	5	2	4	⅜	⅜	⅜	1	1	2
6½	WOMEN	90	104	116	2½	2½	2½	14	13	14	104	117	130	12	13	14	4	6	8	¼	¼	¼	2	3	5	¼	¼	¼	6	4	4
6½	MEN	116	130	142	3	3	3	14	13	14	130	143	156	16	16½	17	5	7	9	¼	¼	¼	1	40	1	¼	¼	¼	1	—	1
7	WOMEN	98	112	126	2½	2½	2½	14	14	14	112	126	140	12	13	14	4	7	9	¼	—	¼	3	—	2	¼	¼	¼	2	5	5
7	MEN	126	140	154	3	3	3	14	14	14	140	154	168	16	16½	17	5	8	10	—	¼	¼	—	1	2	¼	¼	¼	9	6	10

3-1A. Back, Crew Neck Pullover   KNIT

STS PER IN	NUMBER ON PATTERN	11			12			13			14		
		SM	MED	LG	SM	MED	LG	SM	MED	LG	SM	MED	LG
2	WOMEN	¾	—	⅝	3	—	1	2	—	2	12	12	14
	MEN	¾	¾	¾	2	1	1	4	4	3	14	16	16
2½	WOMEN	½	½	½	1	1	1	4	4	1	14	15	18
	MEN	⅝	⅝	⅝	4	2	4	2	5	3	18	19	20
3	WOMEN	—	—	⅜	—	—	1	—	—	4	16	18	20
	MEN	½	½	½	1	5	3	8	3	4	22	22	24
3½	WOMEN	⅜	⅜	⅜	1	2	2	8	6	6	20	21	24
	MEN	⅜	⅜	⅜	2	1	1	4	4	4	24	27	28
4	WOMEN	¼	—	⅜	1	—	20	1	—	1	22	24	28
	MEN	⅜	⅜	⅜	2	4	3	7	5	5	28	30	32
4½	WOMEN	¼	¼	¼	1	1	1	10	7	11	24	27	30
	MEN	¼	¼	¼	1	1	1	2	4	2	32	33	36
5	WOMEN	¼	¼	¼	1	3	3	10	5	5	28	30	34
	MEN	¼	¼	¼	1	2	1	9	6	11	36	38	40
5½	WOMEN	¼	¼	¼	5	6	3	4	4	6	30	33	38
	MEN	¼	¼	¼	2	2	5	10	11	4	38	41	44
6	WOMEN	—	—	—	—	—	—	—	—	—	34	36	42
	MEN	¼	¼	¼	4	8	5	6	4	5	42	44	48
6½	WOMEN	⅛	⅛	⅛	1	1	1	4	6	6	36	39	44
	MEN	¼	—	¼	17	—	20	2	—	2	46	49	52
7	WOMEN	⅛	⅛	⅛	1	2	2	10	5	5	38	42	48
	MEN	⅛	⅛	⅛	1	1	1	4	6	4	50	52	56

3-1B. Back, Crew Neck Pullover (continued) KNIT

STS PER IN	NUMBER ON PATTERN	11			12			13			14			15			16		
		SM	MED	LG	SM	MED	LG	SM	MED	LG	SM	MED	LG	SM	MED	LG	SM	MED	LG
2	WOMEN	¾	¾	¾	1	1	1	⅝	⅝	⅝	10	1	2	1	5	4	2	2	2
	MEN	¾	⅞	⅞	5	1	3	⅝	¾	¾	1	5	1	2	2	3	2	2	2
2½	WOMEN	⅝	⅝	⅝	1	1	1	½	½	½	2	2	2	4	4	4	2	2	2
	MEN	⅝	—	¾	3	—	1	½	—	⅝	1	—	4	4	—	3	2	2	2
3	WOMEN	½	½	½	2	3	1	⅜	⅜	⅜	1	1	1	4	4	8	3	3	3
	MEN	—	—	⅝	—	—	2	—	—	½	—	—	3	—	—	4	3	3	3
3½	WOMEN	½	½	½	1	1	1	⅜	⅜	⅜	8	5	20	2	3	1	3	3	3
	MEN	½	½	½	1	1	4	⅜	⅜	⅜	2	1	1	7	11	4	3	3	3
4	WOMEN	⅜	⅜	⅜	4	6	3	¼	¼	¼	1	1	1	4	3	5	4	4	4
	MEN	½	½	½	1	1	2	⅜	⅜	⅜	24	12	3	1	2	5	4	4	4
4½	WOMEN	⅜	⅜	⅜	1	1	2	¼	¼	¼	1	1	3	10	12	5	4	4	4
	MEN	⅜	⅜	⅜	2	3	4	¼	¼	¼	1	1	1	9	7	2	4	4	4
5	WOMEN	⅜	⅜	⅜	1	1	1	¼	¼	¼	3	2	3	6	8	6	5	5	5
	MEN	⅜	⅜	⅜	1	1	2	¼	¼	¼	2	1	1	10	14	11	5	5	5
5½	WOMEN	—	—	—	—	—	—	—	—	—	—	—	—	—	—	—	5	5	5
	MEN	⅜	⅜	⅜	1	1	4	¼	¼	¼	4	4	5	6	7	4	5	5	5
6	WOMEN	¼	¼	¼	6	7	4	⅛	⅛	⅛	1	1	1	4	7	6	6	6	6
	MEN	—	⅜	⅜	—	1	2	—	¼	¼	—	8	5	—	2	5	6	6	6
6½	WOMEN	¼	¼	¼	3	5	2	⅛	⅛	⅛	1	2	1	8	5	12	6	6	6
	MEN	¼	¼	⅜	5	9	1	⅛	⅛	¼	1	1	20	6	9	2	6	6	6
7	WOMEN	¼	¼	¼	3	3	3	⅛	⅛	⅛	2	2	2	7	7	8	7	7	7
	MEN	¼	¼	¼	4	7	10	⅛	⅛	⅛	1	2	1	8	5	4	7	7	7

3-2. Short Sleeves (continued)

STS PER IN	NUMBER ON PATTERN	1			2			3			4			5			6			7			8			9			10		
		SM	MED	LG	SM	MED	LG	SM	MED	LG	SM	MED	LG	SM	MED	LG	SM	MED	LG	SM	MED	LG	SM	MED	LG	SM	MED	LG	SM	MED	LG
2	WOMEN	16	16	18	2½	3	3	2	2	2	18	18	20	3	2½	2½	4	5	5	26	28	30	17	17½	18	1	2	2	—	⅝	—
	MEN	18	18	20	3	3	3½	2	2	2	20	20	22	2½	2	2	5	6	6	30	32	34	18	18½	19	1	2	3	¾	¾	⅞
2½	WOMEN	18	20	22	2½	3	3	2	2	2	20	22	24	2½	2	1¾	5	6	7	30	34	38	17	17½	18	1	2	3	½	½	½
	MEN	22	22	24	3	3	3½	2	2	2	24	24	26	1¾	1½	1½	7	8	8	38	40	42	18	18½	19	2	3	3	—	⅝	⅝
3	WOMEN	22	24	26	2½	3	3	3	3	3	25	27	29	2	1¾	1½	6	7	8	37	41	45	17	17½	18	2	3	3	½	—	½
	MEN	26	28	28	3	3	3½	3	3	3	29	31	31	1½	1½	1¼	8	9	10	45	49	51	18	18½	19	2	3	4	½	½	—
3½	WOMEN	26	28	30	2½	3	3	3	3	3	29	31	33	1¾	1½	1¼	7	8	10	43	47	53	17	17½	18	2	3	4	—	⅜	—
	MEN	30	32	34	3	3	3½	3	3	3	33	35	37	1¼	1¼	1¼	10	11	11	53	57	59	18	18½	19	2	4	5	⅜	⅜	½
4	WOMEN	30	32	34	2½	3	3	4	4	4	34	36	38	1¾	1½	1¼	7	9	11	48	54	60	17	17½	18	2	4	5	—	—	⅜
	MEN	34	36	38	3	3	3½	4	4	4	38	40	42	1¼	1	1	11	12	13	60	64	68	18	18½	19	3	4	6	—	—	⅜
4½	WOMEN	34	36	38	2½	3	3	4	4	4	38	40	42	1½	1¼	1	8	10	13	54	60	68	17	17½	18	2	4	5	¼	—	¼
	MEN	38	40	42	3	3	3½	4	4	4	42	44	46	1	¾	¾	13	14	15	68	72	76	18	18½	19	3	5	6	¼	⅜	—
5	WOMEN	38	40	42	2½	3	3	5	5	5	43	45	47	1¼	1¼	¾	9	11	14	61	67	75	17	17½	18	3	5	6	¼	¼	¼
	MEN	42	46	48	3	3	3½	5	5	5	47	51	53	¾	¾	¾	14	15	16	75	81	85	18	18½	19	3	5	7	⅜	¼	—
5½	WOMEN	42	44	46	2½	3	3	5	5	5	47	49	51	1¼	1	¾	10	13	16	67	75	83	17	17½	18	3	5	7	¼	¼	¼
	MEN	46	50	52	3	3	3½	5	5	5	51	55	57	¾	¾	¾	16	17	18	83	89	93	18	18½	19	4	6	8	¼	⅜	—
6	WOMEN	46	48	52	2½	3	3	6	6	6	52	54	58	1¼	¾	¾	10	14	16	72	82	90	17	17½	18	3	6	7	¼	—	¼
	MEN	52	54	58	3	3	3½	6	6	6	58	60	64	¾	¾	½	16	18	19	90	96	102	18	18½	19	4	6	9	¼	¼	¼
6½	WOMEN	48	52	56	2½	3	3	6	6	6	54	58	62	1	¾	¾	12	15	18	78	88	98	17	17½	18	4	6	8	—	—	¼
	MEN	56	58	62	3	3	3½	6	6	6	62	64	68	¾	½	½	18	20	21	98	104	110	18	18½	19	5	7	9	¼	¼	¼
7	WOMEN	52	56	60	2½	3	3	7	7	7	58	63	67	1	¾	½	13	16	19	85	95	105	17	17½	18	4	7	9	—	¼	—
	MEN	60	64	66	3	3	3½	7	7	7	67	71	73	½	½	½	19	21	23	105	113	119	18	18½	19	5	8	10	¼	—	¼

3-3A. Sleeves, Crew Neck Pullover KNIT

STS PER IN	NUMBER ON PATTERN	11			12			13			14			15			16			17		
		S M	M E D	L G	S M	M E D	L G	S M	M E D	L G	S M	M E D	L G	S M	M E D	L G	S M	M E D	L G	S M	M E D	L G
2	WOMEN	—	1	—	¾	¾	¾	1	1	1	⅝	⅝	⅝	10	1	2	1	5	4	2	2	2
	MEN	1	1	1	¾	⅞	⅞	5	1	3	⅝	¾	¾	1	5	1	2	2	3	2	2	2
2½	WOMEN	1	2	3	⅝	⅝	⅝	1	1	1	½	½	½	2	2	2	4	4	4	2	2	2
	MEN	—	16	2	⅝	—	¾	3	—	1	½	—	⅝	1	—	4	4	—	3	2	2	2
3	WOMEN	3	—	2	½	½	½	2	3	1	⅜	⅜	⅜	1	1	1	4	4	8	3	3	3
	MEN	19	20	—	—	—	⅝	—	—	2	—	—	½	—	—	3	—	—	4	3	3	3
3½	WOMEN	—	1	—	½	½	½	1	1	1	⅜	⅜	⅜	8	5	20	2	3	1	3	3	3
	MEN	2	1	3	½	½	½	1	1	4	⅜	⅜	⅜	2	1	1	7	11	4	3	3	3
4	WOMEN	—	—	3	⅜	⅜	⅜	4	6	3	¼	¼	¼	1	1	1	4	3	5	4	4	4
	MEN	—	—	1	½	½	½	1	1	2	⅜	⅜	⅜	24	12	3	1	2	5	4	4	4
4½	WOMEN	3	—	2	⅜	⅜	⅜	1	1	2	¼	¼	¼	1	1	3	10	12	5	4	4	4
	MEN	2	1	—	⅜	⅜	⅜	2	3	14	¼	¼	¼	1	1	1	9	7	2	4	4	4
5	WOMEN	1	2	5	⅜	⅜	⅜	1	1	1	¼	¼	¼	3	2	3	6	8	6	5	5	5
	MEN	2	5	—	⅜	⅜	⅜	1	1	2	¼	¼	¼	2	1	1	10	14	11	5	5	5
5½	WOMEN	28	30	32	—	—	—	—	—	—	—	—	—	—	—	—	—	—	—	5	5	5
	MEN	5	1	—	⅜	⅜	⅜	1	1	4	¼	¼	¼	4	4	5	6	7	4	5	5	5
6	WOMEN	2	—	5	¼	¼	¼	6	7	4	⅛	⅛	⅛	1	1	1	4	7	6	6	6	6
	MEN	38	1	4	—	⅜	⅜	—	1	2	—	¼	¼	—	8	5	—	2	5	6	6	6
6½	WOMEN	—	—	2	¼	¼	¼	3	5	2	⅛	⅛	⅛	1	2	1	8	5	12	6	6	6
	MEN	5	2	1	¼	¼	⅜	5	9	1	⅛	⅛	¼	1	1	20	6	9	2	6	6	6
7	WOMEN	—	2	—	¼	¼	¼	3	3	3	⅛	⅛	⅛	2	2	2	7	7	8	7	7	7
	MEN	4	—	2	¼	¼	¼	4	7	10	⅛	⅛	⅛	1	2	1	8	5	4	7	7	7

3-3B. Sleeves, Crew Neck Pullover (continued) KNIT

STS PER IN	NUMBER ON PATTERN	1			2			3		
		S M	M E D	L G	S M	M E D	L G	S M	M E D	L G
2	WOMEN	0	½	1	1	1	1	6	6	7
	MEN	1	1½	2½	1	1	1	7	8	8
2½	WOMEN	0	½	1	1	1	¾	7	7	9
	MEN	1	1½	2½	¾	¾	¾	9	9	10
3	WOMEN	0	½	1	¾	¾	¾	8	9	10
	MEN	1	1½	2½	¾	¾	¾	11	11	12
3½	WOMEN	0	½	1	¾	¾	½	10	10	12
	MEN	1	1½	2½	¾	¾	¾	12	13	14
4	WOMEN	0	½	1	½	½	½	11	12	14
	MEN	1	1½	2½	¾	½	½	14	15	16
4½	WOMEN	0	½	1	½	½	½	12	13	15
	MEN	1	1½	2½	½	½	½	16	16	18
5	WOMEN	0	½	1	½	½	⅜	14	15	17
	MEN	1	1½	2½	½	⅜	⅜	18	19	20
5½	WOMEN	0	½	1	½	½	⅜	15	16	19
	MEN	1	1½	2½	⅜	⅜	⅜	19	20	22
6	WOMEN	0	½	1	⅜	⅜	⅜	17	18	21
	MEN	1	1½	2½	⅜	⅜	⅜	21	22	24
6½	WOMEN	0	½	1	⅜	⅜	⅜	18	19	22
	MEN	1	1½	2½	⅜	⅜	⅜	23	24	26
7	WOMEN	0	½	1	⅜	⅜	¼	19	21	24
	MEN	1	1½	2½	⅜	⅜	¼	25	26	28

3-4. Front, V Neck Cardigan

STS PER IN	NUMBER ON PATTERN	1			2			3			4			5			6			7			8			9			10		
		SM	MED	LG	SM	MED	LG	SM	MED	LG	SM	MED	LG	SM	MED	LG	SM	MED	LG	SM	MED	LG	SM	MED	LG	SM	MED	LG	SM	MED	LG
1	WOMEN	4	4	4	14	16	18	16	18	20	12	13	14	—	—	1	—	—	1	—	1¼	—	—	6	—	1½	—	1½	4	—	1
	MEN	4	4	4	18	20	22	20	22	24	16	16½	17	—	1	1	—	1	1	—	—	1½	—	—	1	1¾	1¾	1¾	1	2	1
1½	WOMEN	5	5	5	14	16	18	24	27	30	12	13	14	1	1	1	1	1	1	1	—	—	7	—	—	—	1	1	—	1	1
	MEN	6	6	6	18	20	22	30	33	36	16	16½	17	1	1	2	1	1	2	1	1	—	1	10	1	1¼	—	1¼	1	—	2
2	WOMEN	7	7	7	14	16	18	32	36	40	12	13	14	1	2	2	1	2	2	¾	¾	¾	1	10	1	⅞	—	¾	1	—	4
	MEN	8	8	8	18	20	22	40	44	48	16	16½	17	1	2	3	1	2	3	—	—	⅞	—	—	1	⅞	⅞	⅞	1	2	3
2½	WOMEN	8	8	8	14	16	18	40	45	50	12	13	14	2	3	3	2	3	3	—	½	—	—	1	—	⅝	⅝	⅝	2	2	12
	MEN	10	10	10	18	20	22	50	55	60	16	16½	17	2	3	4	2	3	4	—	—	⅝	—	—	2	¾	¾	¾	3	1	1
3	WOMEN	10	10	10	14	16	18	48	54	60	12	13	14	2	3	4	2	3	4	½	½	½	14	15	1	—	—	½	—	—	3
	MEN	12	12	12	18	20	22	60	66	72	16	16½	17	2	4	5	2	4	5	½	⅝	—	1	1	—	⅝	⅝	⅝	1	1	2
3½	WOMEN	12	12	12	14	16	18	56	63	70	12	13	14	2	4	5	2	4	5	—	—	½	—	—	1	½	½	½	1	1	1
	MEN	14	14	14	18	20	22	70	77	84	16	16½	17	3	4	6	3	4	6	½	½	½	1	1	3	½	½	½	3	4	4
4	WOMEN	14	14	14	14	16	18	64	72	80	12	13	14	2	4	5	2	4	5	—	⅜	—	—	20	—	⅜	—	½	18	—	1
	MEN	15	15	15	18	20	22	80	88	96	16	16½	17	3	5	6	3	5	6	⅜	—	⅜	2	—	1	½	½	½	1	1	2
4½	WOMEN	15	15	15	14	16	18	72	81	90	12	13	14	3	5	6	3	5	6	⅜	¼	⅜	2	2	3	⅜	⅜	⅜	1	2	1
	MEN	17	17	17	18	20	22	90	99	108	16	16½	17	3	5	7	3	5	7	—	—	—	—	—	—	⅜	⅜	⅜	12	7	14
5	WOMEN	16	16	16	14	16	18	80	90	100	12	13	14	3	5	7	3	5	7	¼	—	¼	3	—	2	⅜	⅜	⅜	1	2	2
	MEN	19	19	19	18	20	22	100	110	120	16	16½	17	4	6	8	4	6	8	¼	¼	—	2	1	—	⅜	⅜	⅜	2	3	2
5½	WOMEN	18	18	18	14	16	18	88	99	110	12	13	14	3	6	7	3	6	7	¼	—	¼	2	—	5	⅜	⅜	⅜	1	1	1
	MEN	20	20	20	18	20	22	110	121	132	16	16½	17	4	6	9	4	6	9	⅜	⅜	—	2	1	—	⅜	⅜	⅜	1	1	4
6	WOMEN	19	19	19	14	16	18	96	108	120	12	13	14	4	6	8	4	6	8	¼	¼	¼	28	30	32	—	—	—	—	—	—
	MEN	22	22	22	18	20	22	120	132	144	16	16½	17	5	7	9	5	7	9	¼	¼	¼	5	2	4	⅜	⅜	⅜	1	1	2

3-5A. Back, Crew Neck Pullover CROCHET

STS PER IN	NUMBER ON PATTERN	11 SM	11 MED	11 LG	12 SM	12 MED	12 LG	13 SM	13 MED	13 LG
1	WOMEN	1	—	1¼	1	—	2	1	—	2
	MEN	1½	1½	1½	2	1	2	2	2	2
1½	WOMEN	—	⅞	⅞	—	1	8	—	4	1
	MEN	1	—	1	3	—	3	2	—	2
2	WOMEN	¾	—	⅝	3	—	1	2	—	2
	MEN	¾	¾	¾	2	1	1	4	4	3
2½	WOMEN	½	½	½	1	1	1	4	4	1
	MEN	⅝	⅝	⅝	4	2	4	2	5	3
3	WOMEN	—	—	⅜	—	—	1	—	—	4
	MEN	½	½	½	1	5	3	8	3	4
3½	WOMEN	⅜	⅜	⅜	1	2	2	8	6	6
	MEN	⅜	⅜	⅜	2	1	1	4	4	4
4	WOMEN	¼	—	⅜	1	—	20	1	—	1
	MEN	⅜	⅜	⅜	2	4	3	7	5	5
4½	WOMEN	¼	¼	¼	1	1	1	10	7	11
	MEN	¼	¼	¼	1	1	1	2	4	2
5	WOMEN	¼	¼	¼	1	3	3	10	5	5
	MEN	¼	¼	¼	1	2	1	9	6	11
5½	WOMEN	¼	¼	¼	5	6	3	4	4	6
	MEN	¼	¼	¼	2	2	5	10	11	4
6	WOMEN	—	—	—	—	—	—	—	—	—
	MEN	¼	¼	¼	4	8	5	6	4	5

3-5B. Back, Crew Neck Pullover (continued) CROCHET

STS PER IN	NUMBER ON PATTERN	1 SM	1 MED	1 LG	2 SM	2 MED	2 LG	3 SM	3 MED	3 LG	4 SM	4 MED	4 LG	5 SM	5 MED	5 LG	6 SM	6 MED	6 LG
1	WOMEN	2	2	2	6	6	6	2	2	2	4	4	4	2	2	2	4	4	4
	MEN	2	2	2	8	8	8	2	2	2	4	4	4	4	4	4	4	4	4
1½	WOMEN	2	2	2	8	9	10	2	2	2	5	5	5	4	3	4	5	5	5
	MEN	2	2	2	10	11	12	2	2	2	6	6	6	4	5	6	6	6	6
2	WOMEN	2	2	2	12	12	14	2	2	2	7	7	7	6	6	6	7	7	7
	MEN	2	2	2	14	16	16	2	2	2	8	8	8	6	8	8	8	8	8
2½	WOMEN	2	2	2	14	15	18	2	2	2	9	9	9	6	7	8	9	9	9
	MEN	2	2	2	18	19	20	2	2	2	10	10	10	8	9	10	10	10	10
3	WOMEN	3	3	3	16	18	20	3	3	3	11	11	11	8	8	10	11	11	11
	MEN	3	3	3	22	22	24	3	3	3	12	12	12	10	10	12	12	12	12
3½	WOMEN	3	3	3	20	21	24	3	3	3	12	12	12	10	9	12	12	12	12
	MEN	3	3	3	24	27	28	3	3	3	14	14	14	12	13	14	14	14	14
4	WOMEN	4	4	4	22	24	28	4	4	4	14	14	14	10	12	14	14	14	14
	MEN	4	4	4	28	30	32	4	4	4	16	16	16	14	14	16	16	16	16
4½	WOMEN	4	4	4	24	27	30	4	4	4	16	16	16	12	13	14	16	16	16
	MEN	4	4	4	32	33	36	4	4	4	18	18	18	16	15	18	18	18	18
5	WOMEN	5	5	5	28	30	34	5	5	5	18	18	18	14	14	16	18	18	18
	MEN	5	5	5	36	36	40	5	5	5	20	20	20	18	18	20	20	20	20
5½	WOMEN	5	5	5	30	33	38	5	5	5	19	19	19	14	15	18	19	19	19
	MEN	5	5	5	38	40	44	5	5	5	22	22	22	18	19	22	22	22	22
6	WOMEN	6	6	6	34	36	42	6	6	6	21	21	21	16	18	20	21	21	21
	MEN	6	6	6	42	44	48	6	6	6	24	24	24	20	22	24	24	24	24

3-6. Finishing, Crew Neck Pullover

STS PER IN	NUMBER ON PATTERN	1			2			3			4			5			6			7			8			9			10		
		SM	MED	LG	SM	MED	LG	SM	MED	LG	SM	MED	LG	SM	MED	LG	SM	MED	LG	SM	MED	LG	SM	MED	LG	SM	MED	LG	SM	MED	LG
1	WOMEN	5	5	5	7½	8	8½	8	10	10	5	5	4	2	2	3	12	14	16	17	17½	18	—	—	1	—	—	1	—	—	—
	MEN	5	5	5	8½	9	9½	10	10	10	4	4	4	3	3	3	16	16	16	18	18½	19	—	1	1	—	1	1	1¼	—	—
1½	WOMEN	6	6	6	7½	8	8½	14	14	14	4	4	3	3	3	4	20	20	22	17	17½	18	1	1	1	1	1	1	⅞	—	—
	MEN	7	7	7	8½	9	9½	14	16	16	3	3	2½	4	4	5	22	24	26	18	18½	19	1	1	2	1	1	2	1	1	—
2	WOMEN	8	8	8	7½	8	8½	18	18	18	3	2½	2½	4	5	5	26	28	30	17	17½	18	1	2	2	1	2	2	—	⅝	—
	MEN	9	9	9	8½	9	9½	20	20	22	2½	2	2	5	6	6	30	32	34	18	18½	19	1	2	3	1	2	3	¾	¾	⅞
2½	WOMEN	9	9	9	7½	8	8½	20	22	24	2½	2	1¾	5	6	7	30	34	38	17	17½	18	1	2	3	1	2	3	½	½	½
	MEN	11	11	11	8½	9	9½	24	24	26	1¾	1½	1½	7	8	8	38	40	42	18	18½	19	2	3	3	2	3	3	—	⅝	⅝
3	WOMEN	12	12	12	7½	8	8½	25	27	29	2	1¾	1½	6	7	8	37	41	45	17	17½	18	2	3	3	2	3	3	½	—	½
	MEN	14	14	14	8½	9	9½	29	31	31	1½	1½	1¼	8	9	10	45	49	51	18	18½	19	2	3	4	2	3	4	½	½	—
3½	WOMEN	14	14	14	7½	8	8½	29	31	33	1¾	1½	1¼	7	8	10	43	47	53	17	17½	18	2	3	4	2	3	4	—	⅜	—
	MEN	16	16	16	8½	9	9½	33	35	37	1¼	1¼	1¼	10	11	11	53	57	59	18	18½	19	2	4	5	2	4	5	⅜	⅜	½
4	WOMEN	16	16	16	7½	8	8½	34	36	38	1¾	1½	1¼	7	9	11	48	54	60	17	17½	18	2	4	5	2	4	5	—	—	⅜
	MEN	17	17	17	8½	9	9½	38	40	42	1¼	1	1	11	12	13	60	64	68	18	18½	19	3	4	6	3	4	6	—	—	⅜
4½	WOMEN	17	17	17	7½	8	8½	38	40	42	1½	1¼	1	8	10	13	54	60	68	17	17½	18	2	4	5	2	4	5	¼	—	¼
	MEN	19	19	19	8½	9	9½	42	44	46	1	¾	¾	13	14	15	68	72	76	18	18½	19	3	5	6	3	5	6	¼	⅜	—
5	WOMEN	18	18	18	7½	8	8½	43	45	47	1¼	1¼	¾	9	11	14	61	67	75	17	17½	18	3	5	6	3	5	6	¼	¼	¼
	MEN	21	21	21	8½	9	9½	47	51	53	¾	¾	¾	14	15	16	75	81	85	18	18½	19	3	5	7	3	5	7	⅜	¼	—
5½	WOMEN	21	21	21	7½	8	8½	47	49	51	1¼	1	¾	10	13	16	67	75	83	17	17½	18	3	5	7	3	5	7	¼	¼	¼
	MEN	23	23	23	8½	9	9½	51	55	57	¾	¾	¾	16	17	18	83	89	93	18	18½	19	4	6	8	4	6	8	¼	⅜	—
6	WOMEN	22	22	22	7½	8	8½	52	54	58	1¼	¾	¾	10	14	16	72	82	90	17	17½	18	3	6	7	3	6	7	¼	—	¼
	MEN	25	25	25	8½	9	9½	58	60	64	¾	¾	½	16	18	19	90	96	102	18	18½	19	4	6	9	4	6	9	¼	¼	¼

3-7A. Sleeves, Crew Neck Pullover CROCHET

STS PER IN	NUMBER ON PATTERN	11 SM	11 MED	11 LG	12 SM	12 MED	12 LG	13 SM	13 MED	13 LG	14 SM	14 MED	14 LG	15 SM	15 MED	15 LG	16 SM	16 MED	16 LG
1	WOMEN	—	—	—	1½	1½	1½	4	1	1	1	1¼	1¼	1	2	2	1	2	2
	MEN	1	—	—	1½	1¾	2	1	2	1	1¼	1½	1¾	1	1	2	3	2	2
1½	WOMEN	8	—	—	—	1	1	—	1	1	—	⅞	⅞	—	1	8	—	4	1
	MEN	1	10	—	1¼	—	1¼	1	—	2	1	—	1	3	—	3	2	—	2
2	WOMEN	—	1	—	¾	¾	¾	1	1	1	⅝	⅝	⅝	10	1	2	1	5	4
	MEN	1	1	1	¾	⅞	⅞	5	1	3	⅝	¾	¾	1	5	1	2	2	3
2½	WOMEN	1	2	3	⅝	⅝	⅝	1	1	1	½	½	½	2	2	2	4	4	4
	MEN	—	16	2	⅝	—	¾	3	—	1	½	—	⅝	1	—	4	4	—	3
3	WOMEN	3	—	2	½	½	½	2	3	1	⅜	⅜	⅜	1	1	1	4	4	8
	MEN	19	20	—	—	—	⅝	—	—	2	—	—	½	—	—	3	—	—	4
3½	WOMEN	—	1	—	½	½	½	1	1	1	⅜	⅜	⅜	8	5	20	2	3	1
	MEN	2	1	3	½	½	½	1	1	4	⅜	⅜	⅜	2	1	1	7	11	4
4	WOMEN	—	—	3	⅜	⅜	⅜	4	6	3	¼	¼	¼	1	1	1	4	3	5
	MEN	—	—	1	½	½	½	1	1	2	⅜	⅜	⅜	24	12	3	1	2	5
4½	WOMEN	3	—	2	⅜	⅜	⅜	1	1	2	¼	¼	¼	1	1	3	10	12	5
	MEN	2	1	—	⅜	⅜	⅜	2	3	14	¼	¼	¼	1	1	1	9	7	2
5	WOMEN	1	2	5	⅜	⅜	⅜	1	1	1	¼	¼	¼	3	2	3	6	8	6
	MEN	2	5	—	⅜	⅜	⅜	1	1	2	¼	¼	¼	2	1	1	10	14	11
5½	WOMEN	28	30	32	—	—	—	—	—	—	—	—	—	—	—	—	—	—	—
	MEN	5	1	—	⅜	⅜	⅜	1	1	4	¼	¼	¼	4	4	5	6	7	4
6	WOMEN	2	—	5	¼	¼	¼	6	7	4	⅛	⅛	⅛	1	1	1	4	7	6
	MEN	38	1	4	—	⅜	⅜	—	1	2	—	¼	¼	—	18	5	—	2	5

3-7B. Sleeves, Crew Neck Pullover (continued) CROCHET

STS PER IN	NUMBER ON PATTERN	1 SM	1 MED	1 LG	2 SM	2 MED	2 LG	3 SM	3 MED	3 LG	4 SM	4 MED	4 LG
1	WOMEN	4	4½	5	2	2	2	2	2	2	2	2	2
	MEN	6	6½	7½	4	4	4	2	2	2	4	4	4
1½	WOMEN	4	4½	5	4	3	4	2	3	3	4	3	4
	MEN	6	6½	7½	4	5	6	3	3	3	4	5	6
2	WOMEN	4	4½	5	6	6	6	3	3	4	6	6	6
	MEN	6	6½	7½	6	8	8	4	4	4	6	8	8
2½	WOMEN	4	4½	5	6	7	8	4	4	5	6	7	8
	MEN	6	6½	7½	8	9	10	5	5	5	8	9	10
3	WOMEN	4	4½	5	8	8	10	4	5	5	8	8	10
	MEN	6	6½	7½	10	10	12	6	6	6	10	10	12
3½	WOMEN	4	4½	5	10	9	12	5	6	6	10	9	12
	MEN	6	6½	7½	12	13	14	6	7	7	12	13	14
4	WOMEN	4	4½	5	10	12	14	6	6	7	10	12	14
	MEN	6	6½	7½	14	14	16	7	8	8	14	14	16
4½	WOMEN	4	4½	5	12	13	14	6	7	8	12	13	14
	MEN	6	6½	7½	16	15	18	8	9	9	16	15	18
5	WOMEN	4	4½	5	14	14	16	7	8	9	14	14	16
	MEN	6	6½	7½	18	18	20	9	10	10	18	18	20
5½	WOMEN	4	4½	5	14	15	18	8	9	10	14	15	18
	MEN	6	6½	7½	18	19	22	10	11	11	18	19	22
6	WOMEN	4	4½	5	16	18	20	9	9	11	16	18	20
	MEN	6	6½	7½	20	22	24	11	11	12	20	22	24

3-8. Front, Crew Neck Pullover

STS PER IN	NUMBER ON PATTERN	1			2			3			4			5			6			7			8			9			10		
		S M	M E D	L G	S M	M E D	L G	S M	M E D	L G	S M	M E D	L G	S M	M E D	L G	S M	M E D	L G	S M	M E D	L G	S M	M E D	L G	S M	M E D	L G	S M	M E D	L G
2	WOMEN	14	16	18	2½	2½	2½	2	2	2	16	18	20	1	2	2	¾	¾	¾	1	10	1	⅞	—	¾	1	—	4	¾	—	⅝
	MEN	18	20	22	3	3	3	2	2	2	20	22	24	1	2	3	—	—	⅞	—	—	1	⅞	⅞	⅞	1	2	3	¾	¾	¾
2½	WOMEN	18	20	22	2½	2½	2½	2	2	3	20	22	25	1	2	3	—	½	—	—	1	—	⅝	⅝	⅝	2	2	12	½	½	½
	MEN	22	24	28	3	3	3	3	3	2	25	27	30	2	3	3	—	—	⅝	—	—	2	¾	¾	¾	3	1	1	⅝	⅝	⅝
3	WOMEN	22	24	28	2½	2½	2½	2	3	2	24	27	30	2	3	3	½	½	½	14	15	1	—	—	½	—	—	3	—	—	⅜
	MEN	28	30	34	3	3	3	2	3	2	30	33	36	2	3	4	½	⅝	—	1	1	—	⅝	⅝	⅝	1	1	2	½	½	½
3½	WOMEN	24	28	32	2½	2½	2½	4	4	3	28	32	35	2	3	4	—	—	½	—	—	1	½	½	½	1	1	1	⅜	⅜	⅜
	MEN	32	34	38	3	3	3	3	4	3	35	38	41	2	4	5	½	½	½	1	1	3	½	½	½	3	4	4	⅜	⅜	⅜
4	WOMEN	28	32	36	2½	2½	2½	4	4	4	32	36	40	2	4	5	—	⅜	—	—	20	—	⅜	—	½	18	—	1	¼	—	⅜
	MEN	36	40	44	3	3	3	4	4	4	40	44	48	3	4	6	⅜	—	⅜	2	—	1	½	½	½	1	1	2	⅜	⅜	⅜
4½	WOMEN	32	36	40	2½	2½	2½	6	4	5	36	40	45	2	4	5	⅜	¼	⅜	2	2	3	⅜	⅜	⅜	1	2	1	¼	¼	¼
	MEN	40	46	50	3	3	3	5	4	4	45	50	54	3	5	6	—	—	—	—	—	—	⅜	⅜	⅜	12	7	14	¼	¼	¼
5	WOMEN	36	40	46	2½	2½	2½	4	5	4	40	45	50	3	5	6	¼	—	¼	3	—	2	⅜	⅜	⅜	1	2	2	¼	¼	¼
	MEN	46	50	56	3	3	3	4	5	4	50	55	60	3	5	7	¼	¼	—	2	1	—	⅜	⅜	⅜	2	3	2	¼	¼	¼
5½	WOMEN	38	44	50	2½	2½	2½	6	5	5	44	49	55	3	5	7	¼	—	¼	2	—	5	⅜	⅜	⅜	1	1	1	¼	¼	¼
	MEN	50	56	60	3	3	3	5	4	6	55	60	66	4	6	8	⅜	⅜	—	2	1	—	⅜	⅜	⅜	1	1	4	¼	¼	¼
6	WOMEN	42	48	54	2½	2½	2½	6	6	6	48	54	60	3	6	7	¼	¼	¼	28	30	32	—	—	—	—	—	—	—	—	—
	MEN	54	60	64	3	3	3	6	6	8	60	66	72	4	6	9	¼	¼	¼	5	2	4	⅜	⅜	⅜	1	1	2	¼	¼	¼
6½	WOMEN	46	52	58	2½	2½	2½	6	6	7	52	58	65	4	6	8	¼	¼	¼	2	3	5	¼	¼	¼	6	4	4	⅛	⅛	⅛
	MEN	58	66	72	3	3	3	7	4	6	65	70	78	5	7	9	¼	¼	¼	1	40	1	⅜	—	⅜	1	—	1	¼	—	¼
7	WOMEN	50	56	64	2½	2½	2½	6	7	7	56	63	71	4	7	9	¼	—	¼	3	—	2	¼	¼	¼	2	5	5	⅛	⅛	⅛
	MEN	64	70	78	3	3	3	6	7	6	70	77	84	5	8	10	—	¼	¼	—	1	2	¼	¼	¼	9	6	10	⅛	⅛	⅛

3-9A. Front, Crew Neck Cardigan KNIT

3-10. Finishing, V Neck Pullover

NUMBER ON PATTERN

STS PER IN		1 S M	1 M E D	1 L G	2 S M	2 M E D	2 L G	3 S M	3 M E D	3 L G	4 S M	4 M E D	4 L G	5 S M	5 M E D	5 L G
2	WOMEN	2	2	2	12	12	14	2	2	2	14	14	14	14	14	14
2	MEN	2	2	2	14	16	16	2	2	2	17	17	17	17	17	17
2½	WOMEN	2	2	2	14	15	18	2	2	2	17	17	17	17	18	17
2½	MEN	2	2	2	18	19	20	2	2	2	21	21	21	21	22	21
3	WOMEN	3	3	3	16	18	20	3	3	3	21	21	21	21	21	21
3	MEN	3	3	3	22	22	24	3	3	3	25	25	25	25	25	25
3½	WOMEN	3	3	3	20	21	24	3	3	3	24	24	24	24	25	24
3½	MEN	3	3	3	24	27	28	3	3	3	30	30	30	30	29	30
4	WOMEN	4	4	4	22	24	28	4	4	4	28	28	28	28	28	28
4	MEN	4	4	4	28	30	32	4	4	4	34	34	34	34	34	34
4½	WOMEN	4	4	4	24	27	30	4	4	4	31	31	31	31	32	31
4½	MEN	4	4	4	32	33	36	4	4	4	38	38	38	38	39	38
5	WOMEN	5	5	5	28	30	34	5	5	5	35	35	35	35	35	35
5	MEN	5	5	5	36	38	40	5	5	5	42	42	42	42	42	42
5½	WOMEN	5	5	5	30	33	38	5	5	5	38	38	38	38	39	38
5½	MEN	5	5	5	38	41	44	5	5	5	46	46	46	46	47	46
6	WOMEN	6	6	6	34	36	42	6	6	6	42	42	42	42	42	42
6	MEN	6	6	6	42	44	48	6	6	6	51	51	51	51	51	51
6½	WOMEN	6	6	6	36	39	44	6	6	6	45	45	45	45	46	45
6½	MEN	6	6	6	46	49	52	6	6	6	55	55	55	55	56	55
7	WOMEN	7	7	7	38	42	48	7	7	7	49	49	49	49	49	49
7	MEN	7	7	7	50	52	56	7	7	7	59	59	59	59	59	59

3-9B. Front, Crew Neck Cardigan (continued)   KNIT

NUMBER ON PATTERN

STS PER IN		11 S M	11 M E D	11 L G	12 S M	12 M E D	12 L G	13 S M	13 M E D	13 L G	14 S M	14 M E D	14 L G
2	WOMEN	3	—	1	2	—	2	3	3	3	3	3	4
2	MEN	2	1	1	4	4	3	3	4	4	4	4	4
2½	WOMEN	1	1	1	4	4	1	3	3	4	4	4	5
2½	MEN	4	2	4	2	5	3	4	4	5	5	5	5
3	WOMEN	—	—	1	—	—	4	4	5	6	4	5	5
3	MEN	1	5	3	8	3	4	5	5	5	6	6	6
3½	WOMEN	1	2	2	8	6	6	5	6	6	5	6	6
3½	MEN	2	1	1	4	4	4	6	6	7	6	7	7
4	WOMEN	1	—	20	1	—	1	5	6	7	6	6	7
4	MEN	2	4	3	7	5	11	7	7	8	7	8	8
4½	WOMEN	1	1	1	10	7	11	6	6	7	6	7	8
4½	MEN	1	1	1	2	4	2	8	8	9	8	9	9
5	WOMEN	1	3	3	10	5	5	7	7	8	7	8	9
5	MEN	1	2	1	9	6	11	9	9	10	9	10	10
5½	WOMEN	5	6	3	4	4	6	7	7	9	8	9	10
5½	MEN	2	2	5	10	11	4	9	9	11	10	11	11
6	WOMEN	—	—	—	—	—	—	8	9	10	9	9	11
6	MEN	4	8	5	6	4	5	10	11	12	11	11	12
6½	WOMEN	1	1	1	4	6	6	9	9	11	9	10	11
6½	MEN	17	—	20	2	—	2	11	11	13	12	13	13
7	WOMEN	1	2	2	10	5	5	9	10	12	10	11	12
7	MEN	1	1	1	4	6	4	12	13	14	13	13	14

| NUMBER ON PATTERN | | 1 | | | 2 | | | 3 | | | 4 | | | 5 | | | 6 | | | 7 | | | 8 | | | 9 | | | 10 | | |
STS PER IN		SM	MED	LG	SM	MED	LG	SM	MED	LG	SM	MED	LG	SM	MED	LG	SM	MED	LG	SM	MED	LG	SM	MED	LG	SM	MED	LG	SM	MED	LG
2	WOMEN	10	10	10	2	2	2	12	12	14	2	2	2	10	10	10	36	36	38	34	38	40	1	3	1	3	3	4	6	6	6
	MEN	11	12	12	2	2	2	14	16	16	2	2	2	11	12	12	40	44	44	46	48	52	1	2	1	4	4	4	7	7	8
2½	WOMEN	12	12	13	2	2	2	14	15	18	2	2	2	12	13	13	42	44	48	42	44	50	2	3	3	4	4	5	6	6	6
	MEN	14	14	15	2	2	2	18	19	20	2	2	2	14	15	15	50	52	54	58	60	64	3	1	3	4	5	5	7	7	7
3	WOMEN	15	15	16	3	3	3	16	18	20	3	3	3	15	15	16	52	54	58	52	56	62	4	3	3	5	6	7	6	6	6
	MEN	17	17	18	3	3	3	22	22	24	3	3	3	17	17	18	62	62	66	70	74	78	3	5	3	7	7	8	7	7	7
3½	WOMEN	17	17	18	3	3	3	20	21	24	3	3	3	17	18	18	60	62	66	60	66	70	5	5	4	6	7	8	6	6	6
	MEN	20	20	21	3	3	3	24	27	28	3	3	3	20	21	21	70	74	76	82	84	90	5	3	2	8	9	10	7	7	7
4	WOMEN	19	20	21	4	4	4	22	24	28	4	4	4	19	20	21	68	72	78	68	74	80	6	6	6	7	8	9	6	6	6
	MEN	23	23	24	4	4	4	28	30	32	4	4	4	23	23	24	82	84	88	92	96	102	3	5	5	10	10	11	7	7	7
4½	WOMEN	22	22	23	4	4	4	24	27	30	4	4	4	22	21	23	76	80	84	76	82	90	5	5	6	8	9	10	6	6	6
	MEN	26	26	27	4	4	4	32	33	36	4	4	4	26	27	27	92	94	98	104	108	114	6	4	4	11	12	13	7	7	7
5	WOMEN	25	25	26	5	5	5	28	30	34	5	5	5	25	25	26	88	90	96	86	94	102	6	7	5	10	11	13	6	6	6
	MEN	29	29	30	5	5	5	36	38	40	5	5	5	29	29	30	104	106	110	116	122	128	5	4	6	13	14	14	7	7	7
5½	WOMEN	26	26	28	5	5	5	30	33	38	5	5	5	26	27	28	92	96	104	94	102	110	7	5	6	11	13	14	6	6	6
	MEN	31	31	33	5	5	5	38	41	44	5	5	5	31	32	33	110	114	120	128	132	140	6	5	6	14	15	16	7	7	7
6	WOMEN	29	30	31	6	6	6	34	36	42	6	6	6	29	30	31	104	108	116	102	112	120	5	7	8	13	14	15	6	6	6
	MEN	34	35	36	6	6	6	42	44	48	6	6	6	34	35	36	122	126	132	138	144	154	5	5	6	16	17	18	7	7	7
6½	WOMEN	32	32	34	6	6	6	36	39	44	6	6	6	31	33	34	112	116	124	110	120	130	6	8	7	14	15	17	6	6	6
	MEN	37	37	39	7	7	7	46	49	52	7	7	7	37	38	39	132	136	142	150	156	166	8	7	9	17	18	19	7	7	7
7	WOMEN	34	35	37	7	7	7	38	42	48	7	7	7	34	35	37	120	126	136	128	134	140	6	6	9	17	18	18	6	6	6
	MEN	40	41	42	7	7	7	50	52	56	7	7	7	40	41	42	144	148	154	160	168	178	6	6	8	19	20	21	7	7	7

3-11A. Finishing, Crew Neck Cardigan   KNIT

STS PER IN		11 SM	11 MED	11 LG	1 SM	1 MED	1 LG	2 SM	2 MED	2 LG	3 SM	3 MED	3 LG	4 SM	4 MED	4 LG	5 SM	5 MED	5 LG	6 SM	6 MED	6 LG	7 SM	7 MED	7 LG	8 SM	8 MED	8 LG	9 SM	9 MED	9 LG
2	WOMEN	1	3	1	0	½	1	4	4	4	4	4	4	4	4½	5	1	1	1	1	1	1	1	1	1	1	1	1	3	3	4
	MEN	1	2	1	1	1½	2½	4	4	4	4	4	4	6	6½	7½	1	2	2	1	2	2	1	2	2	1	2	2	4	4	4
2½	WOMEN	2	3	3	0	½	1	4	5	4	4	5	4	4	4½	5	1	1	2	1	1	2	1	1	2	1	1	2	4	4	5
	MEN	2	1	3	1	1½	2½	4	5	4	4	5	4	6	6½	7½	2	2	3	2	2	3	2	2	3	2	2	3	5	5	5
3	WOMEN	4	3	3	0	½	1	6	6	6	6	6	6	4	4½	5	2	1	2	2	1	2	2	1	2	2	1	2	4	5	4
	MEN	2	4	3	1	1½	2½	6	6	6	6	6	6	6	6½	7½	2	2	3	2	2	3	2	2	3	2	2	3	6	6	6
3½	WOMEN	5	5	4	0	½	1	6	7	6	6	7	6	4	4½	5	2	2	3	2	2	3	2	2	3	2	2	3	5	5	6
	MEN	5	2	2	1	1½	2½	6	7	6	6	7	6	6	6½	7½	3	3	5	3	3	5	3	3	5	3	3	5	6	7	7
4	WOMEN	6	6	6	0	½	1	8	8	8	8	8	8	4	4½	5	2	2	3	2	2	3	2	2	3	2	2	3	5	6	7
	MEN	3	5	4	1	1½	2½	8	8	8	8	8	8	6	6½	7½	3	3	4	3	3	4	3	3	4	3	3	4	7	8	8
4½	WOMEN	5	5	6	0	½	1	8	9	8	8	9	8	4	4½	5	2	2	3	2	2	3	2	2	3	2	2	3	6	7	8
	MEN	5	4	3	1	1½	2½	8	9	8	8	9	8	6	6½	7½	4	4	5	4	4	5	4	4	5	4	4	5	8	8	9
5	WOMEN	6	7	5	0	½	1	10	10	10	10	10	10	4	4½	5	2	2	3	2	2	3	2	2	3	2	2	3	7	8	9
	MEN	4	4	6	1	1½	2½	10	10	10	10	10	10	6	6½	7½	4	4	5	4	4	5	4	4	5	4	4	5	9	10	10
5½	WOMEN	7	5	6	0	½	1	10	11	10	10	11	10	4	4½	5	2	2	4	2	2	4	2	2	4	2	2	4	8	9	10
	MEN	6	6	6	1	1½	2½	10	11	10	10	11	10	6	6½	7½	4	4	6	4	4	6	4	4	6	4	4	6	10	11	11
6	WOMEN	5	7	8	0	½	1	12	12	12	12	12	12	4	4½	5	2	3	4	2	3	4	2	3	4	2	3	4	9	9	11
	MEN	5	4	6	1	1½	2½	12	12	12	12	12	12	6	6½	7½	4	5	6	4	5	6	4	5	6	4	5	6	11	11	12
6½	WOMEN	6	8	7	0	½	1	12	13	12	12	13	12	4	4½	5	3	3	5	3	3	5	3	3	5	3	3	5	9	10	11
	MEN	7	7	8	1	1½	2½	12	13	12	12	13	12	6	6½	7½	5	5	7	5	5	7	5	5	7	5	5	7	12	13	13
7	WOMEN	6	6	9	0	½	1	14	14	14	14	14	14	4	4½	5	3	3	5	3	3	5	3	3	5	3	3	5	9	11	12
	MEN	5	6	7	1	1½	2½	14	14	14	14	14	14	6	6½	7½	5	6	7	5	6	7	5	6	7	5	6	7	13	13	14

3-11B. Finishing, Crew Neck Cardigan (continued)

3-12. Front, Placket and Collar Pullover KNIT

STS PER IN	NUMBER ON PATTERN	1			2			3			4			5			6			7			8			9			10		
		SM	MED	LG	SM	MED	LG	SM	MED	LG	SM	MED	LG	SM	MED	LG	SM	MED	LG	SM	MED	LG	SM	MED	LG	SM	MED	LG	SM	MED	LG
1	WOMEN	4	4	4	7	8	9	8	9	10	—	—	1	—	1¼	—	—	6	—	1½	—	1½	4	—	1	1	—	1¼	1	—	2
	MEN	4	4	4	9	10	11	10	11	12	—	1	1	—	—	1½	—	—	1	1¾	1¾	1¾	1	2	1	1½	1½	1½	2	1	2
1½	WOMEN	5	5	5	7	8	9	12	14	15	1	1	1	1	—	—	7	—	—	—	1	1	—	1	1	—	⅞	⅞	—	1	8
	MEN	6	6	6	9	10	11	15	16	18	1	1	2	1	1	—	1	10	—	1¼	—	1¼	1	—	2	1	—	1	3	—	3
2	WOMEN	7	7	7	7	8	9	16	18	20	1	2	2	¾	¾	¾	1	10	1	⅞	—	¾	1	—	4	¾	—	⅝	3	—	1
	MEN	8	8	8	9	10	11	20	22	24	1	2	3	—	—	⅞	—	—	1	⅞	⅞	⅞	1	2	3	¾	¾	¾	2	1	1
2½	WOMEN	8	8	8	7	8	9	20	22	25	2	3	3	—	½	—	—	1	—	⅝	⅝	⅝	2	2	12	½	½	½	1	1	1
	MEN	10	10	10	9	10	11	25	27	30	2	3	4	—	—	⅝	—	—	2	¾	¾	¾	3	1	1	⅝	⅝	⅝	4	2	4
3	WOMEN	10	10	10	7	8	9	24	27	30	2	3	4	½	½	½	14	15	1	—	—	½	—	—	3	—	—	⅜	—	—	1
	MEN	12	12	12	9	10	11	30	33	36	2	4	5	½	⅝	—	1	1	—	⅝	⅝	⅝	1	1	2	½	½	½	1	5	3
3½	WOMEN	12	12	12	7	8	9	28	32	35	2	4	5	—	—	½	—	—	1	½	½	½	1	1	1	⅜	⅜	⅜	1	2	2
	MEN	14	14	14	9	10	11	35	38	41	3	4	6	½	½	½	1	1	3	½	½	½	3	4	4	⅜	⅜	⅜	2	1	1
4	WOMEN	14	14	14	7	8	9	32	36	40	2	4	5	—	⅜	—	—	20	—	⅜	—	½	18	—	1	¼	—	⅜	1	—	20
	MEN	15	15	15	9	10	11	40	44	48	3	5	6	⅜		⅜	2	—	1	½	½	½	1	1	2	⅜	⅜	⅜	2	4	3
4½	WOMEN	15	15	15	7	8	9	36	40	45	3	5	6	⅜	¼	⅜	2	2	3	⅜	⅜	⅜	1	2	1	¼	¼	¼	1	1	1
	MEN	17	17	17	9	10	11	45	50	54	3	5	7	—	—	—	—	—	—	⅜	⅜	⅜	12	7	14	¼	¼	¼	1	1	1
5	WOMEN	16	16	16	7	8	9	40	45	50	3	5	7	¼	—	¼	3	—	2	⅜	⅜	⅜	1	2	2	¼	¼	¼	1	3	3
	MEN	19	19	19	9	10	11	50	55	60	4	6	8	¼	¼	—	2	1	—	⅜	⅜	⅜	2	3	2	¼	¼	¼	1	2	1
5½	WOMEN	18	18	18	7	8	9	44	49	55	3	6	7	¼	—	¼	2	—	5	⅜	⅜	⅜	1	1	1	¼	¼	¼	5	6	3
	MEN	20	20	20	9	10	11	55	60	66	4	6	9	⅜	⅜	—	2	1	—	⅜	⅜	⅜	1	1	4	¼	¼	¼	2	2	5
6	WOMEN	19	19	19	7	8	9	48	54	60	4	6	8	¼	¼	¼	28	30	32	—	—	—	—	—	—	—	—	—	—	—	—
	MEN	22	22	22	9	10	11	60	66	72	5	7	9	¼	¼	¼	5	2	4	⅜	⅜	⅜	1	1	2	¼	¼	¼	4	8	5

3-13A. Front, Crew Neck Cardigan CROCHET

STS PER IN	NUMBER ON PATTERN	11 SM	11 MED	11 LG	12 SM	12 MED	12 LG	13 SM	13 MED	13 LG
1	WOMEN	1	—	2	1	1	1	2	2	2
	MEN	2	2	2	2	2	2	2	2	2
1½	WOMEN	—	4	1	2	2	2	2	3	3
	MEN	2	—	2	2	2	3	3	3	3
2	WOMEN	2	—	2	3	3	3	3	3	4
	MEN	4	4	3	3	4	4	4	4	4
2½	WOMEN	4	4	1	3	3	4	4	4	5
	MEN	2	5	3	4	4	5	5	5	5
3	WOMEN	—	—	4	4	4	5	4	5	5
	MEN	8	3	4	5	5	6	6	6	6
3½	WOMEN	8	6	6	5	5	6	5	6	6
	MEN	4	4	4	6	6	7	6	7	7
4	WOMEN	1	—	1	5	6	7	6	6	7
	MEN	7	5	5	7	7	8	7	8	8
4½	WOMEN	10	7	11	6	6	7	6	7	8
	MEN	2	4	2	8	8	9	8	9	9
5	WOMEN	10	5	5	7	7	8	7	8	9
	MEN	9	6	11	9	9	10	9	10	10
5½	WOMEN	4	4	6	7	7	9	8	9	10
	MEN	10	11	4	9	9	11	10	11	11
6	WOMEN	—	—	—	8	9	10	9	9	11
	MEN	6	4	5	10	11	12	11	11	12

3-13B. Front, Crew Neck Cardigan (continued) CROCHET

STS PER IN	NUMBER ON PATTERN	11 SM	11 MED	11 LG	12 SM	12 MED	12 LG	13 SM	13 MED	13 LG	14 SM	14 MED	14 LG	15 SM	15 MED	15 LG	16 SM	16 MED	16 LG
1	WOMEN	—	—	—	1½	1½	1½	4	1	1	1	1¼	1¼	1	2	2	1	2	2
	MEN	1	—	—	1½	1¾	2	1	2	1	1¼	1½	1¾	1	1	2	3	2	2
1½	WOMEN	8	—	—	—	1	1	—	1	1	—	⅞	⅞	—	1	8	—	4	1
	MEN	1	10	—	1¼	—	1¼	1	—	2	1	—	1	3	—	3	2	—	2
2	WOMEN	—	1	—	¾	¾	¾	1	1	1	⅝	⅝	⅝	10	1	2	1	5	4
	MEN	1	1	1	¾	⅞	⅞	5	1	3	⅝	¾	¾	1	5	1	2	2	3
2½	WOMEN	1	2	3	⅝	⅝	⅝	1	1	1	½	½	½	2	2	2	4	4	4
	MEN	—	16	2	⅝	—	¾	3	—	1	½	—	⅝	1	—	4	4	—	3
3	WOMEN	3	—	2	½	½	½	2	3	1	⅜	⅜	⅜	1	1	1	4	4	8
	MEN	19	20	—	—	—	⅝	—	—	2	—	—	½	—	—	3	—	—	4
3½	WOMEN	—	1	—	½	½	½	1	1	1	⅜	⅜	⅜	8	5	20	2	3	1
	MEN	2	1	3	½	½	½	1	1	4	⅜	⅜	⅜	2	1	1	7	11	4
4	WOMEN	—	—	3	⅜	⅜	⅜	4	6	3	¼	¼	¼	1	1	1	4	3	5
	MEN	—	—	1	½	½	½	1	1	2	⅜	⅜	⅜	24	12	3	1	2	5
4½	WOMEN	3	—	2	⅜	⅜	⅜	1	1	2	¼	¼	¼	1	1	3	10	12	5
	MEN	2	1	—	⅜	⅜	⅜	2	3	14	¼	¼	¼	1	1	1	9	7	2
5	WOMEN	1	2	5	⅜	⅜	⅜	1	1	1	¼	¼	¼	3	2	3	6	8	6
	MEN	2	5	—	⅜	⅜	⅜	1	1	2	¼	¼	¼	2	1	1	10	14	11
5½	WOMEN	28	30	32	—	—	—	—	—	—	—	—	—	—	—	—	—	—	—
	MEN	5	1	—	⅜	⅜	⅜	1	1	4	¼	¼	¼	4	4	5	6	7	4
6	WOMEN	2	—	5	¼	¼	¼	6	7	4	⅛	⅛	⅛	1	1	1	4	7	6
	MEN	38	1	4	—	⅜	⅜	—	1	2	—	¼	¼	—	18	5	—	2	5

3-14. Short Sleeves (continued)

STS PER IN	NUMBER ON PATTERN	1			2			3			4			5			6			7			8			9			10		
		SM	MED	LG	SM	MED	LG	SM	MED	LG	SM	MED	LG	SM	MED	LG	SM	MED	LG	SM	MED	LG	SM	MED	LG	SM	MED	LG	SM	MED	LG
1	WOMEN	5	5	5	2	2	2	6	6	6	2	2	2	5	5	5	17	18	20	2	2	2	1	1	1	1	1	1	1	1	2
	MEN	5	5	5	2	2	2	8	8	8	2	2	2	5	5	5	23	24	25	2	1	2	1	1	1	1	1	1	2	2	2
1½	WOMEN	7	7	7	2	2	2	8	9	10	2	2	2	7	7	7	25	28	30	3	2	3	1	1	1	1	1	1	3	3	3
	MEN	8	9	9	2	2	2	10	11	12	2	2	2	8	9	9	34	36	38	3	3	1	1	1	1	1	1	1	3	4	4
2	WOMEN	10	10	10	2	2	2	12	12	14	2	2	2	10	10	10	34	38	40	2	2	1	1	1	1	1	1	1	4	4	6
	MEN	11	12	12	2	2	2	14	16	16	2	2	2	11	12	12	46	48	52	2	3	1	1	1	1	1	1	1	5	5	6
2½	WOMEN	12	12	13	2	2	2	14	15	18	2	2	2	12	12	13	42	44	50	3	4	2	1	1	1	1	1	1	5	5	8
	MEN	14	14	15	2	2	2	18	19	20	2	2	2	14	14	15	58	60	64	4	2	4	1	1	1	1	1	1	6	7	7
3	WOMEN	15	15	16	3	3	3	16	18	20	3	3	3	15	15	16	52	56	62	2	3	4	1	1	1	1	1	1	7	7	8
	MEN	17	17	18	3	3	3	22	22	24	3	3	3	17	17	18	70	74	78	3	2	4	1	1	1	1	1	1	8	9	9
3½	WOMEN	17	17	18	3	3	3	20	21	24	3	3	3	17	17	18	60	66	70	3	3	2	1	1	1	1	1	1	8	9	10
	MEN	20	20	21	3	3	3	24	27	28	3	3	3	20	20	21	82	84	90	2	3	3	1	1	1	1	1	1	10	10	11
4	WOMEN	19	20	21	4	4	4	24	24	28	4	4	4	19	20	21	68	74	80	4	4	4	1	1	1	1	1	1	9	10	11
	MEN	23	23	24	4	4	4	28	30	32	4	4	4	23	23	24	92	96	102	4	2	5	1	1	1	1	1	1	11	12	12
4½	WOMEN	22	22	23	4	4	4	24	27	30	4	4	4	22	22	23	76	82	90	5	5	6	1	1	1	1	1	1	10	11	12
	MEN	26	26	27	4	4	4	32	33	36	4	4	4	26	26	27	104	108	114	6	5	4	1	1	1	1	1	1	12	13	14
5	WOMEN	25	25	26	5	5	5	28	30	34	5	5	5	25	25	26	86	94	102	6	7	5	2	2	2	2	2	2	10	11	13
	MEN	29	29	30	5	5	5	36	38	40	5	5	5	29	29	30	116	122	128	5	4	6	2	2	2	2	2	2	13	14	14
5½	WOMEN	26	26	28	5	5	5	30	33	38	5	5	5	26	26	28	94	102	110	7	5	6	2	2	2	2	2	2	11	13	14
	MEN	31	31	33	5	6	6	38	41	44	5	6	6	31	31	33	128	132	140	6	7	8	2	2	2	2	2	2	14	15	16
6	WOMEN	29	30	31	6	6	6	34	36	42	6	6	6	29	30	31	102	112	120	6	7	6	2	2	2	2	2	2	13	14	15
	MEN	34	35	36	6	6	6	42	44	48	6	6	6	34	35	36	138	144	154	5	5	6	2	2	2	2	2	2	16	17	18

3-15A. Finishing. Crew Neck Cardigan   CROCHET

3-15B. Finishing, Crew Neck Cardigan (continued)

STS PER IN	NUMBER ON PATTERN	11			12			13		
		SM	MED	LG	SM	MED	LG	SM	MED	LG
1	WOMEN	6	6	5	1	1	1	1	1	1
	MEN	6	7	7	1	1	1	1	1	1
1½	WOMEN	6	6	6	1	1	1	1	1	1
	MEN	7	6	7	1	1	1	1	1	1
2	WOMEN	6	6	5	1	1	1	1	1	1
	MEN	7	7	7	1	1	1	1	1	1
2½	WOMEN	6	6	5	1	1	1	1	1	1
	MEN	7	7	7	1	1	1	1	1	1
3	WOMEN	6	6	6	1	1	1	1	1	1
	MEN	7	7	7	1	1	1	1	1	1
3½	WOMEN	6	6	6	1	1	1	1	1	1
	MEN	7	7	7	1	1	1	1	1	1
4	WOMEN	6	6	6	1	1	1	1	1	1
	MEN	7	7	7	1	1	1	1	1	1
4½	WOMEN	6	6	6	1	1	1	1	1	1
	MEN	7	7	7	1	1	1	1	1	1
5	WOMEN	6	6	6	2	2	2	2	2	2
	MEN	7	7	7	2	2	2	2	2	2
5½	WOMEN	6	6	6	2	2	2	2	2	2
	MEN	7	7	7	2	2	2	2	2	2
6	WOMEN	6	6	6	2	2	2	2	2	2
	MEN	7	7	7	2	2	2	2	2	2

CROCHET

3-16. Three-Quarter Sleeves (continued)

STS PER IN	NUMBER ON PATTERN	11			12			13			14			15			16		
		SM	MED	LG	SM	MED	LG	SM	MED	LG	SM	MED	LG	SM	MED	LG	SM	MED	LG
1	WOMEN	—	—	—	1½	1½	1½	4	1	1	1	1¼	1¼	1	2	2	1	2	2
	MEN																		
1½	WOMEN	8	—	—	—	1	1	—	1	1	—	⅞	⅞	—	1	8	—	4	1
	MEN																		
2	WOMEN	—	1	—	¾	¾	¾	1	1	1	⅝	⅝	⅝	10	1	2	1	5	4
	MEN																		
2½	WOMEN	1	2	3	⅝	⅝	⅝	1	1	1	½	½	½	2	2	2	4	4	4
	MEN																		
3	WOMEN	3	—	2	½	½	½	2	3	1	⅜	⅜	⅜	1	1	1	4	4	8
	MEN																		
3½	WOMEN	—	1	—	½	½	½	1	1	1	⅜	⅜	⅜	8	5	20	2	3	1
	MEN																		
4	WOMEN	—	—	3	⅜	⅜	⅜	4	6	3	¼	¼	¼	1	1	1	4	3	5
	MEN																		
4½	WOMEN	3	—	2	⅜	⅜	⅜	1	1	2	¼	¼	¼	1	1	3	10	12	5
	MEN																		
5	WOMEN	1	2	5	⅜	⅜	⅜	1	1	1	¼	¼	¼	3	2	3	6	8	6
	MEN																		
5½	WOMEN	28	30	32	—	—	—	—	—	—	—	—	—	—	—	—	—	—	—
	MEN																		
6	WOMEN	2	—	5	¼	¼	¼	6	7	4	⅛	⅛	⅛	1	1	1	4	7	6
	MEN																		

STS PER IN	NUMBER ON PATTERN	1			2			3			4			5			6			7			8			9			10		
		SM	MED	LG	SM	MED	LG	SM	MED	LG	SM	MED	LG	SM	MED	LG	SM	MED	LG	SM	MED	LG	SM	MED	LG	SM	MED	LG	SM	MED	LG
2	WOMEN	1	1	1	7	7	7	2	2	2	12	12	14	2	2	2	7	7	7	1	1	1	32	32	34	8	8	8	1	1	1
	MEN	1	2	2	8	8	8	2	2	2	14	16	16	2	2	2	8	8	8	1	2	2	36	40	40	10	10	10	2	2	2
2½	WOMEN	1	1	2	9	9	9	2	2	2	14	15	18	2	2	2	9	10	9	1	1	2	38	40	44	10	10	10	2	2	2
	MEN	2	2	3	10	10	10	2	2	2	18	19	20	3	3	3	10	11	10	2	2	3	46	48	50	12	12	12	3	3	3
3	WOMEN	1	1	2	11	11	11	3	3	3	16	18	20	3	3	3	11	11	11	1	1	2	46	48	52	12	12	12	3	3	3
	MEN	2	2	3	12	12	12	3	3	3	22	22	24	3	3	3	12	12	12	2	2	3	56	56	60	16	16	16	3	3	3
3½	WOMEN	2	2	3	12	12	12	3	3	3	20	21	24	3	3	3	12	13	12	2	2	3	54	56	60	14	14	14	2	2	2
	MEN	3	3	5	14	14	14	3	3	3	24	27	28	4	4	4	14	15	14	3	3	5	64	68	72	18	18	18	3	3	3
4	WOMEN	2	2	3	14	14	14	4	4	4	22	24	28	4	4	4	14	14	14	2	2	3	62	64	70	16	16	16	3	4	3
	MEN	3	3	4	16	16	16	4	4	4	28	30	32	4	4	4	16	16	16	3	3	4	74	76	80	20	20	20	4	4	4
4½	WOMEN	2	2	3	16	16	16	4	4	4	24	27	30	4	4	4	16	17	16	2	2	3	68	72	76	18	18	18	3	3	3
	MEN	4	4	5	18	18	18	4	4	4	32	33	36	5	5	5	18	19	18	4	4	5	84	86	90	22	22	22	4	4	4
5	WOMEN	2	2	3	18	18	18	5	5	5	28	30	34	5	5	5	18	18	18	2	2	3	78	80	86	20	20	20	4	4	4
	MEN	4	4	5	20	20	20	5	5	5	36	38	40	5	5	5	20	20	20	4	4	5	94	96	100	26	26	26	5	5	5
5½	WOMEN	2	2	4	19	19	19	5	5	5	30	33	38	5	5	5	19	20	19	2	2	4	82	86	94	22	22	22	4	4	4
	MEN	4	4	6	22	22	22	6	6	6	38	41	44	6	6	6	22	23	22	4	4	6	100	104	110	28	28	28	6	6	6
6	WOMEN	2	3	4	21	21	21	6	6	6	34	36	42	6	6	6	21	21	21	2	3	4	92	96	104	24	24	24	5	5	5
	MEN	4	5	6	24	24	24	6	6	6	42	44	48	6	6	6	24	24	24	4	5	6	110	114	120	30	30	30	6	6	6
6½	WOMEN	3	3	5	23	23	23	7	7	7	36	39	44	6	6	6	23	24	23	3	3	5	100	104	112	26	26	26	5	5	5
	MEN	5	5	7	26	26	26	7	7	7	46	49	52	7	7	7	26	27	26	5	5	7	120	124	130	32	32	32	7	7	7
7	WOMEN	3	3	5	25	25	25	7	7	7	38	42	48	7	7	7	25	25	25	3	3	5	108	112	122	28	28	28	6	6	6
	MEN	5	6	7	28	28	28	7	7	7	50	52	56	7	7	7	28	28	28	5	6	7	130	134	140	36	36	36	8	8	8

3-17A. Finishing, Placket and Collar Pullover   KNIT

3-17B. Finishing, Placket and Collar Pullover (continued)   KNIT

NUMBER ON PATTERN

STS PER IN		11 S M	11 M E D	11 L G	12 S M	12 M E D	12 L G	13 S M	13 M E D	13 L G	14 S M	14 M E D	14 L G
2	WOMEN	1	1	1	2	2	2	1	1	—	8	8	8
	MEN	2	2	2	2	2	2	—	—	—	10	10	10
2½	WOMEN	2	2	2	2	2	2	—	—	—	10	10	10
	MEN	2	2	2	2	2	2	—	—	—	12	12	12
3	WOMEN	2	2	2	2	2	2	1	1	1	12	12	12
	MEN	2	2	2	3	3	3	1	1	1	16	16	16
3½	WOMEN	2	2	2	3	3	3	—	—	—	14	14	14
	MEN	3	3	3	3	3	3	—	—	—	18	18	18
4	WOMEN	2	2	3	3	3	3	—	—	—	16	16	16
	MEN	3	3	3	3	3	3	1	1	1	20	20	20
4½	WOMEN	3	3	3	3	3	3	—	—	—	18	18	18
	MEN	4	4	4	3	3	3	—	—	—	22	22	22
5	WOMEN	3	3	3	3	3	3	—	—	—	20	20	20
	MEN	5	5	5	3	3	3	—	—	—	26	26	26
5½	WOMEN	4	4	4	3	3	3	—	—	—	22	22	22
	MEN	5	5	5	3	3	3	—	—	—	28	28	28
6	WOMEN	4	4	4	3	3	3	1	1	1	24	24	24
	MEN	6	6	6	3	3	3	—	—	—	30	30	30
6½	WOMEN	5	5	5	3	3	3	1	1	1	26	26	26
	MEN	6	6	6	3	3	3	1	1	1	32	32	32
7	WOMEN	5	5	5	3	3	3	1	1	1	28	28	28
	MEN	7	7	7	3	3	3	1	1	1	36	36	36

3-18. Three-Quarter Sleeves (continued)

STS PER IN		11 S M	11 M E D	11 L G	12 S M	12 M E D	12 L G	13 S M	13 M E D	13 L G	14 S M	14 M E D	14 L G	15 S M	15 M E D	15 L G	16 S M	16 M E D	16 L G
2	WOMEN	¾	¾	¾	1	1	1	⅝	⅝	⅝	10	1	2	1	5	4	2	2	2
	MEN				1	1	1	½	½	½	2	2	2	4	4	4	2	2	2
2½	WOMEN	⅝	⅝	⅝	1	1	1	½	½	½	2	2	2	4	4	4	2	2	2
	MEN				2	3	1	⅜	⅜	⅜	1	1	1	4	4	8	3	3	3
3	WOMEN	½	½	½	1	1	1	⅜	⅜	⅜	1	1	1	4	4	8	3	3	3
	MEN	½	½	½	2	3	1	⅜	⅜	⅜	2	3	1	2	3	1	3	3	3
3½	WOMEN	½	½	½	1	1	1	⅜	⅜	⅜	8	5	20	2	3	1	3	3	3
	MEN				1	1	1	¼	¼	¼	1	1	1	4	3	5	4	4	4
4	WOMEN	⅜	⅜	⅜	4	6	3	¼	¼	¼	1	1	1	4	3	5	4	4	4
	MEN				1	1	2	¼	¼	¼	1	1	3	10	12	5	4	4	4
4½	WOMEN	⅜	⅜	⅜	1	1	1	¼	¼	¼	1	1	3	10	12	5	4	4	4
	MEN				1	1	1	¼	¼	¼	3	2	3	6	8	6	5	5	5
5	WOMEN	⅜	⅜	⅜	1	1	1	¼	¼	¼	3	2	3	6	8	6	5	5	5
	MEN	—	—	—	—	—	—	—	—	—	—	—	—	—	—	—	5	5	5
5½	WOMEN	¼	¼	¼	6	7	4	⅛	⅛	⅛	1	1	1	4	7	6	5	5	5
	MEN	¼	¼	¼	6	7	4	⅛	⅛	⅛	1	1	1	4	7	6	6	6	6
6	WOMEN	¼	¼	¼	3	5	2	⅛	⅛	⅛	1	2	1	8	5	12	6	6	6
	MEN	¼	¼	¼	3	5	2	⅛	⅛	⅛	1	2	1	8	5	12	6	6	6
6½	WOMEN	¼	¼	¼	3	3	3	⅛	⅛	⅛	2	2	2	7	7	8	6	6	6
	MEN	¼	¼	¼	3	3	3	⅛	⅛	⅛	2	2	2	7	7	8	7	7	7
7	WOMEN	¼	¼	¼	3	3	3	⅛	⅛	⅛	2	2	2	7	7	8	7	7	7

STS PER IN	NUMBER ON PATTERN	1			2			3			4			5			6			11			12			13			14		
		SM	MED	LG	SM	MED	LG	SM	MED	LG	SM	MED	LG	SM	MED	LG	SM	MED	LG	SM	MED	LG	SM	MED	LG	SM	MED	LG	SM	MED	LG
1	WOMEN	0	½	1	2	2	2	4	4½	5	1	1	1	1	1	1	2	2	2	2	2	2	4	4	4	1	1	1	1	1	1
	MEN	1	1½	2½	2	2	2	6	6½	7½	1	1	1	2	2	2	2	2	2	2	2	2	5	5	5	1	1	1	1	1	1
1½	WOMEN	0	½	1	2	3	2	4	4½	5	1	1	1	2	2	3	2	3	2	3	3	4	4	4	4	1	1	1	1	1	1
	MEN	1	1½	2½	2	3	2	6	6½	7½	1	1	2	3	3	3	2	3	2	3	4	4	5	5	5	1	1	1	1	1	1
2	WOMEN	0	½	1	4	4	4	4	4½	5	1	1	1	3	3	4	4	4	4	4	5	6	4	4	4	1	1	1	1	1	1
	MEN	1	1½	2½	4	4	4	6	6½	7½	1	2	2	4	4	4	4	4	4	5	6	6	5	5	5	1	1	1	1	1	1
2½	WOMEN	0	½	1	4	5	4	4	4½	5	1	1	2	4	4	5	4	5	4	6	7	7	4	4	4	1	1	1	1	1	1
	MEN	1	1½	2½	4	5	4	6	6½	7½	2	2	3	5	5	5	4	5	4	7	7	8	5	5	5	1	1	1	1	1	1
3	WOMEN	0	½	1	6	6	6	4	4½	5	1	1	2	4	5	5	6	6	6	7	8	9	4	4	4	1	1	1	1	1	1
	MEN	1	1½	2½	6	6	6	6	6½	7½	2	2	3	6	6	6	6	6	6	8	9	10	5	5	5	1	1	1	1	1	1
3½	WOMEN	0	½	1	6	7	6	4	4½	5	2	2	3	5	5	6	6	7	6	8	9	11	4	4	4	1	1	1	1	1	1
	MEN	1	1½	2½	6	7	6	6	6½	7½	3	3	5	6	7	7	6	7	6	10	10	11	5	5	5	1	1	1	1	1	1
4	WOMEN	0	½	1	8	8	8	4	4½	5	2	2	3	5	6	7	8	8	8	9	11	13	4	4	4	1	1	1	1	1	1
	MEN	1	1½	2½	8	8	8	6	6½	7½	3	3	4	7	8	8	8	8	8	11	12	13	5	5	5	1	1	1	1	1	1
4½	WOMEN	0	½	1	8	9	8	4	4½	5	2	2	3	6	7	8	8	9	8	11	13	14	4	4	4	1	1	1	1	1	1
	MEN	1	1½	2½	8	9	8	6	6½	7½	4	4	5	8	8	9	8	9	8	13	14	15	5	5	5	1	1	1	1	1	1
5	WOMEN	0	½	1	10	10	10	4	4½	5	2	2	3	7	8	9	10	10	10	11	13	15	4	4	4	2	2	2	2	2	2
	MEN	1	1½	2½	10	10	10	6	6½	7½	4	4	5	9	10	10	10	10	10	11	14	16	5	5	5	2	2	2	2	2	2
5½	WOMEN	0	½	1	10	11	10	4	4½	5	2	2	4	8	9	10	10	11	10	12	14	16	4	4	4	2	2	2	2	2	2
	MEN	1	1½	2½	10	11	10	6	6½	7½	4	4	6	10	11	11	10	11	10	15	16	18	5	5	5	2	2	2	2	2	2
6	WOMEN	0	½	1	12	12	12	4	4½	5	2	3	4	9	9	11	12	12	12	14	16	18	4	4	4	2	2	2	2	2	2
	MEN	1	1½	2½	12	12	12	6	6½	7½	4	5	6	11	11	12	12	12	12	17	18	20	5	5	5	2	2	2	2	2	2

3-19. Front, Placket and Collar Pullover CROCHET

3-20. Finishing, V Neck Cardigan (continued)

STS PER IN	NUMBER ON PATTERN	1 SM	1 MED	1 LG	2 SM	2 MED	2 LG	3 SM	3 MED	3 LG	4 SM	4 MED	4 LG	5 SM	5 MED	5 LG	6 SM	6 MED	6 LG	7 SM	7 MED	7 LG	8 SM	8 MED	8 LG
1	WOMEN	5	5	5	18	18	18	5	5	5	2	2	2	1	1	1	1	1	1	1	1	1	1	1	1
1	MEN	5	5	5	20	20	20	6	6	6	1	1	1	1	1	1	1	1	1	1	1	1	2	2	2
1½	WOMEN	7	7	7	18	18	18	7	7	7	2	2	2	1	1	1	1	1	1	1	1	1	2	2	2
1½	MEN	7	7	7	20	20	20	9	9	9	2	2	2	1	1	1	1	1	1	2	2	2	2	2	2
2	WOMEN	9	9	9	18	18	18	9	9	9	2	2	2	1	1	1	1	1	1	2	2	2	2	2	2
2	MEN	9	9	9	20	20	20	11	11	11	2	2	2	1	1	1	1	1	1	3	3	3	2	2	2
2½	WOMEN	11	11	11	18	18	18	11	11	11	2	2	2	1	1	1	1	1	1	3	3	3	2	2	2
2½	MEN	11	11	11	20	20	20	13	13	13	4	4	4	1	1	1	1	1	1	3	3	3	2	2	2
3	WOMEN	13	13	13	18	18	18	13	13	13	4	4	4	1	1	1	1	1	1	3	3	3	2	2	2
3	MEN	13	13	13	20	20	20	16	16	16	3	3	3	1	1	1	1	1	1	3	3	3	3	3	3
3½	WOMEN	15	15	15	18	18	18	15	15	15	2	2	2	1	1	1	1	1	1	3	3	3	3	3	3
3½	MEN	15	15	15	20	20	20	18	18	18	4	4	4	1	1	1	1	1	1	4	4	4	3	3	3
4	WOMEN	17	17	17	18	18	18	17	17	17	4	4	4	1	1	1	1	1	1	3	3	3	3	3	3
4	MEN	17	17	17	20	20	20	21	21	21	5	5	5	1	1	1	1	1	1	4	4	4	3	3	3
4½	WOMEN	19	19	19	18	18	18	19	19	19	3	3	3	1	1	1	1	1	1	4	4	4	3	3	3
4½	MEN	19	19	19	20	20	20	23	23	23	4	4	4	1	1	1	1	1	1	5	5	5	3	3	3
5	WOMEN	21	21	21	18	18	18	21	21	21	5	5	5	1	1	1	1	1	1	4	4	4	3	3	3
5	MEN	21	21	21	20	20	20	26	26	26	4	4	4	2	2	2	2	2	2	6	6	6	3	3	3
5½	WOMEN	23	23	23	18	18	18	23	23	23	6	6	6	2	2	2	2	2	2	4	4	4	3	3	3
5½	MEN	23	23	23	20	20	20	28	28	28	3	3	3	2	2	2	2	2	2	5	5	5	3	3	3
6	WOMEN	25	25	25	18	18	18	25	25	25	3	3	3	2	2	2	2	2	2	5	5	5	3	3	3
6	MEN	25	25	25	20	20	20	31	31	31	6	6	6	2	2	2	2	2	2	6	6	6	3	3	3

3-21. Finishing, Placket and Collar Pullover   CROCHET

STS PER IN		NUMBER ON PATTERN	1			2			3			4			5		
			SM	MED	LG	SM	MED	LG	SM	MED	LG	SM	MED	LG	SM	MED	LG
2	WOMEN		32	36	38	3	5	1	3	3	4	5	5	5	2	4	1
2	MEN		44	46	50	4	1	3	3	4	4	7	7	7	4	1	3
2½	WOMEN		40	44	48	2	4	3	4	5	6	5	5	5	2	3	3
2½	MEN		56	58	62	3	4	2	5	5	7	7	7	7	2	3	2
3	WOMEN		48	52	58	3	3	3	6	7	8	5	5	5	3	2	3
3	MEN		66	70	74	4	3	5	6	7	7	7	7	7	4	2	4
3½	WOMEN		56	62	66	5	5	5	7	8	9	5	5	5	4	5	4
3½	MEN		78	80	86	3	4	4	8	8	9	7	7	7	3	4	3
4	WOMEN		64	70	76	4	4	5	9	10	11	5	5	5	3	4	4
4	MEN		88	92	98	5	3	6	9	10	10	7	7	7	4	3	6
4½	WOMEN		72	78	86	4	6	5	10	11	13	5	5	5	5	5	4
4½	MEN		100	104	110	4	6	5	11	11	12	7	7	7	3	5	5
5	WOMEN		80	88	96	7	6	5	11	13	15	5	5	5	6	5	4
5	MEN		110	116	122	5	5	4	12	13	13	7	7	7	5	4	4
5½	WOMEN		88	96	104	6	5	6	13	15	17	5	5	5	5	4	5
5½	MEN		122	126	134	4	6	7	13	13	15	7	7	7	4	6	6
6	WOMEN		96	106	114	5	7	6	15	17	18	5	5	5	4	6	6
6	MEN		132	138	148	6	9	7	15	17	20	7	7	7	5	8	6
6½	WOMEN		104	114	124	6	6	6	16	17	19	5	5	5	5	6	6
6½	MEN		144	150	160	8	8	6	16	17	19	7	7	7	8	7	5
7	WOMEN		112	122	134	5	8	9	18	19	21	5	5	5	5	7	8
7	MEN		154	162	172	6	7	8	18	19	20	7	7	7	6	6	8

3-22. Finishing, Placket and Collar Cardigan KNIT

STS PER IN		1 SM	1 MED	1 LG	2 SM	2 MED	2 LG	3 SM	3 MED	3 LG	4 SM	4 MED	4 LG	5 SM	5 MED	5 LG	6 SM	6 MED	6 LG	7 SM	7 MED	7 LG	8 SM	8 MED	8 LG
1	WOMEN	16	18	19	1	1	2	1	1	1	1	1	1	2	2	2	5	6	6	1	1	1	1	1	1
1	MEN	22	24	26	1	1	2	1	1	1	1	1	1	2	2	2	7	8	8	1	1	1	1	1	1
1½	WOMEN	24	26	28	2	3	1	1	1	1	1	1	1	3	3	4	6	6	6	1	1	1	1	1	1
1½	MEN	32	36	38	2	3	1	1	1	1	1	1	1	3	4	4	8	7	8	1	1	1	1	1	1
2	WOMEN	32	36	38	3	3	3	1	1	1	1	1	1	4	5	6	6	6	6	1	1	1	1	1	1
2	MEN	44	46	50	2	2	3	1	1	1	1	1	1	4	5	6	9	8	8	1	1	1	1	1	1
2½	WOMEN	40	44	48	2	4	4	1	1	1	1	1	1	6	6	7	6	6	6	1	1	1	1	1	1
2½	MEN	56	58	62	3	4	3	1	1	1	1	1	1	6	6	7	8	8	8	1	1	1	1	1	1
3	WOMEN	48	52	58	4	3	4	1	1	1	1	1	1	7	8	9	6	6	6	1	1	1	1	1	1
3	MEN	66	70	74	5	3	5	1	1	1	1	1	1	7	8	8	8	8	8	1	1	1	1	1	1
3½	WOMEN	52	62	66	3	3	3	1	1	1	1	1	1	9	10	11	6	6	6	1	1	1	1	1	1
3½	MEN	78	80	86	4	5	4	1	1	1	1	1	1	9	9	10	8	8	8	1	1	1	1	1	1
4	WOMEN	64	70	76	4	5	5	1	1	1	1	1	1	10	11	12	6	6	6	1	1	1	1	1	1
4	MEN	88	92	98	5	4	3	1	1	1	1	1	1	10	11	12	8	8	8	1	1	1	1	1	1
4½	WOMEN	72	78	86	6	4	5	1	1	1	1	1	1	11	13	14	6	6	6	1	1	1	1	1	1
4½	MEN	100	104	110	4	6	6	1	1	1	1	1	1	12	12	13	8	8	8	1	1	1	1	1	1
5	WOMEN	80	88	96	4	6	7	2	2	2	2	2	2	12	13	14	6	6	6	2	2	2	2	2	2
5	MEN	110	116	122	5	5	4	2	2	2	2	2	2	12	13	14	8	8	8	2	2	2	2	2	2
5½	WOMEN	88	96	104	6	7	6	2	2	2	2	2	2	13	14	16	6	6	6	2	2	2	2	2	2
5½	MEN	122	126	134	4	6	6	2	2	2	2	2	2	14	14	15	8	8	8	2	2	2	2	2	2
6	WOMEN	96	106	114	7	7	6	2	2	2	2	2	2	14	16	18	6	6	6	2	2	2	2	2	2
6	MEN	132	138	148	5	8	7	2	2	2	2	2	2	15	15	17	8	8	8	2	2	2	2	2	2

3-23. Finishing, Placket and Collar Cardigan   CROCHET

STS PER IN	NUMBER ON PATTERN	1			2			3			4			5			6			7			8			9			10		
		SM	MED	LG	SM	MED	LG	SM	MED	LG	SM	MED	LG	SM	MED	LG	SM	MED	LG	SM	MED	LG	SM	MED	LG	SM	MED	LG	SM	MED	LG
2	WOMEN	28	32	36	2½	2½	2½	5	5	5	33	37	41	1	2	2	¾	¾	¾	1	10	1	⅞	—	¾	1	—	4	¾	—	⅝
	MEN	36	40	44	3	3	3	5	5	5	41	45	49	1	2	3	—	—	⅞	—	—	1	⅞	⅞	⅞	1	2	3	¾	¾	¾
2½	WOMEN	34	40	44	2½	2½	2½	7	5	7	41	45	51	1	2	3	—	½	—	—	1	—	⅝	⅝	⅝	2	2	12	½	½	½
	MEN	44	50	54	3	3	3	7	5	7	51	55	61	2	3	3	—	—	⅝	—	—	2	¾	¾	¾	3	1	1	⅝	⅝	⅝
3	WOMEN	42	48	54	2½	2½	2½	7	7	7	49	55	61	2	3	3	½	½	½	14	15	1	—	—	½	—	—	3	—	—	⅜
	MEN	54	60	66	3	3	3	7	7	7	61	67	73	2	3	4	½	⅝	—	1	1	—	⅝	⅝	⅝	1	1	2	½	½	½
3½	WOMEN	48	56	62	2½	2½	2½	9	7	9	57	63	71	2	3	4	—	—	½	—	—	1	½	½	½	1	1	1	⅜	⅜	⅜
	MEN	62	70	76	3	3	3	9	7	9	71	77	85	2	4	5	½	½	½	1	1	3	½	½	½	3	4	4	⅜	⅜	⅜
4	WOMEN	56	64	72	2½	2½	2½	9	9	9	65	73	81	2	4	5	—	⅜	—	—	20	—	⅜	—	½	18	—	1	¼	—	⅜
	MEN	72	80	88	3	3	3	9	9	9	81	89	97	3	4	6	⅜	—	⅜	2	—	1	½	½	½	1	1	2	⅜	⅜	⅜
4½	WOMEN	62	72	80	2½	2½	2½	11	9	11	73	81	91	2	4	5	⅜	¼	⅜	2	2	3	⅜	⅜	⅜	1	2	1	¼	¼	¼
	MEN	80	90	98	3	3	3	11	9	11	91	99	109	3	5	6	—	—	—	—	—	—	⅜	⅜	⅜	12	7	14	¼	¼	¼
5	WOMEN	70	80	90	2½	2½	2½	11	11	11	81	91	101	3	5	6	¼	—	¼	3	—	2	⅜	⅜	⅜	1	2	2	¼	¼	¼
	MEN	90	100	110	3	3	3	11	11	11	101	111	121	3	5	7	¼	¼	—	2	1	—	⅜	⅜	⅜	2	3	2	¼	¼	¼
5½	WOMEN	76	88	98	2½	2½	2½	13	11	13	89	99	111	3	5	7	¼	—	¼	2	—	5	⅜	⅜	⅜	1	1	1	¼	¼	¼
	MEN	98	110	120	3	3	3	13	11	13	111	121	133	4	6	8	⅜	⅜	—	2	1	—	⅜	⅜	⅜	1	1	4	¼	¼	¼
6	WOMEN	84	96	108	2½	2½	2½	13	13	13	97	109	121	3	6	7	¼	¼	¼	28	30	32	—	—	—	—	—	—	—	—	—
	MEN	108	120	132	3	3	3	13	13	13	121	133	145	4	6	9	¼	¼	¼	5	2	4	⅜	⅜	⅜	1	1	2	¼	¼	¼
6½	WOMEN	90	104	116	2½	2½	2½	15	13	15	105	117	131	4	6	8	¼	¼	¼	2	3	5	¼	¼	¼	6	4	4	⅛	⅛	⅛
	MEN	116	130	142	3	3	3	15	13	15	131	143	157	5	7	9	¼	¼	¼	1	40	1	⅜	—	⅜	1	—	1	¼	—	¼
7	WOMEN	98	112	126	2½	2½	2½	15	15	15	113	127	141	4	7	9	¼	—	¼	3	—	2	¼	¼	¼	2	5	5	⅛	⅛	⅛
	MEN	126	140	154	3	3	3	15	15	15	141	155	169	5	8	10	—	¼	¼	—	1	2	¼	¼	¼	9	6	10	⅛	⅛	⅛

3-24A. Front, V Neck Pullover KNIT

3-25. Front, Crew Neck Pullover

STS PER IN		NUMBER ON PATTERN	1			2			3			4		
			SM	MED	LG	SM	MED	LG	SM	MED	LG	SM	MED	LG
2	WOMEN		4	4½	5	6	6	6	6	6	6	3	3	4
	MEN		6	6½	7½	8	8	8	8	8	8	4	4	4
2½	WOMEN		4	4½	5	6	7	8	6	7	8	4	4	5
	MEN		6	6½	7½	8	9	10	8	9	10	5	5	5
3	WOMEN		4	4½	5	8	8	10	8	8	10	4	5	5
	MEN		6	6½	7½	10	10	12	10	10	12	6	6	6
3½	WOMEN		4	4½	5	10	9	12	10	9	12	5	6	6
	MEN		6	6½	7½	12	13	14	12	13	14	6	7	7
4	WOMEN		4	4½	5	10	12	14	10	12	14	6	6	6
	MEN		6	6½	7½	14	14	16	14	14	16	7	8	8
4½	WOMEN		4	4½	5	12	13	14	12	13	14	6	7	7
	MEN		6	6½	7½	16	15	18	16	15	18	8	9	9
5	WOMEN		4	4½	5	14	14	16	14	14	16	7	8	8
	MEN		6	6½	7½	18	18	20	18	18	20	9	10	10
5½	WOMEN		4	4½	5	14	15	18	14	15	18	8	9	9
	MEN		6	6½	7½	18	19	22	18	19	22	10	11	11
6	WOMEN		4	4½	5	16	18	20	16	18	20	9	9	9
	MEN		6	6½	7½	20	22	24	20	22	24	11	11	12
6½	WOMEN		4	4½	5	18	19	22	18	19	22	9	10	11
	MEN		6	6½	7½	22	23	26	22	23	26	12	13	13
7	WOMEN		4	4½	5	18	20	24	18	20	24	10	11	12
	MEN		6	6½	7½	24	26	28	24	26	28	13	13	14

3-24B. Front, V Neck Pullover (continued)   KNIT

STS PER IN		11			12			13			14			15		
		SM	MED	LG	SM	MED	LG	SM	MED	LG	SM	MED	LG	SM	MED	LG
2	WOMEN	3	—	1	2	—	2	0	½	1	1	1	1	6	6	7
	MEN	2	1	1	4	4	3	1	1½	2½	1	1	1	7	8	8
2½	WOMEN	1	1	1	4	4	1	0	½	1	1	1	¾	7	7	9
	MEN	4	2	4	2	5	3	1	1½	2½	¾	¾	¾	9	9	10
3	WOMEN	—	—	1	—	—	4	0	½	1	¾	¾	¾	8	9	10
	MEN	1	5	3	8	3	4	1	1½	2½	¾	¾	½	11	11	12
3½	WOMEN	1	2	2	8	6	6	0	½	1	¾	¾	¾	10	10	12
	MEN	2	1	1	4	4	4	1	1½	2½	½	½	½	12	13	14
4	WOMEN	1	—	20	1	—	1	0	½	1	¾	½	½	11	12	14
	MEN	2	4	3	7	5	5	1	1½	2½	½	½	½	14	15	16
4½	WOMEN	1	1	1	10	7	11	0	½	1	½	½	½	12	13	15
	MEN	1	1	1	2	4	2	1	1½	2½	½	½	⅜	16	16	18
5	WOMEN	1	3	3	10	5	5	0	½	1	½	½	⅜	14	15	17
	MEN	1	2	1	9	6	11	1	1½	2½	½	½	⅜	18	19	20
5½	WOMEN	5	6	3	4	4	6	0	½	1	½	½	⅜	15	16	19
	MEN	2	2	5	10	11	4	1	1½	2½	⅜	⅜	⅜	19	20	22
6	WOMEN	—	—	—	—	—	—	0	½	1	⅜	⅜	⅜	17	18	21
	MEN	4	8	5	6	4	5	1	1½	2½	⅜	⅜	⅜	21	22	24
6½	WOMEN	1	1	1	4	6	6	0	½	1	⅜	⅜	⅜	18	19	22
	MEN	17	—	20	2	—	2	1	1½	2½	⅜	⅜	¼	23	24	26
7	WOMEN	1	2	2	10	5	5	0	½	1	⅜	⅜	¼	19	21	24
	MEN	1	1	1	4	6	4	1	1½	2½	⅜	¼	¼	25	26	28

STS PER IN	NUMBER ON PATTERN	1			2			3			4			5			6			7			8			9			10		
		SM	MED	LG	SM	MED	LG	SM	MED	LG	SM	MED	LG	SM	MED	LG	SM	MED	LG	SM	MED	LG	SM	MED	LG	SM	MED	LG	SM	MED	LG
1	WOMEN	4	4	4	14	16	18	17	19	21	—	—	1	—	—	1	—	1¼	—	—	6	—	1½	—	1½	4	—	1	1	—	1¼
	MEN	4	4	4	18	20	22	21	23	25	—	1	1	—	1	1	—	—	1½	—	—	1	1¾	1¾	1¾	1	2	1	1½	1½	1½
1½	WOMEN	5	5	5	14	16	18	25	27	31	1	1	1	1	1	1	1	—	—	7	—	—	—	1	1	—	1	1	—	⅞	⅞
	MEN	6	6	6	18	20	22	31	33	37	1	1	2	1	1	2	1	1	—	1	10	—	1¼	—	1¼	1	—	2	1	—	1
2	WOMEN	7	7	7	14	16	18	33	37	41	1	2	2	1	2	2	¾	¾	¾	1	10	1	⅞	—	¾	1	—	4	¾	—	⅝
	MEN	8	8	8	18	20	22	41	45	49	1	2	3	1	2	3	—	—	⅞	—	—	1	⅞	⅞	⅞	1	2	3	¾	¾	¾
2½	WOMEN	8	8	8	14	16	18	41	45	51	2	3	3	2	3	3	—	½	—	—	1	—	⅝	⅝	⅝	2	2	12	½	½	½
	MEN	10	10	10	18	20	22	51	55	61	2	3	4	2	3	4	—	—	⅝	—	—	2	¾	¾	¾	3	1	1	⅝	⅝	⅝
3	WOMEN	10	10	10	14	16	18	49	55	61	2	3	4	2	3	4	½	½	½	14	15	1	—	—	½	—	—	3	—	—	⅜
	MEN	12	12	12	18	20	22	61	67	73	2	4	5	2	4	5	½	⅝	—	1	1	—	⅝	⅝	⅝	1	1	2	½	½	½
3½	WOMEN	12	12	12	14	16	18	57	63	71	2	4	5	2	4	5	—	—	½	—	—	1	½	½	½	1	1	1	⅜	⅜	⅜
	MEN	14	14	14	18	20	22	71	77	85	3	4	6	3	4	6	½	½	½	1	1	3	½	½	½	3	4	4	⅜	⅜	⅜
4	WOMEN	14	14	14	14	16	18	65	73	81	2	4	5	2	4	5	—	⅜	—	—	20	—	⅜	—	½	18	—	1	¼	—	⅜
	MEN	15	15	15	18	20	22	81	89	97	3	5	6	3	5	6	⅜	—	⅜	2	—	1	½	½	½	1	1	2	⅜	⅜	⅜
4½	WOMEN	15	15	15	14	16	18	73	81	91	3	5	6	3	5	6	⅜	¼	⅜	2	2	3	⅜	⅜	⅜	1	2	1	¼	¼	¼
	MEN	17	17	17	18	20	22	91	99	109	3	5	7	3	5	7	—	—	—	—	—	—	⅜	⅜	⅜	12	7	14	¼	¼	¼
5	WOMEN	16	16	16	14	16	18	81	91	101	3	5	7	3	5	7	¼	—	¼	3	—	2	⅜	⅜	⅜	1	2	2	¼	¼	¼
	MEN	19	19	19	18	20	22	101	111	121	4	6	8	4	6	8	¼	¼	—	2	1	—	⅜	⅜	⅜	2	3	2	¼	¼	¼
5½	WOMEN	18	18	18	14	16	18	89	99	111	3	6	7	3	6	7	¼	—	¼	2	—	5	⅜	⅜	⅜	1	1	1	¼	¼	¼
	MEN	20	20	20	18	20	22	111	121	133	4	6	9	4	6	9	⅜	⅜	—	2	1	—	⅜	⅜	⅜	1	1	4	¼	¼	¼
6	WOMEN	19	19	19	14	16	18	97	109	121	4	6	8	4	6	8	¼	¼	¼	28	30	32	—	—	—	—	—	—	—	—	—
	MEN	22	22	22	18	20	22	121	133	145	5	7	9	5	7	9	¼	¼	¼	5	2	4	⅜	⅜	⅜	1	1	2	¼	¼	¼

3-26A. Front, V Neck Pullover CROCHET

STS PER IN	NUMBER ON PATTERN	11 S M	11 M E D	11 L G	12 S M	12 M E D	12 L G	13 S M	13 M E D	13 L G	14 S M	14 M E D	14 L G	15 S M	15 M E D	15 L G
1	WOMEN	1	—	2	1	—	2	0	½	1	2	2	2	3	3	3
	MEN	2	1	2	2	2	2	1	1½	2½	2	2	2	4	4	4
1½	WOMEN	—	1	8	—	4	1	0	½	1	2	2	1½	4	4	5
	MEN	3	—	3	2	—	2	1	1½	2½	1½	1½	1½	5	5	5
2	WOMEN	3	—	1	2	—	2	0	½	1	1	1	1	6	6	7
	MEN	2	1	1	4	4	3	1	1½	2½	1	1	1	7	8	8
2½	WOMEN	1	1	1	4	4	1	0	½	1	1	1	¾	7	7	9
	MEN	4	2	4	2	5	3	1	1½	2½	¾	¾	¾	9	9	10
3	WOMEN	—	—	1	—	—	4	0	½	1	¾	¾	¾	8	9	10
	MEN	1	5	3	8	3	4	1	1½	2½	¾	¾	¾	11	11	12
3½	WOMEN	1	2	2	8	6	6	0	½	1	¾	¾	½	10	10	12
	MEN	2	1	1	4	4	4	1	1½	2½	¾	¾	¾	12	13	14
4	WOMEN	1	—	20	1	—	1	0	½	1	½	½	½	11	12	14
	MEN	2	4	3	7	5	5	1	1½	2½	¾	½	½	14	15	16
4½	WOMEN	1	1	1	10	7	11	0	½	1	½	½	½	12	13	15
	MEN	1	1	1	2	4	2	1	1½	2½	½	½	½	16	16	18
5	WOMEN	1	3	3	10	5	5	0	½	1	½	½	⅜	14	15	17
	MEN	1	2	1	9	6	11	1	1½	2½	½	⅜	⅜	18	19	20
5½	WOMEN	5	6	3	4	4	6	0	½	1	½	½	⅜	15	16	19
	MEN	2	2	5	10	11	4	1	1½	2½	⅜	⅜	⅜	19	20	22
6	WOMEN	—	—	—	—	—	—	0	½	1	⅜	⅜	⅜	17	18	21
	MEN	4	8	5	6	4	5	1	1½	2½	⅜	⅜	⅜	21	22	24

3-26B. Front, V Neck Pullover (continued) CROCHET

STS PER IN	NUMBER ON PATTERN	1 S M	1 M E D	1 L G	2 S M	2 M E D	2 L G	3 S M	3 M E D	3 L G	4 S M	4 M E D	4 L G	5 S M	5 M E D	5 L G
1	WOMEN	2	2	2	6	6	6	2	2	2	7	7	7	7	7	7
	MEN	2	2	2	8	8	8	2	2	2	8	8	8	8	8	8
1½	WOMEN	2	2	2	8	9	10	2	2	2	10	10	10	10	10	10
	MEN	2	2	2	10	11	12	2	2	2	13	13	13	13	13	13
2	WOMEN	2	2	2	12	12	14	2	2	2	14	14	14	14	14	14
	MEN	2	2	2	14	16	16	2	2	2	17	17	17	17	17	17
2½	WOMEN	2	2	2	14	15	18	2	2	2	17	17	17	17	17	17
	MEN	2	2	2	18	19	20	2	2	2	21	21	21	21	21	21
3	WOMEN	3	3	3	16	18	20	3	3	3	21	21	21	21	21	21
	MEN	3	3	3	22	22	24	3	3	3	25	25	25	25	25	25
3½	WOMEN	3	3	3	20	21	24	3	3	3	24	24	24	24	24	24
	MEN	3	3	3	24	27	28	3	3	3	30	30	30	30	30	30
4	WOMEN	4	4	4	22	24	28	4	4	4	28	28	28	28	28	28
	MEN	4	4	4	28	30	32	4	4	4	34	34	34	34	34	34
4½	WOMEN	4	4	4	24	27	30	4	4	4	31	31	31	31	31	31
	MEN	4	4	4	32	33	36	4	4	4	38	38	38	38	38	38
5	WOMEN	5	5	5	28	30	34	5	5	5	35	35	35	35	35	35
	MEN	5	5	5	36	38	40	5	5	5	42	42	42	42	42	42
5½	WOMEN	5	5	5	30	33	38	5	5	5	38	38	38	38	38	38
	MEN	5	5	5	38	41	44	5	5	5	46	46	46	46	46	46
6	WOMEN	6	6	6	34	36	42	6	6	6	42	42	42	42	42	42
	MEN	6	6	6	42	44	48	6	6	6	51	51	51	51	51	51

3-27. Finishing, V Neck Pullover

STS PER IN		1			2			3			4			5			6			7			8			9			10		
NUMBER ON PATTERN		S M	M E D	L G	S M	M E D	L G	S M	M E D	L G	S M	M E D	L G	S M	M E D	L G	S M	M E D	L G	S M	M E D	L G	S M	M E D	L G	S M	M E D	L G	S M	M E D	L G
2	WOMEN	24	27	30	14	14	14	2	2	2	12	12	14	2	2	2	14	14	14	24	27	30	92	98	106	2	2	2	3	4	5
	MEN	34	36	39	17	17	17	2	2	2	14	16	16	2	2	2	17	17	17	34	36	39	120	126	132	2	2	2	4	4	5
2½	WOMEN	30	34	37	17	17	17	2	2	2	14	15	18	2	2	2	17	18	17	30	34	37	112	122	130	2	4	3	5	5	6
	MEN	42	45	49	21	21	21	2	2	2	18	19	20	2	2	2	21	22	21	42	45	49	148	156	164	4	3	3	5	6	7
3	WOMEN	36	40	45	21	21	21	3	3	3	16	18	20	3	3	3	21	21	21	36	40	45	136	146	158	3	3	4	6	7	8
	MEN	51	54	58	25	25	25	3	3	3	22	22	24	3	3	3	25	25	25	51	54	58	180	186	192	4·	3	5	7	8	8
3½	WOMEN	42	47	52	24	24	24	3	3	3	20	21	24	3	3	3	24	25	24	42	47	52	158	170	182	4	5	5	7	8	9
	MEN	59	63	68	30	30	30	3	3	3	24	27	28	3	3	3	30	31	30	59	63	68	208	220	230	4	5	5	9	9	10
4	WOMEN	48	54	60	28	28	28	4	4	4	22	24	28	4	4	4	28	28	28	48	54	60	182	196	212	6	4	6	8	10	11
	MEN	68	72	78	34	34	34	4	4	4	28	30	32	4	4	4	34	34	34	68	72	78	240	250	264	5	5	6	10	11	12
4½	WOMEN	54	61	67	31	31	31	4	4	4	24	27	30	4	4	4	31	32	31	54	61	67	202	220	234	4	7	5	10	11	13
	MEN	76	81	88	38	38	38	4	4	4	32	33	36	4	4	4	38	39	38	76	81	88	268	280	296	6	5	6	12	13	14
5	WOMEN	60	68	75	35	35	35	5	5	5	28	30	34	5	5	5	35	35	35	60	68	75	228	246	264	6	6	5	11	13	15
	MEN	85	90	97	42	42	42	5	5	5	36	38	40	5	5	5	42	42	42	85	90	97	300	312	328	7	7	6	13	14	16
5½	WOMEN	66	74	82	38	38	38	5	5	5	30	33	38	5	5	5	38	39	38	66	74	82	248	268	288	8	8	8	12	14	16
	MEN	93	99	107	46	46	46	5	5	5	38	41	44	5	5	5	46	47	46	93	99	107	326	342	360	6	7	6	15	16	18
6	WOMEN	72	81	90	42	42	42	6	6	6	34	36	42	6	6	6	42	42	42	72	81	90	274	294	318	6	7	8	14	16	18
	MEN	102	108	117	51	51	51	6	6	6	42	44	48	6	6	6	51	51	51	102	108	117	360	374	396	6	7	6	17	18	20
6½	WOMEN	78	88	97	45	45	45	6	6	6	36	39	44	6	6	6	45	46	45	78	88	97	294	318	340	8	6	7	15	18	20
	MEN	110	117	127	55	55	55	7	7	7	46	49	52	7	7	7	55	56	55	110	117	127	388	406	428	9	6	9	18	20	21
7	WOMEN	84	94	105	49	49	49	7	7	7	38	42	48	7	7	7	49	49	49	84	94	105	318	342	370	6	8	7	17	19	22
	MEN	119	126	136	59	59	59	7	7	7	50	52	56	7	7	7	59	59	59	119	126	136	420	436	460	8	8	8	20	21	23

3-28A. Finishing, V Neck Cardigan   KNIT

STS PER IN		11 SM	11 MED	11 LG	1 SM	1 MED	1 LG	2 SM	2 MED	2 LG	3 SM	3 MED	3 LG	4 SM	4 MED	4 LG	5 SM	5 MED	5 LG	6 SM	6 MED	6 LG	7 SM	7 MED	7 LG
2	WOMEN	4	4	4	2	2	2	12	12	14	2	2	2	7	7	7	6	6	6	7	7	7	36	36	38
2	MEN	5	5	5	2	2	2	14	16	16	2	2	2	8	8	8	6	8	8	8	8	8	40	44	44
2½	WOMEN	4	4	4	2	2	2	14	15	18	2	2	2	9	9	9	6	7	8	9	9	9	42	44	48
2½	MEN	5	5	5	2	2	2	18	19	20	2	2	2	10	10	10	8	9	10	10	10	10	50	52	54
3	WOMEN	4	4	4	3	3	3	16	18	20	3	3	3	11	11	11	8	8	10	11	11	11	52	54	58
3	MEN	5	5	5	3	3	3	22	22	24	3	3	3	12	12	12	10	10	12	12	12	12	62	62	66
3½	WOMEN	4	4	4	3	3	3	20	21	24	3	3	3	12	12	12	10	9	12	12	12	12	60	60	66
3½	MEN	5	5	5	3	3	3	24	27	28	3	3	3	14	14	14	12	13	14	14	14	14	70	74	76
4	WOMEN	4	4	4	4	4	4	22	24	28	4	4	4	14	14	14	10	12	14	14	14	14	68	72	78
4	MEN	5	5	5	4	4	4	28	30	32	4	4	4	16	16	16	14	14	16	16	16	16	82	84	88
4½	WOMEN	4	4	4	4	4	4	24	27	30	4	4	4	16	16	16	12	13	14	16	16	16	76	80	84
4½	MEN	5	5	5	5	4	4	32	33	36	4	4	4	18	18	18	16	15	18	18	18	18	92	92	98
5	WOMEN	4	4	4	5	5	5	28	30	34	5	5	5	18	18	18	14	14	16	18	18	18	88	90	96
5	MEN	5	5	5	5	5	5	36	38	40	5	5	5	20	20	20	18	18	20	20	20	20	104	106	110
5½	WOMEN	4	4	4	5	5	5	30	33	38	5	5	5	19	19	19	14	15	18	19	19	19	92	96	104
5½	MEN	5	5	5	5	5	5	38	41	44	5	5	5	22	22	22	18	19	20	22	22	22	110	114	120
6	WOMEN	4	4	4	6	6	6	34	36	42	6	6	6	21	21	21	16	18	20	21	21	21	104	108	116
6	MEN	5	5	5	6	6	6	42	44	48	6	6	6	24	24	24	20	22	24	24	24	24	122	126	132
6½	WOMEN	4	4	4	6	6	6	36	39	44	6	6	6	23	23	23	18	19	22	23	23	23	112	116	124
6½	MEN	5	5	5	6	6	6	46	49	52	6	6	6	26	26	26	22	23	26	26	26	26	132	136	142
7	WOMEN	4	4	4	7	7	7	38	42	48	7	7	7	25	25	25	18	20	24	25	25	25	120	126	136
7	MEN	5	5	5	7	7	7	50	52	56	7	7	7	28	28	28	24	26	28	28	28	28	144	148	154

3-28B. Finishing, V Neck Cardigan (continued) KNIT

3-29. Finishing, Crew Neck Pullover

STS PER IN	NUMBER ON PATTERN	1 SM	1 MED	1 LG	2 SM	2 MED	2 LG	3 SM	3 MED	3 LG	
1	WOMEN	0	½	1	2	2	2	3	3	3	
	MEN	1	1½	2½	2	2	2	4	4	4	
1½	WOMEN	0	½	1	2	2	1½	4	4	5	
	MEN	1	1½	2½	1½	1½	1½	5	5	5	
2	WOMEN	0	½	1	1	1	1	6	6	7	
	MEN	1	1½	2½	1	1	1	7	8	8	
2½	WOMEN	0	½	1	1	1	¾	7	7	9	
	MEN	1	1½	2½	¾	¾	¾	9	9	10	
3	WOMEN	0	½	1	¾	¾	¾	8	9	10	
	MEN	1	1½	2½	¾	¾	¾	11	11	12	
3½	WOMEN	0	½	1	¾	¾	½	10	10	12	
	MEN	1	1½	2½	¾	¾	¾	12	13	14	
4	WOMEN	0	½	1	½	½	½	11	12	14	
	MEN	1	1½	2½	¾	½	½	14	15	16	
4½	WOMEN	0	½	1	½	½	½	12	13	15	
	MEN	1	1½	2½	½	½	½	16	16	18	
5	WOMEN	0	½	1	½	½	⅜	14	15	17	
	MEN	1	1½	2½	½	⅜	⅜	18	19	20	
5½	WOMEN	0	½	1	½	½	⅜	15	16	19	
	MEN	1	1½	2½	⅜	⅜	⅜	19	20	22	
6	WOMEN	0	½	1	⅜	⅜	⅜	17	18	21	
	MEN	1	1½	2½	⅜	⅜	⅜	21	22	24	

3-30. Front, V Neck Cardigan CROCHET

STS PER IN	NUMBER ON PATTERN	1 SM	1 MED	1 LG	2 SM	2 MED	2 LG				
1	WOMEN	8	8	8	15	15	15				
	MEN	8	8	8	17	17	17				
1½	WOMEN	11	11	11	15	15	15				
	MEN	12	12	12	17	17	17				
2	WOMEN	15	15	15	15	15	15				
	MEN	15	15	15	17	17	17				
2½	WOMEN	18	18	18	15	15	15				
	MEN	19	19	19	17	17	17				
3	WOMEN	22	22	22	15	15	15				
	MEN	22	22	22	17	17	17				
3½	WOMEN	25	25	25	15	15	15				
	MEN	26	26	26	17	17	17				
4	WOMEN	29	29	29	15	15	15				
	MEN	29	29	29	17	17	17				
4½	WOMEN	32	32	32	15	15	15				
	MEN	33	33	33	17	17	17				
5	WOMEN	36	36	36	15	15	15				
	MEN	36	36	36	17	17	17				
5½	WOMEN	39	39	39	15	15	15				
	MEN	40	40	40	17	17	17				
6	WOMEN	43	43	43	15	15	15				
	MEN	43	43	43	17	17	17				

3-31. Finishing, Turtleneck Pullover

STS PER IN		NUMBER ON PATTERN 1			2			3			4			5			6			7			8			9			10		
		SM	MED	LG	SM	MED	LG	SM	MED	LG	SM	MED	LG	SM	MED	LG	SM	MED	LG	SM	MED	LG	SM	MED	LG	SM	MED	LG	SM	MED	LG
1	WOMEN	12	13	15	7	7	7	2	2	2	6	6	6	2	2	2	7	7	7	12	13	15	1	1	1	1	1	1	1	1	1
	MEN	17	18	19	8	8	8	2	2	2	8	8	8	2	2	2	8	8	8	17	18	19	1	2	2	1	1	1	1	1	1
1½	WOMEN	18	20	22	10	10	10	2	2	2	8	9	10	2	2	2	10	10	10	18	20	22	1	2	1	1	1	1	1	1	1
	MEN	25	27	29	13	13	13	2	2	2	10	11	12	2	2	2	13	13	13	25	27	29	3	2	3	1	1	1	1	1	1
2	WOMEN	24	27	30	14	14	14	2	2	2	12	12	14	2	2	2	14	14	14	24	27	30	3	2	2	1	1	1	1	1	1
	MEN	34	36	39	17	17	17	2	2	2	14	16	16	2	2	2	17	17	17	34	36	39	3	2	3	1	1	1	1	1	1
2½	WOMEN	30	34	37	17	17	17	2	2	2	14	15	18	2	2	2	17	17	17	30	34	37	2	2	4	1	1	1	1	1	1
	MEN	42	45	49	21	21	21	2	2	2	18	19	20	2	2	2	21	21	21	42	45	49	2	4	3	1	1	1	1	1	1
3	WOMEN	36	40	45	21	21	21	3	3	3	16	18	20	3	3	3	21	21	21	36	40	45	3	3	4	1	1	1	1	1	1
	MEN	51	54	58	25	25	25	3	3	3	22	22	24	3	3	3	25	25	25	51	54	58	4	3	3	1	1	1	1	1	1
3½	WOMEN	42	47	52	24	24	24	3	3	3	20	21	24	4	4	4	24	24	24	42	47	52	5	5	4	1	1	1	1	1	1
	MEN	59	63	68	30	30	30	3	3	3	24	27	28	4	4	4	30	30	30	59	63	68	4	5	5	1	1	1	1	1	1
4	WOMEN	48	54	60	28	28	28	4	4	4	22	24	28	4	4	4	28	28	28	48	54	60	6	6	4	1	1	1	1	1	1
	MEN	68	72	78	34	34	34	4	4	4	28	30	32	4	4	4	34	34	34	68	72	78	6	5	6	1	1	1	1	1	1
4½	WOMEN	54	61	67	31	31	31	4	4	4	24	27	30	4	4	4	31	31	31	54	61	67	6	5	6	1	1	1	1	1	1
	MEN	76	81	88	38	38	38	4	4	4	32	33	36	4	4	4	38	38	38	76	81	88	5	5	6	1	1	1	1	1	1
5	WOMEN	60	68	75	35	35	35	5	5	5	28	30	34	5	5	5	35	35	35	60	68	75	6	6	5	2	2	2	2	2	2
	MEN	85	90	97	42	42	42	5	5	5	36	38	40	5	5	5	42	42	42	85	90	97	7	7	6	2	2	2	2	2	2
5½	WOMEN	66	74	82	38	38	38	5	5	5	30	33	38	6	6	6	38	38	38	66	74	82	8	8	8	2	2	2	2	2	2
	MEN	93	99	107	46	46	46	6	6	6	38	41	44	6	6	6	46	46	46	93	99	107	6	7	6	2	2	2	2	2	2
6	WOMEN	72	81	90	42	42	42	6	6	6	34	36	42	6	6	6	42	42	42	72	81	90	6	7	8	2	2	2	2	2	2
	MEN	102	108	117	51	51	51	6	6	6	42	44	48	6	6	6	51	51	51	102	108	117	6	7	6	2	2	2	2	2	2

3-32. Finishing, V Neck Cardigan CROCHET

STS PER IN	NUMBER ON PATTERN	1			2			3			4			5			6			7			8			9			10		
		SM	MED	LG	SM	MED	LG	SM	MED	LG	SM	MED	LG	SM	MED	LG	SM	MED	LG	SM	MED	LG	SM	MED	LG	SM	MED	LG	SM	MED	LG
2	WOMEN	18	20	22	2	2	2	20	22	24	¾	¾	¾	3	3	3	26	28	30	4	4	4	1	2	2	—	⅝	—	—	1	—
	MEN	24	26	28	2	2	2	26	28	30	1	1	1	2	2	2	30	32	34	5	5	5	1	2	3	¾	¾	⅞	1	1	1
2½	WOMEN	22	26	28	2	2	2	24	28	30	¾	¾	½	3	3	4	30	34	38	4	4	4	1	2	3	½	½	½	1	2	3
	MEN	30	32	36	2	2	2	32	34	38	¾	¾	1	3	3	2	38	40	42	5	5	5	2	3	3	—	⅝	⅝	—	16	2
3	WOMEN	28	30	34	3	3	3	31	33	37	¾	½	½	3	4	4	37	41	45	4	4	4	2	3	3	½	—	½	3	—	2
	MEN	36	40	42	3	3	3	39	43	45	¾	¾	¾	3	3	3	45	49	51	5	5	5	2	3	4	½	½	—	19	20	—
3½	WOMEN	32	36	38	3	3	3	35	39	41	½	½	½	4	4	4	43	47	53	4	4	4	2	3	4	—	⅜	—	—	1	—
	MEN	42	46	50	3	3	3	45	49	53	¾	¾	¾	4	4	3	53	57	59	5	5	5	2	4	5	⅜	⅜	½	2	1	3
4	WOMEN	36	40	44	4	4	4	40	44	48	½	½	¼	4	5	6	48	54	60	4	4	4	2	4	5	—	—	⅜	—	—	3
	MEN	48	52	56	4	4	4	52	56	60	¾	¾	¾	4	4	4	60	64	68	5	5	5	3	4	6	—	—	⅜	—	—	1
4½	WOMEN	40	46	50	4	4	4	44	50	54	½	½	¼	5	5	7	54	60	68	4	4	4	2	4	5	¼	—	¼	3	—	2
	MEN	54	58	64	4	4	4	58	62	68	½	½	¾	5	5	4	68	72	76	5	5	5	3	5	6	¼	⅜	—	2	1	—
5	WOMEN	46	50	56	5	5	5	51	55	61	½	¼	¼	5	6	7	61	67	75	4	4	4	3	5	6	¼	¼	¼	1	2	5
	MEN	60	66	70	5	5	5	65	71	75	½	½	½	5	5	5	75	81	85	5	5	5	3	5	7	⅜	¼	—	2	5	—
5½	WOMEN	50	56	60	5	5	5	55	61	65	¼	¼	¼	6	7	9	67	75	83	4	4	4	3	5	7	¼	¼	¼	28	30	32
	MEN	66	72	78	5	5	5	71	77	83	½	½	½	6	6	5	83	89	93	5	5	5	4	6	8	¼	⅜	—	5	1	—
6	WOMEN	54	60	66	6	6	6	60	66	72	¼	¼	¼	6	8	9	72	82	90	4	4	4	3	6	7	¼	—	¼	2	—	5
	MEN	72	78	84	6	6	6	78	84	90	½	½	½	6	6	6	90	96	102	5	5	5	4	6	9	¼	¼	¼	38	1	4
6½	WOMEN	58	66	72	6	6	6	64	72	78	¼	¼	¼	7	8	10	78	88	98	4	4	4	4	6	8	—	—	¼	—	—	2
	MEN	78	84	92	6	6	6	84	90	98	½	½	½	7	7	6	98	104	110	5	5	5	5	7	9	¼	¼	¼	5	2	1
7	WOMEN	64	70	78	7	7	7	71	77	85	¼	¼	¼	7	9	10	85	95	105	4	4	4	4	7	9	—	¼	—	—	2	—
	MEN	84	92	98	7	7	7	91	99	105	½	½	½	7	7	7	105	113	119	5	5	5	5	8	10	¼	—	¼	4	—	2

3-33. Short Sleeves KNIT

STS PER IN		1			2			3			4			5			6			7			8			9			10		
	NUMBER ON PATTERN	SM	MED	LG	SM	MED	LG	SM	MED	LG	SM	MED	LG	SM	MED	LG	SM	MED	LG	SM	MED	LG	SM	MED	LG	SM	MED	LG	SM	MED	LG
1	WOMEN	2	2	2	9	10	11	10	10	12	1	1	1	1	2	2	12	14	16	4	4	4	—	—	—	—	—	—	—	—	—
1	MEN	2	2	2	12	13	14	12	14	14	1	1	1	2	1	1	16	16	16	5	5	5	—	1	1	—	1	1	1¼	—	—
1½	WOMEN	3	3	3	9	10	11	16	16	18	1	1	1	2	2	2	20	20	22	4	4	4	1	1	1	1	1	1	⅞	—	—
1½	MEN	3	3	3	12	13	14	18	20	22	1	1	1	2	2	2	22	24	26	5	5	5	1	1	2	1	1	2	1	1	—
2	WOMEN	3	3	3	9	10	11	20	22	24	¾	¾	¾	3	3	3	26	28	30	4	4	4	2	2	2	1	2	2	—	⅝	⅞
2	MEN	3	3	3	12	13	14	26	28	30	1	1	1	2	2	2	30	32	34	4	4	4	2	3	3	1	2	3	¾	¾	½
2½	WOMEN	4	4	4	9	10	11	24	28	30	¾	¾	½	3	3	4	30	34	38	4	4	4	2	2	3	1	2	3	½	½	⅝
2½	MEN	4	4	4	12	13	14	32	34	38	¾	¾	1	3	3	2	38	40	42	5	5	5	2	3	3	2	3	3	—	⅝	½
3	WOMEN	4	4	4	9	10	11	31	33	37	¾	½	½	3	4	4	37	41	45	4	4	4	2	3	4	2	3	3	½	½	—
3	MEN	4	4	4	12	13	14	39	43	45	¾	¾	¾	3	3	3	45	49	51	5	5	5	2	3	4	2	3	4	½	⅜	½
3½	WOMEN	5	5	5	9	10	11	35	39	41	½	½	½	4	4	4	43	47	53	4	4	4	2	3	4	2	3	4	⅜	⅜	½
3½	MEN	5	5	5	12	13	14	45	49	53	¾	¾	¾	4	4	3	53	57	59	5	5	5	2	4	5	2	4	5	⅜	⅜	⅜
4	WOMEN	5	5	5	9	10	11	40	44	48	½	½	¼	4	5	6	48	54	60	4	4	4	2	4	5	2	4	5	—	—	⅜
4	MEN	5	5	5	12	13	14	52	56	60	¾	¾	¾	4	4	4	60	64	68	5	5	5	3	4	6	3	4	6	¼	⅜	¼
4½	WOMEN	6	6	6	9	10	11	44	50	54	½	½	¼	5	5	7	54	60	68	4	4	4	2	4	5	2	4	5	¼	¼	—
4½	MEN	6	6	6	12	13	14	58	62	68	½	½	½	5	5	4	68	72	76	5	5	5	3	5	6	3	5	6	¼	¼	¼
5	WOMEN	6	6	6	9	10	11	51	55	61	½	½	¼	5	6	7	61	67	75	4	4	4	3	5	6	3	5	6	⅜	¼	¼
5	MEN	6	6	6	12	13	14	65	71	75	½	½	¼	6	5	5	75	81	85	5	5	5	3	5	7	3	5	7	¼	¼	¼
5½	WOMEN	7	7	7	9	10	11	55	61	65	½	½	¼	6	7	9	67	75	83	4	4	4	3	5	7	3	5	7	¼	⅜	—
5½	MEN	7	7	7	12	13	14	71	77	83	½	½	¼	6	6	5	83	89	93	5	5	5	4	6	8	4	6	8	¼	—	¼
6	WOMEN	7	7	7	9	10	11	60	66	72	½	½	½	6	8	9	72	82	90	4	4	4	3	6	7	3	6	7	¼	—	¼
6	MEN	7	7	7	12	13	14	78	84	90	½	½	½	6	6	6	90	96	102	5	5	5	4	6	9	4	6	9	¼	¼	¼

3-34. Short Sleeves   CROCHET

STS PER IN	NUMBER ON PATTERN	1			2			3			4			5			6			7			8			9			10		
		SM	MED	LG	SM	MED	LG	SM	MED	LG	SM	MED	LG	SM	MED	LG	SM	MED	LG	SM	MED	LG	SM	MED	LG	SM	MED	LG	SM	MED	LG
2	WOMEN	18	18	20	2	2	2	20	20	22	1½	1	1½	3	4	4	26	28	30	8½	9	9½	1	2	2	—	⅝	—	—	1	—
	MEN																														
2½	WOMEN	22	22	24	2	2	2	24	24	26	1½	1	1	3	5	6	30	34	38	8½	9	9½	1	2	3	½	½	½	1	2	3
	MEN																														
3	WOMEN	26	28	28	3	3	3	29	31	31	1	1	1	4	5	7	37	41	45	8½	9	9½	2	3	3	½	—	½	3	—	2
	MEN																														
3½	WOMEN	30	32	34	3	3	3	33	35	37	1	1	¾	5	6	8	43	47	53	8½	9	9½	2	3	4	—	⅜	—	—	1	—
	MEN																														
4	WOMEN	34	36	38	4	4	4	38	40	42	1	¾	¾	5	7	9	48	54	60	8½	9	9½	2	4	5	—	—	⅜	—	—	3
	MEN																														
4½	WOMEN	38	40	44	4	4	4	42	44	48	¾	¾	¾	6	8	10	54	60	68	8½	9	9½	2	4	5	¼	—	¼	3	—	2
	MEN																														
5	WOMEN	42	46	48	5	5	5	47	51	53	¾	¾	½	7	8	11	61	67	75	8½	9	9½	3	5	6	¼	¼	¼	1	2	5
	MEN																														
5½	WOMEN	48	50	52	5	5	5	53	55	57	¾	½	½	7	10	13	67	75	83	8½	9	9½	3	5	7	¼	¼	¼	28	30	32
	MEN																														
6	WOMEN	52	54	58	6	6	6	58	60	64	¾	½	½	7	11	13	72	82	90	8½	9	9½	3	6	7	¼	—	¼	2	—	5
	MEN																														
6½	WOMEN	56	58	62	6	6	6	62	64	68	½	½	½	8	12	15	78	88	98	8½	9	9½	4	6	8	—	—	¼	—	—	2
	MEN																														
7	WOMEN	60	64	66	7	7	7	67	71	73	½	½	⅜	9	12	16	85	95	105	8½	9	9½	4	7	9	—	¼	—	—	2	—
	MEN																														

3-35. Three-Quarter Sleeves KNIT

STS PER IN		1 SM	1 MED	1 LG	2 SM	2 MED	2 LG	3 SM	3 MED	3 LG	4 SM	4 MED	4 LG	5 SM	5 MED	5 LG	6 SM	6 MED	6 LG	7 SM	7 MED	7 LG	8 SM	8 MED	8 LG	9 SM	9 MED	9 LG	10 SM	10 MED	10 LG
1	WOMEN	2	2	2	8½	9	9½	10	10	12	2	2	2	1	2	2	12	14	16	8½	9	9½	—	—	1	—	—	1	—	—	—
	MEN																														
1½	WOMEN	3	3	3	8½	9	9½	14	14	16	1½	1½	1½	3	3	3	20	20	22	8½	9	9½	1	1	1	1	1	1	⅞	—	—
	MEN																														
2	WOMEN	3	3	3	8½	9	9½	20	20	22	1½	1	1½	3	4	4	26	28	30	8½	9	9½	1	2	2	1	2	2	—	⅝	—
	MEN																														
2½	WOMEN	4	4	4	8½	9	9½	24	24	26	1½	1	1	3	5	6	30	34	38	8½	9	9½	1	2	3	1	2	3	½	½	½
	MEN																														
3	WOMEN	4	4	4	8½	9	9½	29	31	31	1	1	1	4	5	7	37	41	45	8½	9	9½	2	3	3	2	3	3	½	—	½
	MEN																														
3½	WOMEN	5	5	5	8½	9	9½	33	35	37	1	1	¾	5	6	8	43	47	53	8½	9	9½	2	3	4	2	3	4	—	⅜	—
	MEN																														
4	WOMEN	5	5	5	8½	9	9½	38	40	42	1	¾	¾	5	7	9	48	54	60	8½	9	9½	2	4	5	2	4	5	—	—	⅜
	MEN																														
4½	WOMEN	6	6	6	8½	9	9½	42	44	48	¾	¾	¾	6	8	10	54	60	68	8½	9	9½	2	4	5	2	4	5	¼	—	¼
	MEN																														
5	WOMEN	6	6	6	8½	9	9½	47	51	53	¾	¾	½	7	8	11	61	67	75	8½	9	9½	3	5	6	3	5	6	¼	¼	¼
	MEN																														
5½	WOMEN	7	7	7	8½	9	9½	53	55	57	¾	½	½	7	10	13	67	75	83	8½	9	9½	3	5	7	3	5	7	¼	¼	¼
	MEN																														
6	WOMEN	7	7	7	8½	9	9½	58	60	64	¾	½	½	7	11	13	72	82	90	8½	9	9½	3	6	7	3	6	7	¼	—	¼
	MEN																														

3-36. Three-Quarter Sleeves   CROCHET

❀ Drop Sleeves

Drop sleeve sweaters are casual looking and easy to fit. You do not need to worry about an exact shoulder fit. Drop sleeve sweaters are particularly good for people with narrow shoulders. Because the sleeve attaches to the body below the shoulder it accentuates the shoulder.

Drop sleeve sweaters are the easiest style of sweater to make. There is no armhole shaping on the body and no cap shaping on the sleeve. Directions for five neck styles to match drop sleeves are given, and four sleeve variations are presented at the end of the section.

CREW NECKS

A crew neck sweater with a drop sleeve is a classic style (see Figures 4-1, 4-2, and 4-3). The crew neck cardigan is only pictured for women because it is traditionally a feminine style. If a men's crew neck cardigan

with a collar is desired, follow the directions for the Crew Neck Cardigan in this section for the body, then the Placket and Collar Cardigan finishing directions in the Set-in Sleeve section for the finishing.

4-1. Women's Crew Neck Pullover.

4-2. Men's Crew Neck Pullover.

4-3. Women's Crew Neck Cardigan.

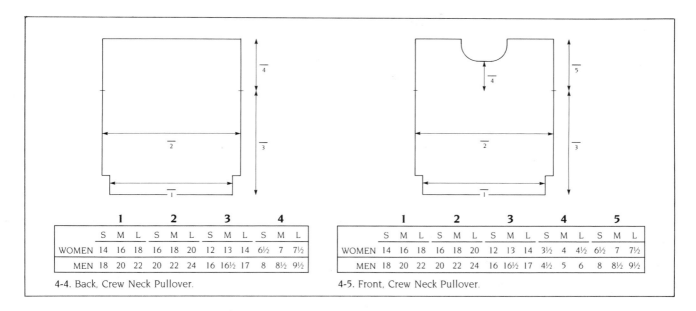

		1			2			3			4		
	S	M	L	S	M	L	S	M	L	S	M	L
WOMEN	14	16	18	16	18	20	12	13	14	6½	7	7½
MEN	18	20	22	20	22	24	16	16½	17	8	8½	9½

4-4. Back, Crew Neck Pullover.

		1			2			3			4			5		
	S	M	L	S	M	L	S	M	L	S	M	L	S	M	L
WOMEN	14	16	18	16	18	20	12	13	14	3½	4	4½	6½	7	7½
MEN	18	20	22	20	22	24	16	16½	17	4½	5	6	8	8½	9½

4-5. Front, Crew Neck Pullover.

Knitted Pullovers for Men and Women

See Figures 4-4, 4-5, and 4-6.

BACK   See Chart 4-1.

On smaller needles cast on ①_____ sts. K1p1 in ribbing for ②_____ inches. Change to larger needles and inc ③_____ sts evenly ·across row. ④_____ sts. Work even in stockinette until piece measures ⑤_____ inches. Place markers on each end for underarm. Continue to work even until armhole measures ⑥_____ inches. *Shape shoulders*: Bind off ⑦_____ sts at beg of next 2 rows. Place rem ⑧_____ sts on holder.

FRONT   See Chart 4-2.

Work same as back until armhole measures ①_____ inches. *Shape neck*: Work across ②_____ sts, place center ③_____ sts on holder, join new ball of yarn, and work across rem ④_____ sts. Dec 1 stitch each neck edge every other row ⑤_____ times. Work even until armhole measures same as back. Shape shoulders same as back.

SLEEVES   See Chart 4-4.

On smaller needles cast on ①_____ sts. K1p1 in ribbing for ②_____ inches. Change to larger needles and inc ③_____ sts evenly across row. ④_____ sts. Work in stockinette and inc 1 stitch each end every ⑤_____ inches ⑥_____ times. ⑦_____ sts. Work even until sleeve measures ⑧_____ inches or length desired to underarm. Bind off all sts.

FINISHING   See Chart 4-3.

Sew shoulders. *Neck band*: With right side facing you beg at right shoulder on smaller sized circular needle k ①_____ sts from back holder, pick up ②_____ sts along left side neck, k ③_____ sts from front holder, pick up ④_____ sts along right side neck. ⑤_____ sts. K1p1 in ribbing for 1 inch. Bind off all sts loosely in ribbing. Sew side and sleeve seams. Sew sleeves to body.

Crocheted Pullovers for Men and Women

See Figures 4-4, 4-5, and 4-6.

BACK   See Chart 4-6.

Ribbing: On smaller hook ch ①_____ . Sc in 2nd ch from hook and in each ch across, ch 1, turn. *Next row*:

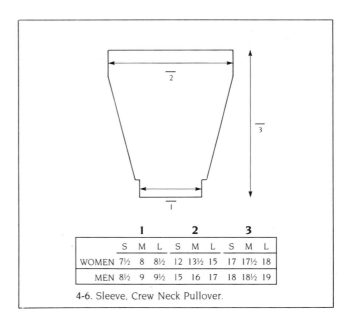

		1			2			3		
	S	M	L	S	M	L	S	M	L
WOMEN	7½	8	8½	12	13½	15	17	17½	18
MEN	8½	9	9½	15	16	17	18	18½	19

4-6. Sleeve, Crew Neck Pullover.

Working through back loop only, sc in each st across, ch 1, turn. Rep last row until piece measures ②_____ inches. Do not turn. *Next row*: Change to larger hook, ch 1, working along long side of ribbing work ③_____ sc evenly across, ch 1, turn. Rep last row until piece measures ④_____ inches. Place markers on each end for underarm. Continue to work even until armhole measures ⑤_____ inches. *Shape shoulders*: Sl st across ⑥_____ sts, work to within ⑦_____ sts of end, fasten off.

FRONT   See Chart 4-8.

Work same as back until armhole measures ①_____ inches. *Shape neck. Left side*: Work across ②_____ sts, ch 1, turn. Dec 1 stitch at neck edge every other row ③_____ times. Work even until armhole measures same as back, fasten off. *Right side*: Skip center ④_____ sts and work right side same as left side but reverse shaping.

SLEEVES   See Chart 4-10.

Ribbing: On smaller hook ch ①_____ . Sc in 2nd ch from hook and in each ch across, ch 1, turn. *Next row*: Working through back loop only, sc in each st across, ch 1, turn. Rep last row until piece measures ②_____ inches. Do not turn. *Next row*: Change to larger hook, ch 1, working along long side of ribbing work ③_____ sc evenly across, ch 1, turn. Rep last row. Inc 1 stitch each end every ④_____ inches ⑤_____ times. ⑥_____ sts. Work even until piece measures ⑦_____ inches or length desired to underarm, fasten off.

FINISHING   See Chart 4-9.

Sew shoulders. *Neck band*: With right side facing you beg at right shoulder on smaller hook sc ①_____ along back neck, sc ②_____ along left side neck, sc ③_____ along center front, sc ④_____ along right side neck. Sc in each st until neck band measures 1 inch, fasten off. Sew side and sleeve seams. Sew sleeves to body.

Knitted Cardigans for Women

See Figures 4-7, 4-4, and 4-6.

BACK   Same as Back for Crew Neck Pullover.

LEFT FRONT   See Chart 4-12.

On smaller needles cast on ①_____ sts. K1p1 in ribbing for ②_____ inches. Change to larger needles and inc ③_____ sts evenly across row. ④_____ sts. Work even in stockinette until piece measures same as back to underarm. Place marker on right side for

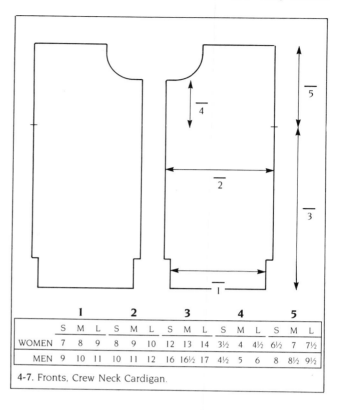

4-7. Fronts, Crew Neck Cardigan.

		1			2			3			4			5	
	S	M	L	S	M	L	S	M	L	S	M	L	S	M	L
WOMEN	7	8	9	8	9	10	12	13	14	3½	4	4½	6½	7	7½
MEN	9	10	11	10	11	12	16	16½	17	4½	5	6	8	8½	9½

underarm. Continue to work even until armhole measures ⑤_____ inches. *Shape neck*: On wrong side, bind off ⑥_____ sts at beg of row, work across rem sts. Dec 1 stitch at neck edge every other row ⑦_____ times. Work even until armhole measures same as back. Shape shoulder same as back.

RIGHT FRONT   Same as Left Front but reverse shaping.

SLEEVES   Same as Sleeves for Crew Neck Pullover.

FINISHING   See Chart 4-14.

Sew shoulders. *Neck band*: With right side facing you on smaller needles pick up ①_____ sts along right front neck, k ②_____ sts from back holder, pick up ③_____ sts along left front neck. ④_____ sts. K1p1 in ribbing for 1 inch. Bind off all sts loosely in ribbing. *Left front band*: With right side facing you on smaller needles pick up ⑤_____ sts evenly along left front edge. K1p1 in ribbing for 1¼ inches. Bind off all sts loosely in ribbing. *Right front band*: Work same as for left front band until band measures ½ inch. *Make buttonholes*: Work ⑥_____ sts, (yo, k2tog, work ⑦_____ sts) ⑧_____ times, yo, k2tog, work rem ⑨_____ sts. Continue to work in ribbing until band measures 1¼ inches. Bind off all sts loosely in ribbing. Sew side and sleeve seams. Sew sleeves to body. Sew buttons to correspond to buttonholes.

Crocheted Cardigans for Women

See Figures 4-7, 4-4, and 4-6.

BACK   Same as Back for Crew Neck Pullover.

LEFT FRONT   See Chart 4-15.

Ribbing: On smaller hook ch ①_____ . Sc in 2nd ch from hook and in each ch across, ch 1, turn. *Next row*: Working through back loop only, sc in each st across, ch 1, turn. Rep last row until piece measures ②_____ inches. Do not turn. *Next row*: Change to larger hook, ch 1, working along long side of ribbing work ③_____ sc evenly across, ch 1, turn. Rep last row until piece measures same as back to underarm. Place marker on right side for underarm. Work even until armhole measures ④_____ inches. *Shape neck*: On wrong side sl st across ⑤_____ sts, work across row. Dec 1 stitch at neck edge every other row ⑥_____ times. Work even until armhole measures same as back, fasten off.

RIGHT FRONT   Same as Left Front but reverse shaping.

SLEEVES   Same as Sleeves for Crew Neck Pullover.

FINISHING   See Charts 4-18A and 4-18B.

Sew shoulders. *Neck band*: With right side facing you on smaller hook sc ①_____ along right front neck, sc ②_____ along back neck, sc ③_____ along left front neck, ch 1, turn. Work even in sc for 1 inch, fasten off. *Left front band*: With right side facing you on smaller hook sc ④_____ evenly along left front edge, ch 1, turn. Work even in sc for 1¼ inches, fasten off. *Right front band*: Work same as for left front band until band measures ½ inch. *Make buttonholes*: Sc ⑤_____ (ch ⑥_____ , sk ⑦_____ , sc ⑧_____) ⑨_____ times, ch ⑩_____ , sk ⑪_____ , sc rem sts, ch 1, turn. Continue to work even in sc until band measures 1¼ inches, fasten off. Sew side and sleeve seams. Sew sleeves to body. Sew buttons to correspond to buttonholes.

TURTLENECKS

The fit for the drop sleeve turtleneck will be the same as for the set-in sleeve version (see Figures 4-8 and 4-9). The body is made the same as for the crew neck pullover, and the turtleneck is worked in the finishing.

4-8. Women's Turtleneck Pullover.

4-9. Men's Turtleneck Pullover.

4-10. Women's V Neck Pullover.

4-11. Men's V Neck Pullover.

4-12. Women's V Neck Cardigan.

4-13. Men's V Neck Cardigan.

Knitted Pullovers for Men and Women

See Figures 4-4, 4-5, and 4-6.

BACK   Same as Back for Crew Neck Pullover.

FRONT   Same as Front for Crew Neck Pullover.

SLEEVES   Same as Sleeves for Crew Neck Pullover.

FINISHING   Sew shoulders. *Turtleneck:* Pick up sts around neck, same as for Crew Neck Pullover. K1p1 in ribbing for 3½ inches. Change to larger needle and continue to work in ribbing until neck measures 7 inches. Bind off all sts loosely in ribbing. Sew side and sleeve seams. Sew sleeves to body.

Crocheted Pullovers for Men and Women

See Figures 4-4, 4-5, and 4-6.

BACK   Same as Back for Crew Neck Pullover.

FRONT   Same as Front for Crew Neck Pullover.

SLEEVES   Same as Sleeves for Crew Neck Pullover.

FINISHING   See Chart 4-37.
Sew shoulders. *Turtleneck:* On larger hook, ch ①_____ . Sc in 2nd ch from hook and in each ch across, ch 1, turn. *Next row:* Working through back loop only, sc in each st across, ch 1, turn. Rep last row until piece measures ②_____ inches, fasten off. Sew turtleneck into a circle along short side of piece. Sew turtleneck onto neck, easing pieces together. Sew side and sleeve seams. Sew sleeves to body.

V NECKS

V neck sweaters with drop sleeves look more casual than those with set-in or raglan sleeves (see Figures 4-10, 4-11, 4-12, and 4-13). The neck style is the same and is just as handsome.

Knitted Pullovers for Men and Women

See Figures 4-14, 4-4, and 4-6.

BACK   Same as Back for Crew Neck Pullover.

FRONT   See Chart 4-21.
On smaller needles cast on ①_____ sts. K1p1 in ribbing for ②_____ inches. Change to larger needles and inc ③_____ sts evenly across row. ④_____ sts. Work even until piece measures same as back to underarm. Place markers on each end for underarm. Continue to work even until armhole measures ⑤_____ inches. *Shape neck:* Place markers around center st. Work to first marker, place center st on holder, join new ball of yarn, work across rem sts. Dec 1 stitch each neck edge every ⑥_____ inches ⑦_____ times. Work even until armhole measures same as back. Shape shoulders same as back.

SLEEVES   Same as Sleeves for Crew Neck Pullover.

FINISHING   See Chart 4-13.
Sew shoulders. *Neck band:* With right side facing you beginning at right shoulder on smaller sized circular needle k ①_____ sts from back holder, pick up ②_____ sts along left side neck, place marker, k center st, place marker, pick up ③_____ sts along right side neck. K1p1 in ribbing to within 2 sts of first marker, sl 1, k1, psso, sl marker, k center st, sl marker, k2tog, continue k1p1 in ribbing. Continue to work in ribbing, working above pattern at center front every row until band measures 1 inch. Bind off all sts loosely in ribbing. Sew side and sleeve seams. Sew sleeves to body.

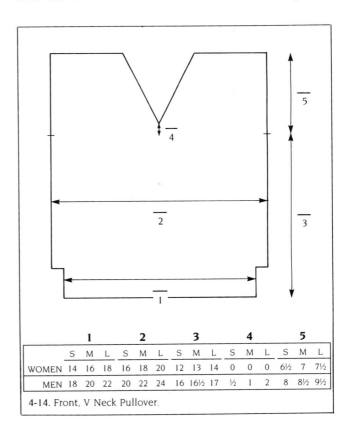

		1			2			3			4			5		
	S	M	L	S	M	L	S	M	L	S	M	L	S	M	L
WOMEN	14	16	18	16	18	20	12	13	14	0	0	0	6½	7	7½
MEN	18	20	22	20	22	24	16	16½	17	½	1	2	8	8½	9½

4-14. Front, V Neck Pullover.

Crocheted Pullovers for Men and Women

See Figures 4-14, 4-4, and 4-6.

BACK   Same as Back for Crew Neck Pullover.

FRONT   See Chart 4-19.
   Ribbing: On smaller hook ch ①_____ . Sc in 2nd ch from hook and in each ch across, ch 1, turn. *Next row* Working through back loop only, sc in each st across, ch 1, turn. Rep last row until piece measures ②_____ inches. Do not turn. *Next row:* Change to larger hook, ch 1, working along long side for ribbing work ③_____ sc evenly across, ch 1, turn. Rep last row until piece measures same as back to underarm. Place markers on each end for underarm. Continue to work even until armhole measures ④_____ inches. *Shape neck:* Place markers around center st. *Left side:* Work to first marker, ch 1, turn. Dec 1 stitch at neck edge every ⑤_____ inches ⑥_____ times. Work even until armhole measures same as back, fasten off. *Right side:* Skip center st and work right side same as left side but reverse shaping.

SLEEVES   Same as Sleeves for Crew Neck Pullover.

FINISHING   See Chart 4-7.
   Sew shoulders. *Neck band:* With right side facing you beg at right shoulder on smaller hook sc ①_____ along back neck, sc ②_____ along left side neck, sc center st, sc ③_____ along right side neck. Work in sc to within 2 sts of center front st, dec 1 stitch, sc center st, dec 1 stitch, continue in sc. Continue to work in sc, dec 1 stitch on each side of center st on every round until band measures 1 inch, fasten off. Sew side and sleeve seams. Sew sleeves to body.

Knitted Cardigans for Men and Women

See Figures 4-15, 4-4, and 4-6.

BACK   Same as Back for Crew Neck Pullover.

LEFT FRONT   See Chart 4-22.
   Work same as Left Front for Crew Neck Cardigan until armhole measures ①_____ inches. *Shape neck:* Dec 1 stitch at neck edge every ②_____ inches ③_____ times. Work even until armhole measures same as back. Shape shoulders same as back.

RIGHT FRONT   Same as Left Front but reverse shaping.

SLEEVES   Same as Sleeves for Crew Neck Pullover.

FINISHING   See Chart 4-23.
   Sew shoulders. *Neck band:* With right side facing you on smaller needles pick up ①_____ sts along right front edge, pick up ②_____ sts along right neck edge, k ③_____ sts from back holder, pick up ④_____ sts along left neck edge, pick up ⑤_____ sts along left front edge. ⑥_____ sts. K1p1 in ribbing for ½ inch. *Make buttonholes:* Beginning on right side for women, left side for men, work ribbing for ⑦_____ sts, (yo, k2tog, work ⑧_____ sts) ⑨_____ times, yo, k2tog, work in ribbing for rem sts. Continue to work in ribbing until band measures 1¼ inches. Bind off all sts loosely in ribbing. Sew side and sleeve seams. Sew sleeves to body. Sew buttons to correspond to buttonholes.

Crocheted Cardigans for Men and Women

See Figures 4-15, 4-4, and 4-6.

BACK   Same as Back for Crew Neck Pullover.

LEFT FRONT   See Chart 4-11.
   Work same as Left Front for Crew Neck Cardigan until armhole measures ①_____ inches. *Shape neck:* Dec 1 stitch at neck edge every ②_____ inches ③_____ times. Work even until armhole measures same as back, fasten off.

RIGHT FRONT   Same as Left Front but reverse shaping.

SLEEVES   Same as Sleeves for Crew Neck Pullover.

FINISHING   See Charts 4-24A and 4-24B.
   Sew shoulders. *Neck band:* With right side facing you on smaller hook, sc ①_____ along right front edge, sc ②_____ along right neck edge, sc ③_____ along back neck, sc ④_____ along left neck edge, sc ⑤_____ along

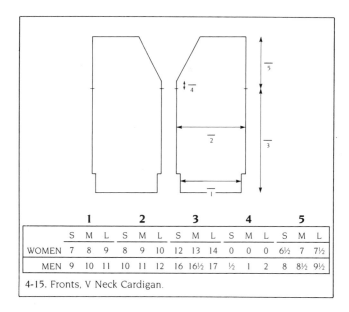

	1			2			3			4			5		
	S	M	L	S	M	L	S	M	L	S	M	L	S	M	L
WOMEN	7	8	9	8	9	10	12	13	14	0	0	0	6½	7	7½
MEN	9	10	11	10	11	12	16	16½	17	½	1	2	8	8½	9½

4-15. Fronts, V Neck Cardigan.

left front edge, ch 1, turn. Work in sc until band measures ½ inch. *Make buttonholes*: Beginning at right side for women, left side for men, sc ⑥_____ , (ch ⑦_____ , sk ⑧_____ , sc ⑨_____) ⑩_____ times, ch ⑪_____ , sk ⑫_____ , sc across rem sts. Continue to work even in sc until band measures 1¼ inches, fasten off. Sew side and sleeve seams. Sew sleeves to body. Sew buttons to correspond to buttonholes.

SHAWL COLLAR NECKS

The shawl collar neckline goes very well with the drop sleeve (see Figures 4-16, 4-17, 4-18, and 4-19): the look is casual and warm.

4-16. Women's Shawl Collar Pullover.

4-17. Men's Shawl Collar Pullover.

4-18. Women's Shawl Collar Cardigan.

4-19. Men's Shawl Collar Cardigan.

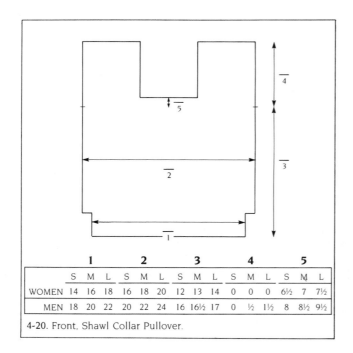

		1			2			3			4			5	
	S	M	L	S	M	L	S	M	L	S	M	L	S	M	L
WOMEN	14	16	18	16	18	20	12	13	14	0	0	0	6½	7	7½
MEN	18	20	22	20	22	24	16	16½	17	0	½	1½	8	8½	9½

4-20. Front, Shawl Collar Pullover.

Knitted Pullovers for Men and Women

See Figures 4-20, 4-4, and 4-6.

BACK   Same as Back for Crew Neck Pullover.

FRONT   See Chart 4-26.

Work same as back until armhole measures ①——— inches. *Shape neck*: Place markers around center ②——— sts. Work to first marker, join new ball of yarn, bind off center ③——— sts, work across rem sts. Continue to work even until armhole measures same as back. Shape shoulders same as back.

SLEEVES   Same as Sleeves for Crew Neck Pullover.

FINISHING   See Chart 4-34.

Sew shoulders. *Collar*: With right side facing you beg at bound off sts on larger needles pick up ①——— sts along right neck edge, k ②——— sts from back holder, pick up ③——— sts along left neck edge. ④——— sts. K1p1 in ribbing for ⑤——— inches. Bind off all sts loosely in ribbing. Overlap ribbing in front, right side in front for women, left side in front for men, and sew both layers to bound off sts in center front. Sew side and sleeve seams. Sew sleeves to body.

Crocheted Pullovers for Men and Women

See Figures 4-20, 4-4, and 4-6.

BACK   Same as Back for Crew Neck Pullover.

FRONT   See Chart 4-20.

Work same as back until armhole measures ①——— inches. *Shape neck*: Place markers around center ②——— sts. *Left side*: Work to first marker, ch 1, turn. Work even until armhole measures same as back, fasten off. *Right side*: Skip center ③——— sts and work right side same as left side but reverse shaping.

SLEEVES   Same as Sleeves for Crew Neck Pullover.

FINISHING   See Chart 4-28.

Sew shoulders. *Collar*: On larger hook ch ①——— . Sc in 2nd ch from hook and in each ch across, ch 1, turn. *Next row*: Working through back loop only, sc in each st across, ch 1, turn. Rep last row until piece measures ②——— inches, fasten off. Sew long side of collar along neck opening beginning at right neck edge, up around back neck, and ending at left neck edge. Overlap collar in front, right side in front for women, left side in front for men, and sew both layers to center front opening. Sew side and sleeve seams. Sew sleeves to body.

Knitted Cardigans for Men and Women

See Figures 4-15, 4-4, and 4-6.

BACK   See Chart 4-30.

Work same as Back for Crew Neck Pullover until shoulders are shaped. Bind off rem ①——— sts.

LEFT FRONT   Same as Left Front for V Neck Cardigan.

RIGHT FRONT   Same as Left Front but reverse shaping.

SLEEVES   Same as Sleeves for Crew Neck Pullover.

FINISHING   See Charts 4-33A and 4-33B.

Sew shoulders. *Collar*: On smaller needles cast on ①——— sts. K1p1 in ribbing for 1¼ inches. *Make buttonhole*: Work across ②——— sts, yo, k2tog, work ③——— sts, yo, k2tog, work rem sts. Continue to work in ribbing until piece measures ④——— inches. Change to larger needles and work even in stockinette, making buttonholes every ⑤——— inches ⑥——— more times. Work even until band measures ⑦——— inches. *Shape neck*: Inc 1 stitch each end every ⑧——— inches ⑨——— times. Work even until piece measures ⑩——— inches from first increase. Place marker. Work even until piece measures ⑪——— inches from marker. Place marker. Dec 1 stitch each end every ⑫——— inches ⑬——— times. Work even until band measures ⑭——— inches from last marker. Change to smaller needles and k1p1 in ribbing for ⑮——— inches. Bind off all sts loosely in ribbing. Fold collar in half lengthwise and sew onto body, beginning at bottom front edge, up around back neck and down other front edge. Sew the side with buttonholes on the right side for women, left side for men. Sew side and sleeve seams. Sew sleeves to body. Sew buttons to correspond to buttonholes.

Crocheted Cardigans for Men and Women

See Figures 4-15, 4-4, and 4-6.

BACK   Same as Back for Crew Neck Pullover.

LEFT FRONT   Same as Left Front for V Neck Cardigan.

RIGHT FRONT   Same as Left Front but reverse shaping.

SLEEVES   Same as Sleeves for Crew Neck Pullover.

FINISHING   See Charts 4-35A and 4-35B.

Sew shoulders. *Collar*: On larger hook ch ①_____ Sc in 2nd ch from hook and in each ch across, ch 1, turn. Work in sc until piece measures 1¼ inches. *Make buttonhole*: Sc ②_____ , ch ③_____ , sk ④_____ , sc rem sts, ch 1, turn. Continue to work even in sc making buttonholes every ⑤_____ inches ⑥_____ more times. Work even until band measures ⑦_____ inches. *Shape neck*: Inc 1 stitch each end every ⑧_____ inches ⑨_____ times. Work even until piece measures ⑩_____ inches from first increase. Place marker. Work even until piece measures ⑪_____ inches from marker. Place marker. Dec 1 stitch each end every ⑫_____ inches ⑬_____ times. Work even until piece measures ⑭_____ inches from last marker, fasten off. Sew collar onto body beg at bottom front edge, up around back neck and down other front edge. Sew the side with buttonholes on the right side for women, left side for men. Sew side and sleeve seams. Sew sleeves to body. Sew buttons to correspond to buttonholes.

BOAT NECKS

Boat neck sweaters with drop sleeves are among the easiest types of sweaters to make (see Figures 4-21 and 4-22). The line of the top ribbing dropping off the shoulder is an interesting effect.

4-21. Women's Boat Neck Pullover.

4-22. Men's Boat Neck Pullover.

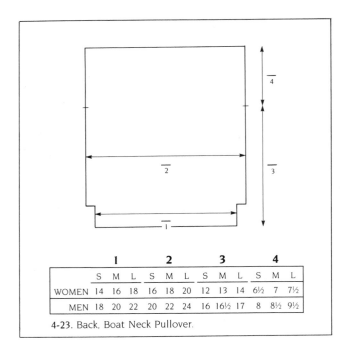

		1			2			3			4	
	S	M	L	S	M	L	S	M	L	S	M	L
WOMEN	14	16	18	16	18	20	12	13	14	6½	7	7½
MEN	18	20	22	20	22	24	16	16½	17	8	8½	9½

4-23. Back, Boat Neck Pullover.

Knitted Pullovers for Men and Women

See Figures 4-23 and 4-6.

BACK   See Chart 4-31.
On smaller needles cast on ①——— sts. K1p1 in ribbing for ②——— inches. Change to larger needles and inc ③——— sts evenly across row. ④——— sts. Work even in stockinette until piece measures ⑤——— inches. Place markers on each end for underarm. Continue to work even until armhole mea-

sures ⑥——— inches. Change to 1 size smaller needle and k1p1 in ribbing for 2 inches. Bind off all sts loosely in ribbing.

FRONT   Same as Back.

SLEEVES   Same as Sleeves for Crew Neck Pullover.

FINISHING   See Chart 4-32.
Sew shoulders ①——— inches in from edge. Sew side and sleeve seams. Sew sleeves to body.

Crocheted Pullovers for Men and Women

See Figures 4-23 and 4-6.

BACK   See Chart 4-16.
Same as Back for Crew Neck Pullover until armhole measures ①——— inches. Do not turn. Ch ②——— . Sc in 2nd ch from hook and in each ch across, ch 1, turn. *Next row*: Working through back loop only, sc in each st across, ch 1, turn. Rep last row until top ribbing measures ③——— inches, fasten off. Sew long side of ribbing to top of back.

FRONT   Same as Back.

SLEEVES   Same as Sleeves for Crew Neck Pullover.

FINISHING   See Chart 4-17.
Sew shoulders ①——— inches in from edge. Sew side and sleeve seams. Sew sleeves to body.

SLEEVE VARIATIONS

See Figures 4-24, 4-25, 4-26, 4-27, and 4-28.
Any one of the sleeve variations that follow—short, three-quarter, cap or dolman—will fit into any of the drop-sleeve sweaters in this section. Because men traditionally have not worn three-quarter, cap, or dolman style sleeves, only the short sleeve variation includes men's sizes. To make one of these sleeves, follow the sweater directions for the back and front, make the chosen sleeve, then return to the original sweater directions for the finishing.

Short Sleeves

Short sleeves are made the same as long sleeves, just

shorter (see Figures 4-24 and 4-25). They will use less yarn than long sleeves.

KNITTED SHORT SLEEVES FOR MEN AND WOMEN
See Figure 4-29 and Chart 4-38.
On smaller needles cast on ①——— sts. K1p1 in ribbing for 1 inch. Change to larger needles and inc ②——— sts evenly across row. ③——— sts. Work in stockinette and inc 1 stitch each end every ④——— inches ⑤——— times. ⑥——— sts. Work even until sleeve measures ⑦——— inches. Bind off all sts.

4-24. Women's Short Sleeves.

4-25. Men's Short Sleeves.

4-26. Women's Three-Quarter Sleeves.

4-27. Women's Cap Sleeves.

4-28. Women's Dolman Sleeves.

CROCHETED SHORT SLEEVES FOR MEN AND WOMEN See Figure 4-29 and Chart 4-25.

Ribbing: On smaller hook ch ①_____ . Sc in 2nd ch from hook and in each ch across, ch 1, turn. *Next row*: Working through back loop only, sc in each st across, ch 1, turn. Rep last row until piece measures ②_____ inches. Do not turn. *Next row*: Change to larger hook, ch 1, working along long side of ribbing work ③_____ sc evenly across, ch 1, turn. Rep last row. Inc 1 stitch each end every ④_____ inches ⑤_____ times. ⑥_____ sts. Work even until piece measures ⑦_____ inches, fasten off.

Three-Quarter Sleeves

The directions are given in women's sizes only (see Figure 4-26). Three-quarter sleeves will use slightly less yarn than long sleeves.

KNITTED THREE-QUARTER SLEEVES FOR WOMEN See Figure 4-30 and Chart 4-27.

On smaller needles cast on ①_____ sts. K1p1 in ribbing for 1 inch. Change to larger needles and inc ②_____ sts evenly across row. ③_____ sts. Work in stockinette and inc 1 stitch end every ④_____ inches ⑤_____ times. ⑥_____ sts. Work even until sleeve measures ⑦_____ inches. Bind off all sts.

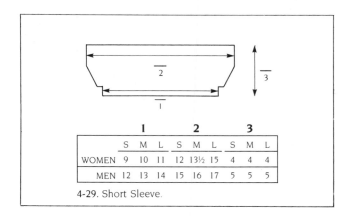

	1		2			3		
	S	M	L	S	M	L	S	M	L
WOMEN	9	10	11	12	13½	15	4	4	4
MEN	12	13	14	15	16	17	5	5	5

4-29. Short Sleeve.

CROCHETED THREE-QUARTER SLEEVES FOR WOMEN See Figure 4-30 and Chart 4-29.

Ribbing: On smaller hook, ch ①_____ . Sc in 2nd ch from hook and in each ch across, ch 1, turn. *Next row*: Working through back loop only, sc in each st across, ch 1, turn. Rep last row until piece measures ②_____ inches. Do not turn. *Next row*: Change to larger hook, ch 1, working along long side of ribbing work ③_____ sc evenly across, ch 1, turn. Rep last row. Inc 1 stitch each end every ④_____ inches ⑤_____ times. ⑥_____ sts. Work even until piece measures ⑦_____ inches, fasten off.

Cap Sleeves

The directions are written only for women's sizes (see Figure 4-27). The sleeve is just a border of ribbing added to the armhole opening. A cap sleeve sweater can be worn alone, as shown, or as a vest over a shirt.

KNITTED CAP SLEEVES FOR WOMEN See Figure 4-31 and Chart 4-5.

On smaller needles cast on ①_____ sts. K1p1 in ribbing for 1½ inches. Bind off all sts loosely in ribbing.

CROCHETED CAP SLEEVES FOR WOMEN See Figure 4-31 and Chart 4-36.

On smaller hook, ch ①_____ . Sc in 2nd ch from hook and in each ch across, ch 1, turn. *Next row*: Working through back loop only, sc in each st across, ch 1, turn. Rep last row until piece measures ②_____ inches, fasten off.

Dolman Sleeves

The directions for dolman sleeves are written only for women's sizes (see Figure 4-28). Sewn to the body from front ribbing to back ribbing, the dolman sleeve begins like a long sleeve but is greatly increased after the ribbing. A sweater with dolman sleeves will use one-third more yarn than one with long sleeves.

KNITTED DOLMAN SLEEVES FOR WOMEN See Figure 4-32 and Chart 4-39.

On smaller needles cast on ①_____ sts. K1p1 in ribbing for ②_____ inches. Change to larger needles and inc ③_____ sts evenly across row. ④_____ sts. Work in stockinette and inc 1 stitch each end every ⑤_____ inches ⑥_____ times. ⑦_____ sts. Work even until sleeve measures ⑧_____ inches. Bind off all sts. When sewing sleeves to body, center sleeves along edges of body, disregarding markers for armholes.

CROCHETED DOLMAN SLEEVES FOR WOMEN See Figure 4-32 and Chart 4-40.

Ribbing: On smaller hook, ch ①_____ . Sc in 2nd ch from hook and in each ch across, ch 1, turn. *Next row*: Working through back loop only, sc in each st across, ch 1, turn. Rep last row until piece measures ②_____ inches. Do not turn. *Next row*: Change to larger hook, ch 1, working along long side of ribbing, work ③_____ sc evenly across, ch 1, turn. Rep last row. Inc 1 stitch each end every ④_____ inches ⑤_____ times. ⑥_____ sts. Work even until piece measures ⑦_____ inches, fasten off. When sewing sleeves to body, center sleeves along edges of body, disregarding markers for armholes.

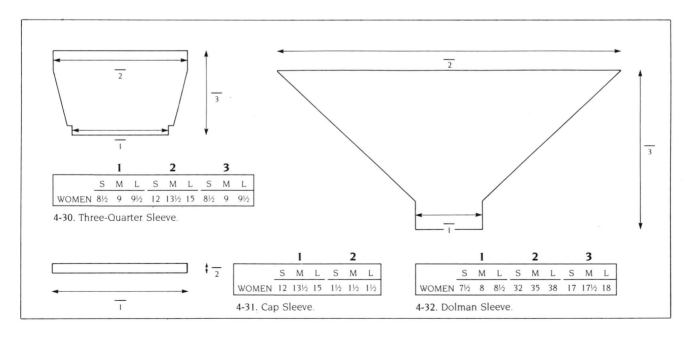

4-30. Three-Quarter Sleeve.

	1			2			3		
	S	M	L	S	M	L	S	M	L
WOMEN	8½	9	9½	12	13½	15	8½	9	9½

4-31. Cap Sleeve.

	1			2		
	S	M	L	S	M	L
WOMEN	12	13½	15	1½	1½	1½

4-32. Dolman Sleeve.

	1			2			3		
	S	M	L	S	M	L	S	M	L
WOMEN	7½	8	8½	32	35	38	17	17½	18

GAUGE CHARTS

STS PER IN		1			2			3			4			5			6			7			8		
NUMBER ON PATTERN		S/M	MED	L/G	S/M	MED	L/G	S/M	MED	L/G	S/M	MED	L/G	S/M	MED	L/G	S/M	MED	L/G	S/M	MED	L/G	S/M	MED	L/G
2	WOMEN	28	32	36	2½	2½	2½	4	4	4	32	36	40	12	13	14	6½	7	7½	10	12	13	12	12	14
	MEN	36	40	44	3	3	3	4	4	4	40	44	48	16	16½	17	8	8½	9½	13	14	16	14	16	16
2½	WOMEN	34	40	44	2½	2½	2½	6	5	6	40	45	50	12	13	14	6½	7	7½	13	15	16	14	15	18
	MEN	44	50	54	3	3	3	6	5	6	50	55	60	16	16½	17	8	8½	9½	16	18	20	18	19	20
3	WOMEN	42	48	54	2½	2½	2½	6	6	6	48	54	60	12	13	14	6½	7	7½	16	18	20	16	18	20
	MEN	54	60	66	3	3	3	6	6	6	60	66	72	16	16½	17	8	8½	9½	19	22	24	22	22	24
3½	WOMEN	48	56	62	2½	2½	2½	8	7	8	56	63	70	12	13	14	6½	7	7½	18	21	23	20	21	24
	MEN	62	70	76	3	3	3	8	7	8	70	77	84	16	16½	17	8	8½	9½	23	25	27	24	27	28
4	WOMEN	56	64	72	2½	2½	2½	8	8	8	64	72	80	12	13	14	6½	7	7½	21	24	26	22	24	28
	MEN	72	80	88	3	3	3	8	8	8	80	88	96	16	16½	17	8	8½	9½	26	29	32	28	30	32
4½	WOMEN	62	72	80	2½	2½	2½	10	9	10	72	81	90	12	13	14	6½	7	7½	24	27	30	24	27	30
	MEN	80	90	98	3	3	3	10	9	10	90	99	108	16	16½	17	8	8½	9½	29	33	36	32	33	36
5	WOMEN	70	80	90	2½	2½	2½	10	10	10	80	90	100	12	13	14	6½	7	7½	26	30	33	28	30	34
	MEN	90	100	110	3	3	3	10	10	10	100	110	120	16	16½	17	8	8½	9½	32	36	40	36	38	40
5½	WOMEN	76	88	98	2½	2½	2½	12	11	12	88	99	110	12	13	14	6½	7	7½	29	33	36	30	33	38
	MEN	98	110	120	3	3	3	12	11	12	110	121	132	16	16½	17	8	8½	9½	36	40	44	38	41	44
6	WOMEN	84	96	108	2½	2½	2½	12	12	12	96	108	120	12	13	14	6½	7	7½	31	36	39	34	36	42
	MEN	108	120	132	3	3	3	12	12	12	120	132	144	16	16½	17	8	8½	9½	39	43	48	42	44	48
6½	WOMEN	90	104	116	2½	2½	2½	14	13	14	104	117	130	12	13	14	6½	7	7½	34	39	43	36	39	44
	MEN	116	130	142	3	3	3	14	13	14	130	143	156	16	16½	17	8	8½	9½	42	47	52	46	49	52
7	WOMEN	98	112	126	2½	2½	2½	14	14	14	112	126	140	12	13	14	6½	7	7½	37	42	47	38	42	48
	MEN	126	140	154	3	3	3	14	14	14	140	154	168	16	16½	17	8	8½	9½	45	51	56	50	52	56

4-1. Back, Crew Neck Pullover KNIT

STS PER IN	NUMBER ON PATTERN	1			2			3			4			5		
		S M	M E D	L G	S M	M E D	L G	S M	M E D	L G	S M	M E D	L G	S M	M E D	L G
2	WOMEN	3½	4	4½	10	12	13	6	6	6	10	12	13	3	3	4
	MEN	4½	5	6	13	14	16	6	8	8	13	14	16	4	4	4
2½	WOMEN	3½	4	4½	13	15	16	6	7	8	13	15	16	4	4	5
	MEN	4½	5	6	16	18	20	8	9	10	16	18	20	5	5	5
3	WOMEN	3½	4	4½	16	18	20	8	8	10	16	18	20	4	5	5
	MEN	4½	5	6	19	22	24	10	10	12	19	22	24	6	6	6
3½	WOMEN	3½	4	4½	18	21	23	10	9	12	18	21	23	5	6	6
	MEN	4½	5	6	23	25	28	12	13	14	23	25	28	6	7	7
4	WOMEN	3½	4	4½	21	24	26	10	12	14	21	24	26	6	6	7
	MEN	4½	5	6	26	29	32	14	14	16	26	29	32	7	8	8
4½	WOMEN	3½	4	4½	24	27	30	12	13	14	24	27	30	6	7	8
	MEN	4½	5	6	29	33	36	16	15	18	29	33	36	8	9	9
5	WOMEN	3½	4	4½	26	30	33	14	14	16	26	30	33	7	8	9
	MEN	4½	5	6	32	36	40	18	18	20	32	36	40	9	10	10
5½	WOMEN	3½	4	4½	29	33	36	14	15	18	29	33	36	8	9	10
	MEN	4½	5	6	36	40	44	18	19	22	36	40	44	10	11	11
6	WOMEN	3½	4	4½	31	36	39	16	18	20	31	36	39	9	9	11
	MEN	4½	5	6	39	44	48	20	22	24	39	44	48	11	11	12
6½	WOMEN	3½	4	4½	34	39	43	18	19	22	34	39	43	9	10	11
	MEN	4½	5	6	42	47	52	22	23	26	42	47	52	12	13	13
7	WOMEN	3½	4	4½	37	42	46	18	20	24	37	42	46	10	11	12
	MEN	4½	5	6	45	51	56	24	26	28	45	51	56	13	13	14

4-2. Front, Crew Neck Pullover KNIT

STS PER IN	NUMBER ON PATTERN	1			2			3			4			5		
		S M	M E D	L G	S M	M E D	L G	S M	M E D	L G	S M	M E D	L G	S M	M E D	L G
2	WOMEN	12	12	14	7	7	7	6	6	6	7	7	7	32	32	34
	MEN	14	16	16	8	8	8	6	8	8	8	8	8	36	40	40
2½	WOMEN	14	15	18	9	9	9	6	7	8	9	9	9	38	40	44
	MEN	18	19	20	10	10	10	8	9	10	10	10	10	46	48	50
3	WOMEN	16	18	20	11	11	11	8	8	10	11	11	11	46	48	52
	MEN	22	22	24	12	12	12	10	10	12	12	12	12	56	56	60
3½	WOMEN	20	21	24	12	12	12	10	9	12	12	12	12	54	54	60
	MEN	24	27	28	14	14	14	12	13	14	14	14	14	64	68	70
4	WOMEN	22	24	28	14	14	14	10	12	14	14	14	14	60	64	70
	MEN	28	30	32	16	16	16	14	14	16	16	16	16	74	76	80
4½	WOMEN	24	27	30	16	16	16	12	13	14	16	16	16	68	72	76
	MEN	32	33	36	18	18	18	16	15	18	18	18	18	84	84	90
5	WOMEN	28	30	34	18	18	18	14	14	16	18	18	18	78	80	86
	MEN	36	38	40	20	20	20	18	18	20	20	20	20	94	96	100
5½	WOMEN	30	33	38	19	19	19	14	15	18	19	19	19	82	86	94
	MEN	38	41	44	22	22	22	18	19	22	22	22	22	100	104	110
6	WOMEN	34	36	42	21	21	21	16	18	20	21	21	21	92	96	104
	MEN	42	44	48	24	24	24	20	22	24	24	24	24	110	114	120
6½	WOMEN	36	39	44	23	23	23	18	19	22	23	23	23	100	104	112
	MEN	46	49	52	26	26	26	22	23	26	26	26	26	120	124	130
7	WOMEN	38	42	48	25	25	25	18	20	24	25	25	25	106	112	122
	MEN	50	52	56	28	28	28	24	26	28	28	28	28	130	134	140

4-3. Finishing, Crew Neck Pullover

STS PER IN	NUMBER ON PATTERN	1			2			3			4			5			6			7			8		
		SM	MED	LG	SM	MED	LG	SM	MED	LG	SM	MED	LG	SM	MED	LG	SM	MED	LG	SM	MED	LG	SM	MED	LG
2	WOMEN	16	16	18	2½	3	3	2	2	2	18	18	20	3	2½	2½	4	5	5	26	28	30	17	17½	18
	MEN	18	18	20	3	3	3½	2	2	2	20	20	22	2½	2	2	5	6	6	30	32	34	18	18½	19
2½	WOMEN	18	20	22	2½	3	3	2	2	2	20	22	24	2½	2	1¾	5	6	7	30	34	38	17	17½	18
	MEN	22	22	24	3	3	3½	2	2	2	24	24	26	1¾	1½	1½	7	8	8	38	40	42	18	18½	19
3	WOMEN	22	24	26	2½	3	3	3	3	3	25	27	29	2	1¾	1½	6	7	8	37	41	45	17	17½	18
	MEN	26	28	28	3	3	3½	3	3	3	29	31	31	1½	1½	1¼	8	9	10	45	49	51	18	18½	19
3½	WOMEN	26	28	30	2½	3	3	3	3	3	29	31	33	1¾	1½	1¼	7	8	10	43	47	53	17	17½	18
	MEN	30	32	34	3	3	3½	3	3	3	33	35	37	1¼	1¼	1¼	10	11	11	53	57	59	18	18½	19
4	WOMEN	30	32	34	2½	3	3	4	4	4	34	36	38	1¾	1½	1¼	7	9	11	48	54	60	17	17½	18
	MEN	34	36	38	3	3	3½	4	4	4	38	40	42	1¼	1	1	11	12	13	60	64	68	18	18½	19
4½	WOMEN	34	36	38	2½	3	3	4	4	4	38	40	42	1½	1¼	1	8	10	13	54	60	68	17	17½	18
	MEN	38	40	42	3	3	3½	4	4	4	42	44	46	1	¾	¾	13	14	15	68	72	76	18	18½	19
5	WOMEN	38	40	42	2½	3	3	5	5	5	43	45	47	1¼	1¼	¾	9	11	14	61	67	75	17	17½	18
	MEN	42	46	48	3	3	3½	5	5	5	47	51	53	¾	¾	¾	14	15	16	75	81	85	18	18½	19
5½	WOMEN	42	44	46	2½	3	3	5	5	5	47	49	51	1¼	1	¾	10	13	16	67	75	83	17	17½	18
	MEN	46	50	52	3	3	3½	5	5	5	51	55	57	¾	¾	¾	16	17	18	83	89	93	18	18½	19
6	WOMEN	46	48	52	2½	3	3	6	6	6	52	54	58	1¼	¾	¾	10	14	16	72	82	90	17	17½	18
	MEN	52	54	58	3	3	3½	6	6	6	58	60	64	¾	¾	½	16	18	19	90	96	102	18	18½	19
6½	WOMEN	48	52	56	2½	3	3	6	6	6	54	58	62	1	¾	¾	12	15	18	78	88	98	17	17½	18
	MEN	56	58	62	3	3	3½	6	6	6	62	64	68	¾	½	½	18	20	21	98	104	110	18	18½	19
7	WOMEN	52	56	60	2½	3	3	7	7	7	59	63	67	1	¾	½	13	16	19	85	95	105	17	17½	18
	MEN	60	64	66	3	3	3½	7	7	7	67	71	73	½	½	½	19	21	23	105	113	119	18	18½	19

4-4. Sleeves, Crew Neck Pullover KNIT

STS PER IN		1		
		SM	MED	LG
2	WOMEN	26	28	30
	MEN			
2½	WOMEN	32	36	38
	MEN			
3	WOMEN	40	42	46
	MEN			
3½	WOMEN	46	50	52
	MEN			
4	WOMEN	52	56	60
	MEN			
4½	WOMEN	58	64	68
	MEN			
5	WOMEN	66	70	76
	MEN			
5½	WOMEN	72	78	82
	MEN			
6	WOMEN	78	84	90
	MEN			
6½	WOMEN	84	92	98
	MEN			
7	WOMEN	92	98	106
	MEN			

4-5. Cap Sleeves

STS PER IN	NUMBER ON PATTERN	1 S/M	1 MED	1 L/G	2 S/M	2 MED	2 L/G	3 S/M	3 MED	3 L/G	4 S/M	4 MED	4 L/G	5 S/M	5 MED	5 L/G	6 S/M	6 MED	6 L/G	7 S/M	7 MED	7 L/G	1 S/M	1 MED	1 L/G	2 S/M	2 MED	2 L/G	3 S/M	3 MED	3 L/G
1	WOMEN	4	4	4	14	16	18	16	18	20	12	13	14	6½	7	7½	5	6	7	5	6	7	6	6	6	6	7	7	6	7	7
1	MEN	4	4	4	18	20	22	20	22	24	16	16½	17	8	8½	9½	6	7	8	6	7	8	8	8	8	7	7	7	7	7	7
1½	WOMEN	5	5	5	14	16	18	24	27	30	12	13	14	6½	7	7½	8	9	10	8	9	10	8	9	10	9	10	11	9	9	11
1½	MEN	6	6	6	18	20	22	30	33	36	16	16½	17	8	8½	9½	10	11	12	10	11	12	9	11	12	11	11	11	11	12	11
2	WOMEN	7	7	7	14	16	18	32	36	40	12	13	14	6½	7	7½	10	12	13	10	12	13	12	12	14	13	14	15	13	14	15
2	MEN	8	8	8	18	20	22	40	44	48	16	16½	17	8	8½	9½	13	14	16	13	14	16	14	16	16	15	15	15	15	15	15
2½	WOMEN	8	8	8	14	16	18	40	45	50	12	13	14	6½	7	7½	13	15	16	13	15	16	14	15	18	14	17	18	16	16	18
2½	MEN	10	10	10	18	20	22	50	55	60	16	16½	17	8	8½	9½	16	18	20	16	18	20	18	19	20	18	18	18	18	19	18
3	WOMEN	10	10	10	14	16	18	48	54	60	12	13	14	6½	7	7½	16	18	20	16	18	20	16	18	20	19	21	22	19	21	22
3	MEN	12	12	12	18	20	22	60	66	72	16	16½	17	8	8½	9½	19	22	24	19	22	24	22	22	24	22	22	22	22	22	22
3½	WOMEN	12	12	12	14	16	18	56	63	70	12	13	14	6½	7	7½	18	21	23	18	21	23	20	21	24	22	24	26	22	23	26
3½	MEN	14	14	14	18	20	22	70	77	84	16	16½	17	8	8½	9½	23	25	27	23	25	27	24	27	28	26	26	26	26	27	26
4	WOMEN	14	14	14	14	16	18	64	72	80	12	13	14	6½	7	7½	21	24	26	21	24	26	22	24	28	26	28	30	26	28	30
4	MEN	15	15	15	18	20	22	80	88	96	16	16½	17	8	8½	9½	26	29	32	26	29	32	28	30	32	30	30	30	30	30	30
4½	WOMEN	15	15	15	14	16	18	72	81	90	12	13	14	6½	7	7½	24	27	30	24	27	30	24	27	30	29	31	33	29	30	33
4½	MEN	17	17	17	18	20	22	90	99	108	16	16½	17	8	8½	9½	29	33	36	29	33	36	32	33	36	33	33	33	33	34	33
5	WOMEN	16	16	16	14	16	18	80	90	100	12	13	14	6½	7	7½	26	30	33	26	30	33	28	30	34	32	35	37	32	35	37
5	MEN	19	19	19	18	20	22	100	110	120	16	16½	17	8	8½	9½	32	36	40	32	36	40	36	38	40	37	37	37	37	37	37
5½	WOMEN	18	18	18	14	16	18	88	99	110	12	13	14	6½	7	7½	29	30	36	29	30	36	30	33	38	35	38	41	35	37	41
5½	MEN	20	20	20	18	20	22	110	121	132	16	16½	17	8	8½	9½	36	40	44	36	40	44	38	41	44	41	41	41	41	42	41
6	WOMEN	19	19	19	14	16	18	96	108	120	12	13	14	6½	7	7½	31	36	39	31	36	39	34	36	42	39	42	45	39	42	45
6	MEN	22	22	22	18	20	22	120	132	144	16	16½	17	8	8½	9½	39	43	48	39	43	48	42	44	48	45	45	45	45	45	49

4-6. Back, Crew Neck Pullover   CROCHET

4-7. Finishing, V Neck Pullover

STS PER IN		NUMBER ON PATTERN 1			2			3			4		
		SM	MED	LG	SM	MED	LG	SM	MED	LG	SM	MED	LG
1	WOMEN	3½	4	4½	5	6	7	2	2	2	2	2	2
	MEN	4½	5	6	6	7	8	2	2	2	4	4	4
1½	WOMEN	3½	4	4½	8	9	10	2	3	3	4	3	4
	MEN	4½	5	6	10	11	12	3	3	3	4	5	6
2	WOMEN	3½	4	4½	10	12	13	3	3	4	6	6	6
	MEN	4½	5	6	13	14	16	4	4	4	6	8	8
2½	WOMEN	3½	4	4½	13	15	16	4	4	5	6	7	8
	MEN	4½	5	6	16	18	20	5	5	5	8	9	10
3	WOMEN	3½	4	4½	16	18	20	4	5	6	8	8	10
	MEN	4½	5	6	19	22	24	6	6	6	10	10	12
3½	WOMEN	3½	4	4½	18	21	23	5	6	7	10	9	12
	MEN	4½	5	6	23	25	28	6	7	7	12	13	14
4	WOMEN	3½	4	4½	21	24	26	6	6	7	10	12	14
	MEN	4½	5	6	26	29	32	7	8	8	14	14	16
4½	WOMEN	3½	4	4½	24	27	30	6	7	8	12	13	14
	MEN	4½	5	6	29	33	36	8	9	9	16	15	18
5	WOMEN	3½	4	4½	26	30	33	7	8	9	14	14	16
	MEN	4½	5	6	32	36	40	9	10	10	18	18	20
5½	WOMEN	3½	4	4½	29	33	36	8	9	10	14	15	18
	MEN	4½	5	6	36	40	44	9	11	11	18	19	22
6	WOMEN	3½	4	4½	31	36	39	9	9	11	16	18	20
	MEN	4½	5	6	39	44	48	11	11	12	20	22	24

4-8. Front, Crew Neck Pullover   CROCHET

STS PER IN	NUMBER ON PATTERN	1 SM	1 MED	1 LG	2 SM	2 MED	2 LG	3 SM	3 MED	3 LG	4 SM	4 MED	4 LG
1	WOMEN	6	6	6	4	4	4	2	2	2	4	4	4
	MEN	8	8	8	4	4	4	4	4	4	4	4	4
1½	WOMEN	8	9	10	5	5	5	4	3	4	5	5	5
	MEN	10	11	12	6	6	6	4	5	6	6	6	6
2	WOMEN	12	12	14	7	7	7	6	6	6	7	7	7
	MEN	14	16	16	8	8	8	6	8	8	8	8	8
2½	WOMEN	14	15	18	9	9	9	6	7	8	9	9	9
	MEN	18	19	20	10	10	10	8	9	10	10	10	10
3	WOMEN	16	18	20	11	11	11	8	8	10	11	11	11
	MEN	22	22	24	12	12	12	10	10	12	12	12	12
3½	WOMEN	20	21	24	12	12	12	10	9	12	12	12	12
	MEN	24	27	28	14	14	14	12	13	14	14	14	14
4	WOMEN	22	24	28	14	14	14	10	12	14	14	14	14
	MEN	28	30	32	16	16	16	14	14	16	16	16	16
4½	WOMEN	24	27	30	16	16	16	12	13	14	16	16	16
	MEN	32	33	36	18	18	18	16	15	18	18	18	18
5	WOMEN	28	30	34	18	18	18	14	14	16	18	18	18
	MEN	36	36	40	20	20	20	18	18	20	20	20	20
5½	WOMEN	30	33	38	19	19	19	14	15	18	19	19	19
	MEN	38	40	44	22	22	22	18	19	20	22	22	22
6	WOMEN	34	36	42	21	21	21	16	18	20	21	21	21
	MEN	42	44	48	24	24	24	20	22	24	24	24	24

4-9. Finishing, Crew Neck Pullover

STS PER IN	NUMBER ON PATTERN	1			2			3			4			5			6			7		
		SM	MED	LG	SM	MED	LG	SM	MED	LG	SM	MED	LG	SM	MED	LG	SM	MED	LG	SM	MED	LG
1	WOMEN	5	5	5	7½	8	8½	8	10	10	5	5	5	2	2	3	12	14	16	17	17½	18
	MEN	5	5	5	8½	9	9½	10	10	10	4	4	4	3	3	3	16	16	16	18	18½	19
1½	WOMEN	6	6	6	7½	8	8½	14	14	14	4	4	3	3	3	4	20	20	22	17	17½	18
	MEN	7	7	7	8½	9	9½	14	16	16	3	3	2½	4	4	5	22	24	26	18	18½	19
2	WOMEN	8	8	8	7½	8	8½	18	18	20	3	2½	2½	4	5	5	26	28	30	17	17½	18
	MEN	9	9	9	8½	9	9½	20	20	22	2½	2	2	5	6	6	30	32	34	18	18½	19
2½	WOMEN	9	9	9	7½	8	8½	20	22	24	2½	2	1¾	5	6	7	30	34	38	17	17½	18
	MEN	11	11	11	8½	9	9½	24	24	26	1¾	1½	1½	7	8	8	38	40	42	18	18½	19
3	WOMEN	12	12	12	7½	8	8½	25	27	29	2	1¾	1½	6	7	8	37	41	45	17	17½	18
	MEN	14	14	14	8½	9	9½	29	31	31	1½	1½	1¼	8	9	10	45	49	51	18	18½	19
3½	WOMEN	14	14	14	7½	8	8½	29	31	33	1¾	1½	1¼	7	8	10	43	47	53	17	17½	18
	MEN	16	16	16	8½	9	9½	33	35	37	1¼	1¼	1¼	10	11	11	53	57	59	18	18½	19
4	WOMEN	16	16	16	7½	8	8½	34	36	38	1¾	1½	1¼	7	9	11	48	54	60	17	17½	18
	MEN	17	17	17	8½	9	9½	38	40	42	1¼	1	1	11	12	13	60	64	68	18	18½	19
4½	WOMEN	17	17	17	7½	8	8½	38	40	42	1½	1¼	1	8	10	13	54	60	68	17	17½	18
	MEN	19	19	19	8½	9	9½	42	44	46	1	¾	¾	13	14	15	68	72	76	18	18½	19
5	WOMEN	18	18	18	7½	8	8½	43	45	47	1¼	1¼	¾	9	11	14	61	67	75	17	17½	18
	MEN	21	21	21	8½	9	9½	47	51	53	¾	¾	¾	14	15	16	75	81	85	18	18½	19
5½	WOMEN	21	21	21	7½	8	8½	47	49	51	1¼	1	¾	10	13	16	67	75	83	17	17½	18
	MEN	23	23	23	8½	9	9½	51	55	57	¾	¾	¾	16	17	18	83	89	93	18	18½	19
6	WOMEN	22	22	22	7½	8	8½	52	54	58	1¼	¾	¾	10	14	16	72	82	90	17	17½	18
	MEN	25	25	25	8½	9	9½	58	60	64	¾	¾	½	16	18	19	90	96	102	18	18½	19

4-10. Sleeves, Crew Neck Pullover CROCHET

STS PER IN	NUMBER ON PATTERN	1			2			3		
		SM	MED	LG	SM	MED	LG	SM	MED	LG
1	WOMEN	0	0	0	2	2	2	3	3	3
	MEN	½	1	2	2	2	2	4	4	4
1½	WOMEN	0	0	0	1½	1½	1½	4	4	5
	MEN	½	1	2	1½	1½	1½	5	5	5
2	WOMEN	0	0	0	1	1	1	6	6	7
	MEN	½	1	2	1	1	1	7	8	8
2½	WOMEN	0	0	0	¾	1	¾	7	7	9
	MEN	½	1	2	¾	¾	¾	9	9	10
3	WOMEN	0	0	0	¾	¾	¾	8	9	10
	MEN	½	1	2	¾	¾	¾	11	11	12
3½	WOMEN	0	0	0	½	½	½	10	10	12
	MEN	½	1	2	¾	¾	¾	12	13	14
4	WOMEN	0	0	0	½	½	½	11	12	14
	MEN	½	1	2	¾	½	½	14	15	16
4½	WOMEN	0	0	0	½	½	½	12	13	15
	MEN	½	1	2	½	½	½	16	16	18
5	WOMEN	0	0	0	⅜	⅜	⅜	14	15	17
	MEN	½	1	2	½	⅜	⅜	18	19	20
5½	WOMEN	0	0	0	⅜	⅜	⅜	15	16	19
	MEN	½	1	2	⅜	⅜	⅜	19	20	22
6	WOMEN	0	0	0	⅜	⅜	⅜	17	18	21
	MEN	½	1	2	⅜	⅜	⅜	21	22	24

4-11. Front, V Neck Cardigan

STS PER IN	NUMBER ON PATTERN	1			2			3			4			5			6			7		
		SM	MED	LG	SM	MED	LG	SM	MED	LG	SM	MED	LG	SM	MED	LG	SM	MED	LG	SM	MED	LG
2	WOMEN	14	16	18	2½	2½	2½	2	2	2	16	18	20	3½	4	4½	3	3	3	3	3	4
	MEN	18	20	22	3	3	3	2	2	2	20	22	24	4½	5	6	3	4	4	4	4	4
2½	WOMEN	18	20	22	2½	2½	2½	2	2	3	20	22	25	3½	4	4½	3	3	4	4	4	5
	MEN	22	24	28	3	3	3	3	3	2	25	27	30	4½	5	6	4	4	5	5	5	5
3	WOMEN	22	24	28	2½	2½	2½	2	3	2	24	27	30	3½	4	4½	4	4	5	4	5	5
	MEN	28	30	34	3	3	3	2	3	2	30	33	36	4½	5	6	5	5	6	6	6	6
3½	WOMEN	24	28	32	2½	2½	2½	4	4	3	28	32	35	3½	4	4½	5	5	6	5	6	6
	MEN	32	34	38	3	3	3	3	4	3	35	38	41	4½	5	6	6	6	7	6	7	7
4	WOMEN	28	32	36	2½	2½	2½	4	4	4	32	36	40	3½	4	4½	5	6	7	6	6	7
	MEN	36	40	44	3	3	3	4	4	4	40	44	48	4½	5	6	7	7	8	7	8	8
4½	WOMEN	32	36	40	2½	2½	2½	6	4	5	36	40	45	3½	4	4½	6	6	7	6	7	8
	MEN	40	46	50	3	3	3	5	4	4	45	50	54	4½	5	6	8	8	9	8	9	9
5	WOMEN	36	40	46	2½	2½	2½	4	5	4	40	45	50	3½	4	4½	7	7	8	7	8	9
	MEN	46	50	56	3	3	3	4	5	4	50	55	60	4½	5	6	9	9	10	9	10	10
5½	WOMEN	38	44	50	2½	2½	2½	6	5	5	44	49	55	3½	4	4½	7	7	9	8	9	10
	MEN	50	56	60	3	3	3	5	4	6	55	60	66	4½	5	6	9	9	11	10	11	11
6	WOMEN	42	48	54	2½	2½	2½	6	6	6	48	54	60	3½	4	4½	8	9	10	9	9	11
	MEN	54	60	64	3	3	3	6	6	8	60	66	72	4½	5	6	10	11	12	11	11	12
6½	WOMEN	46	52	58	2½	2½	2½	6	6	7	52	58	65	3½	4	4½	9	9	11	9	10	11
	MEN	58	66	72	3	3	3	7	4	6	65	70	78	4½	5	6	11	11	13	12	13	13
7	WOMEN	50	56	64	2½	2½	2½	6	7	7	56	63	71	3½	4	4½	9	10	12	10	11	12
	MEN	64	70	78	3	3	3	6	7	6	70	77	84	4½	5	6	12	13	14	13	13	14

4-12. Front, Crew Neck Cardigan KNIT

STS PER IN	NUMBER ON PATTERN	1			2			3		
		SM	MED	LG	SM	MED	LG	SM	MED	LG
2	WOMEN	12	12	14	13	14	15	13	14	15
	MEN	14	16	16	15	15	15	15	15	15
2½	WOMEN	14	15	18	16	17	18	16	16	18
	MEN	18	19	20	18	18	18	18	19	18
3	WOMEN	16	18	20	19	21	22	19	21	22
	MEN	22	22	24	22	22	22	22	22	22
3½	WOMEN	20	21	24	22	24	26	22	23	26
	MEN	24	27	28	26	26	26	26	27	26
4	WOMEN	22	24	28	26	28	30	26	28	30
	MEN	28	30	32	30	30	30	30	30	30
4½	WOMEN	24	27	30	29	31	33	29	30	33
	MEN	32	33	36	33	33	33	33	34	33
5	WOMEN	28	30	34	32	35	37	32	35	37
	MEN	36	38	40	37	37	37	37	37	37
5½	WOMEN	30	33	38	35	38	41	35	37	41
	MEN	38	41	44	41	41	41	41	42	41
6	WOMEN	34	36	42	39	42	45	39	42	45
	MEN	42	44	48	45	45	45	45	45	45
6½	WOMEN	36	39	44	42	45	48	42	44	48
	MEN	46	49	52	48	48	48	48	49	48
7	WOMEN	38	42	48	45	49	52	45	49	52
	MEN	50	52	56	52	52	52	52	52	52

4-13. Finishing, V Neck Pullover

STS PER IN		1 SM	1 MED	1 LG	2 SM	2 MED	2 LG	3 SM	3 MED	3 LG	4 SM	4 MED	4 LG	5 SM	5 MED	5 LG	6 SM	6 MED	6 LG	7 SM	7 MED	7 LG	8 SM	8 MED	8 LG	9 SM	9 MED	9 LG
2	WOMEN	10	10	10	12	12	14	10	10	10	32	32	34	34	38	40	1	3	1	3	3	4	6	6	6	1	3	1
2	MEN	11	12	12	14	16	16	11	12	12	36	40	40	46	48	52	1	2	1	4	4	4	7	7	8	1	2	1
2½	WOMEN	12	12	13	14	15	18	12	13	13	38	40	44	42	44	50	2	3	3	4	4	5	6	6	6	2	3	3
2½	MEN	14	14	15	18	19	20	14	15	15	46	48	50	50	60	64	3	1	3	4	5	5	8	7	7	2	1	3
3	WOMEN	15	15	16	16	18	20	14	15	15	46	48	52	52	56	62	4	3	3	5	6	7	6	6	6	4	3	3
3	MEN	17	17	18	22	22	24	17	17	18	56	56	60	70	74	78	3	5	3	7	7	8	7	7	7	2	4	3
3½	WOMEN	17	17	18	20	21	24	17	18	18	54	56	60	60	66	70	5	5	4	6	7	8	6	7	6	5	5	4
3½	MEN	20	20	21	24	27	28	20	21	21	64	68	70	82	84	90	5	3	2	8	9	10	7	7	7	5	2	2
4	WOMEN	19	20	21	22	24	28	19	20	21	60	64	70	68	74	80	6	6	6	7	8	9	6	7	6	6	6	6
4	MEN	23	23	24	28	30	32	23	23	24	74	76	80	92	96	102	3	5	5	10	10	11	7	7	7	3	5	4
4½	WOMEN	22	22	23	24	27	30	22	21	23	68	72	76	76	82	90	5	4	6	8	9	10	6	7	6	5	5	3
4½	MEN	26	26	27	32	33	36	26	27	27	84	86	90	104	108	114	6	4	4	11	12	13	7	7	7	5	4	3
5	WOMEN	25	25	26	28	30	34	25	25	26	78	80	86	86	94	102	6	7	5	10	11	13	6	7	6	6	7	5
5	MEN	29	29	30	36	38	40	29	29	30	94	96	100	116	122	128	5	4	6	13	14	14	7	7	7	4	4	6
5½	WOMEN	26	26	28	30	33	38	26	27	28	82	86	94	94	102	110	7	5	6	11	13	15	6	6	7	7	5	6
5½	MEN	31	31	33	38	41	44	31	32	33	100	104	110	128	132	140	6	5	6	14	15	16	7	7	7	6	6	6
6	WOMEN	29	30	31	34	36	42	29	30	31	92	96	104	102	112	120	5	7	8	13	14	15	6	6	6	5	7	8
6	MEN	34	35	36	42	44	48	34	35	36	110	114	120	138	144	154	5	5	6	16	17	18	7	7	7	5	4	6
6½	WOMEN	32	32	34	36	39	44	32	33	34	100	104	112	110	120	130	6	8	7	14	15	17	6	6	6	6	8	7
6½	MEN	37	37	39	46	49	52	37	38	39	120	124	130	150	156	166	8	7	9	17	18	19	7	7	7	6	7	8
7	WOMEN	34	35	37	38	42	48	34	35	37	106	112	122	128	134	140	6	6	9	17	18	18	6	6	6	6	6	9
7	MEN	40	41	42	50	52	56	40	41	42	130	134	140	160	168	178	6	6	8	19	20	21	7	7	7	5	6	7

4-14. Finishing, Crew Neck Cardigan   KNIT

STS PER IN	NUMBER ON PATTERN	1			2			3			4			5			6		
		SM	MED	LG	SM	MED	LG	SM	MED	LG	SM	MED	LG	SM	MED	LG	SM	MED	LG
1	WOMEN	4	4	4	7	8	9	8	9	10	3½	4	4½	5	6	7	2	2	2
	MEN	4	4	4	9	10	11	10	11	12	4½	5	6	6	7	8	2	2	2
1½	WOMEN	5	5	5	7	8	9	12	14	15	3½	4	4½	8	9	10	2	3	3
	MEN	6	6	6	9	10	11	15	16	18	4½	5	6	10	11	12	3	3	3
2	WOMEN	7	7	7	7	8	9	16	18	20	3½	4	4½	10	12	13	3	3	4
	MEN	8	8	8	9	10	11	20	22	24	4½	5	6	13	14	16	4	4	4
2½	WOMEN	8	8	8	7	8	9	20	22	25	3½	4	4½	13	15	16	4	4	5
	MEN	10	10	10	9	10	11	25	27	30	4½	5	6	16	18	20	5	5	5
3	WOMEN	10	10	10	7	8	9	24	27	30	3½	4	4½	16	18	20	4	5	5
	MEN	12	12	12	9	10	11	30	33	36	4½	5	6	19	20	24	6	6	6
3½	WOMEN	12	12	12	7	8	9	28	32	35	3½	4	4½	18	21	23	5	6	6
	MEN	14	14	14	9	10	11	35	38	41	4½	5	6	23	25	28	6	7	7
4	WOMEN	14	14	14	7	8	9	32	36	40	3½	4	4½	21	24	26	6	6	7
	MEN	15	15	15	9	10	11	40	44	48	4½	5	6	26	29	32	7	8	8
4½	WOMEN	15	15	15	7	8	9	36	40	45	3½	4	4½	24	27	30	6	7	8
	MEN	17	17	17	9	10	11	45	50	54	4½	5	6	29	33	36	8	9	9
5	WOMEN	16	16	16	7	8	9	40	45	50	3½	4	4½	26	30	33	7	8	9
	MEN	19	19	19	9	10	11	50	55	60	4½	5	6	32	36	40	9	10	10
5½	WOMEN	18	18	18	7	8	9	44	49	55	3½	4	4½	29	33	36	8	9	10
	MEN	20	20	20	9	10	11	55	60	66	4½	5	6	36	40	44	10	11	11
6	WOMEN	19	19	19	7	8	9	48	54	60	3½	4	4½	31	36	39	9	9	11
	MEN	22	22	22	9	10	11	60	66	72	4½	5	6	39	44	48	11	11	12

4-15. Front, Crew Neck Cardigan CROCHET

STS PER IN	NUMBER ON PATTERN	1			2			3		
		SM	MED	LG	SM	MED	LG	SM	MED	LG
1	WOMEN	4½	5	5½	3	3	3	16	18	20
	MEN	6	6½	7½	3	3	3	20	22	24
1½	WOMEN	4½	5	5½	4	4	4	16	18	20
	MEN	6	6½	7½	4	4	4	20	22	24
2	WOMEN	4½	5	5½	5	5	5	16	18	20
	MEN	6	6½	7½	5	5	5	20	22	24
2½	WOMEN	4½	5	5½	6	6	6	16	18	20
	MEN	6	6½	7½	6	6	6	20	22	24
3	WOMEN	4½	5	5½	7	7	7	16	18	20
	MEN	6	6½	7½	7	7	7	20	22	24
3½	WOMEN	4½	5	5½	8	8	8	16	18	20
	MEN	6	6½	7½	8	8	8	20	22	24
4	WOMEN	4½	5	5½	9	9	9	16	18	20
	MEN	6	6½	7½	9	9	9	20	22	24
4½	WOMEN	4½	5	5½	10	10	10	16	18	20
	MEN	6	6½	7½	10	10	10	20	22	24
5	WOMEN	4½	5	5½	11	11	11	16	18	20
	MEN	6	6½	7½	11	11	11	20	22	24
5½	WOMEN	4½	5	5½	12	12	12	16	18	20
	MEN	6	6½	7½	12	12	12	20	22	24
6	WOMEN	4½	5	5½	13	13	13	16	18	20
	MEN	6	6½	7½	13	13	13	20	22	24

4-16. Back, Boat Neck Pullover

STS PER IN	NUMBER ON PATTERN	1		
		SM	MED	LG
1	WOMEN	3½	4½	5½
	MEN	5	6	7
1½	WOMEN	3½	4½	5½
	MEN	5	6	7
2	WOMEN	3½	4½	5½
	MEN	5	6	7
2½	WOMEN	3½	4½	5½
	MEN	5	6	7
3	WOMEN	3½	4½	5½
	MEN	5	6	7
3½	WOMEN	3½	4½	5½
	MEN	5	6	7
4	WOMEN	3½	4½	5½
	MEN	5	6	7
4½	WOMEN	3½	4½	5½
	MEN	5	6	7
5	WOMEN	3½	4½	5½
	MEN	5	6	7
5½	WOMEN	3½	4½	5½
	MEN	5	6	7
6	WOMEN	3½	4½	5½
	MEN	5	6	7

4-17. Finishing, Boat Neck Pullover

STS PER IN	NUMBER ON PATTERN	1 SM	1 MED	1 LG	2 SM	2 MED	2 LG	3 SM	3 MED	3 LG	4 SM	4 MED	4 LG	5 SM	5 MED	5 LG	6 SM	6 MED	6 LG	7 SM	7 MED	7 LG	8 SM	8 MED	8 LG	9 SM	9 MED	9 LG	10 SM	10 MED	10 LG
1	WOMEN	5	5	5	6	6	6	5	5	5	17	18	20	2	2	2	1	1	1	1	1	1	1	1	2	6	6	5	1	1	1
	MEN	5	5	5	8	8	8	5	5	5	23	24	25	2	2	2	1	1	1	1	1	1	2	2	2	6	7	7	1	1	1
1½	WOMEN	7	7	7	8	9	10	7	7	7	25	28	30	3	2	3	1	1	1	1	1	1	2	3	3	6	6	6	1	1	1
	MEN	8	9	9	10	11	12	8	9	9	34	36	38	3	3	1	1	1	1	1	1	1	3	4	4	7	6	7	1	1	1
2	WOMEN	10	10	10	12	12	14	10	10	10	34	38	40	2	2	1	1	1	1	1	1	1	4	4	6	6	6	5	1	1	1
	MEN	11	12	12	14	16	16	11	12	12	46	48	52	2	3	1	1	1	1	1	1	1	5	5	6	7	7	7	1	1	1
2½	WOMEN	12	12	13	14	15	18	12	12	13	42	44	50	3	4	2	1	1	1	1	1	1	5	5	8	6	6	5	1	1	1
	MEN	14	14	15	18	19	20	14	14	15	58	60	64	4	2	4	1	1	1	1	1	1	6	7	7	7	7	7	1	1	1
3	WOMEN	15	15	16	16	18	20	15	15	16	52	56	62	2	3	4	1	1	1	1	1	1	7	7	8	6	6	6	1	1	1
	MEN	17	17	18	22	22	24	17	17	18	70	74	78	3	2	4	1	1	1	1	1	1	8	9	9	7	7	7	1	1	1
3½	WOMEN	17	17	18	20	21	24	17	17	18	60	66	70	3	3	2	1	1	1	1	1	1	8	9	10	6	6	6	1	1	1
	MEN	20	20	21	24	27	28	20	20	21	82	84	90	2	3	3	1	1	1	1	1	1	10	10	11	7	7	7	1	1	1
4	WOMEN	19	20	21	22	24	28	19	20	21	68	74	80	4	4	4	1	1	1	1	1	1	9	10	11	6	6	6	1	1	1
	MEN	23	23	24	28	30	32	23	23	24	92	96	102	4	2	5	1	1	1	1	1	1	11	12	12	7	7	7	1	1	1
4½	WOMEN	22	22	23	24	27	30	22	22	23	76	82	90	5	5	6	1	1	1	1	1	1	10	11	12	6	6	6	1	1	1
	MEN	26	26	27	32	33	36	26	26	27	104	108	114	6	5	4	2	2	2	2	2	2	12	13	14	7	7	7	1	1	1
5	WOMEN	25	25	26	28	30	34	25	25	26	86	94	102	6	7	5	2	2	2	2	2	2	10	11	13	6	6	6	2	2	2
	MEN	29	29	30	36	38	40	29	29	30	116	122	128	5	4	6	2	2	2	2	2	2	13	14	14	7	7	7	2	2	2
5½	WOMEN	26	26	28	30	33	38	26	26	28	94	102	110	7	5	6	2	2	2	2	2	2	11	13	14	6	6	6	2	2	2
	MEN	31	31	33	38	41	44	31	31	33	128	132	140	6	7	8	2	2	2	2	2	2	14	15	16	7	7	7	2	2	2
6	WOMEN	29	30	31	34	36	42	29	30	31	102	112	120	5	5	6	2	2	2	2	2	2	13	14	15	6	6	6	2	2	2
	MEN	34	35	36	42	44	48	34	35	36	138	144	154	5	5	6	2	2	2	2	2	2	16	17	18	7	7	7	2	2	2

4-18A. Finishing, Crew Neck Cardigan   CROCHET

STS PER IN	NUMBER ON PATTERN	11			1			2			3			4			5			6			1			2			3		
		SM	MED	LG	SM	MED	LG	SM	MED	LG	SM	MED	LG	SM	MED	LG	SM	MED	LG	SM	MED	LG	SM	MED	LG	SM	MED	LG	SM	MED	LG
1	WOMEN	1	1	1	4	4	4	14	16	18	17	19	21	0	0	0	2	2	2	3	3	3	0	0	0	5	6	7	5	6	7
	MEN	1	1	1	4	4	4	18	20	22	21	23	25	½	1	2	2	2	2	4	4	4	0	½	1½	6	7	8	6	7	8
1½	WOMEN	1	1	1	5	5	5	14	16	18	25	27	31	0	0	0	1½	1½	1½	4	4	5	0	0	0	8	9	10	8	9	10
	MEN	1	1	1	6	6	6	18	20	22	31	33	37	½	1	2	1½	1½	1½	5	5	5	0	½	1½	10	11	12	10	11	12
2	WOMEN	1	1	1	7	7	7	14	16	18	33	37	41	0	0	0	1	1	1	6	6	7	0	0	0	10	12	13	10	12	13
	MEN	1	1	1	8	8	8	18	20	22	41	45	49	½	1	2	1	1	1	7	8	8	0	½	1½	13	14	16	13	14	16
2½	WOMEN	1	1	1	8	8	8	14	16	18	41	45	51	0	0	0	¾	1	¾	7	7	9	0	0	0	13	15	16	13	15	16
	MEN	1	1	1	10	10	10	18	20	22	51	55	61	½	1	2	¾	¾	¾	9	9	10	0	½	1½	16	18	20	16	18	20
3	WOMEN	1	1	1	10	10	10	14	16	18	49	55	61	0	0	0	¾	¾	¾	8	9	10	0	0	0	16	18	20	16	18	20
	MEN	1	1	1	12	12	12	18	20	22	61	67	73	½	1	2	¾	¾	¾	11	11	12	0	½	1½	19	20	24	19	20	24
3½	WOMEN	1	1	1	12	12	12	14	16	18	57	63	71	0	0	0	½	½	½	10	10	12	0	0	0	18	21	23	18	21	23
	MEN	1	1	1	14	14	14	18	20	22	71	77	85	½	1	2	¾	¾	¾	12	13	14	0	½	1½	23	25	27	23	25	27
4	WOMEN	1	1	1	14	14	14	14	16	18	65	73	81	0	0	0	½	½	½	11	12	14	0	0	0	21	24	26	21	24	26
	MEN	1	1	1	15	15	15	18	20	22	81	89	97	½	1	2	¾	½	½	14	15	16	0	½	1½	26	29	32	26	29	32
4½	WOMEN	1	1	1	15	15	15	14	16	18	73	81	91	0	0	0	½	½	½	12	13	15	0	0	0	24	27	30	24	27	30
	MEN	1	1	1	17	17	17	18	20	22	91	99	109	½	1	2	½	½	½	16	16	18	0	½	1½	29	33	36	29	33	36
5	WOMEN	2	2	2	16	16	16	14	16	18	81	91	101	0	0	0	⅜	⅜	⅜	14	15	17	0	0	0	26	30	33	26	30	33
	MEN	2	2	2	19	19	19	18	20	22	101	111	121	½	1	2	½	⅜	⅜	18	19	20	0	½	1½	32	36	40	32	36	40
5½	WOMEN	2	2	2	18	18	18	14	16	18	89	99	111	0	0	0	⅜	⅜	⅜	15	16	19	0	0	0	29	33	36	29	33	36
	MEN	2	2	2	20	20	20	18	20	22	111	121	133	½	1	2	⅜	⅜	⅜	19	20	22	0	½	1½	36	40	44	36	40	44
6	WOMEN	2	2	2	19	19	19	14	16	18	97	109	121	0	0	0	⅜	⅜	⅜	17	18	21	0	0	0	31	36	39	31	36	39
	MEN	2	2	2	22	22	22	18	20	22	121	133	145	½	1	2	⅜	⅜	⅜	21	22	24	0	½	1½	39	43	48	39	43	48

4-18B. Finishing, Crew Neck Cardigan (continued)
CROCHET

4-19. Front, V Neck Pullover

4-20. Front, Shawl Collar Pullover

STS PER IN	NUMBER ON PATTERN	1 SM	1 MED	1 LG	2 SM	2 MED	2 LG	3 SM	3 MED	3 LG	4 SM	4 MED	4 LG	5 SM	5 MED	5 LG	6 SM	6 MED	6 LG	7 SM	7 MED	7 LG
2	WOMEN	28	32	36	2½	2½	2½	5	5	5	33	37	41	0	0	0	1	1	1	6	6	7
	MEN	36	40	44	3	3	3	5	5	5	41	45	49	½	1	2	1	1	1	7	8	8
2½	WOMEN	34	40	44	2½	2½	2½	7	5	7	41	45	51	0	0	0	¾	1	¾	7	7	9
	MEN	44	50	54	3	3	3	7	5	7	51	55	61	½	1	2	¾	¾	¾	9	9	10
3	WOMEN	42	48	54	2½	2½	2½	7	7	7	49	55	61	0	0	0	¾	¾	¾	8	9	10
	MEN	54	60	66	3	3	3	7	7	7	61	67	73	½	1	2	¾	¾	¾	11	11	12
3½	WOMEN	48	56	62	2½	2½	2½	9	7	9	57	63	71	0	0	0	½	½	½	10	10	12
	MEN	62	70	76	3	3	3	9	7	9	71	77	85	½	1	2	¾	¾	¾	12	13	14
4	WOMEN	56	64	72	2½	2½	2½	9	9	9	65	73	81	0	0	0	½	½	½	11	12	14
	MEN	72	80	88	3	3	3	9	9	9	81	89	97	½	1	2	¾	½	½	14	15	16
4½	WOMEN	62	72	80	2½	2½	2½	11	9	11	73	81	91	0	0	0	½	½	½	12	13	15
	MEN	80	90	98	3	3	3	11	9	11	91	99	109	½	1	2	½	½	½	16	16	18
5	WOMEN	70	80	90	2½	2½	2½	11	11	11	81	91	101	0	0	0	⅜	⅜	⅜	14	15	17
	MEN	90	100	110	3	3	3	11	11	11	101	111	121	½	1	2	½	⅜	⅜	18	19	20
5½	WOMEN	76	88	98	2½	2½	2½	13	11	13	89	99	111	0	0	0	⅜	⅜	⅜	15	16	19
	MEN	98	110	120	3	3	3	13	11	13	111	121	133	½	1	2	⅜	⅜	⅜	19	20	22
6	WOMEN	84	96	108	2½	2½	2½	13	13	13	97	109	121	0	0	0	⅜	⅜	⅜	17	18	21
	MEN	108	120	132	3	3	3	13	13	13	121	133	145	½	1	2	⅜	⅜	⅜	21	22	24
6½	WOMEN	90	104	116	2½	2½	2½	15	13	15	105	117	131	0	0	0	¼	¼	⅜	18	19	22
	MEN	116	130	142	3	3	3	15	13	15	131	143	157	½	1	2	⅜	⅜	⅜	23	24	26
7	WOMEN	98	112	126	2½	2½	2½	15	15	15	113	127	141	0	0	0	¼	¼	¼	19	21	24
	MEN	126	140	154	3	3	3	15	15	15	141	155	169	½	1	2	⅜	⅜	¼	25	26	28

4-21. Front, V Neck Pullover KNIT

STS PER IN	NUMBER ON PATTERN	1 SM	1 MED	1 LG	2 SM	2 MED	2 LG	3 SM	3 MED	3 LG
2	WOMEN	0	0	0	1	1	1	6	6	7
	MEN	½	1	2	1	1	1	7	8	8
2½	WOMEN	0	0	0	¾	1	¾	7	7	9
	MEN	½	1	2	¾	¾	¾	9	9	10
3	WOMEN	0	0	0	¾	¾	¾	8	9	10
	MEN	½	1	2	¾	¾	¾	11	11	12
3½	WOMEN	0	0	0	½	½	½	10	10	12
	MEN	½	1	2	¾	¾	¾	12	13	14
4	WOMEN	0	0	0	½	½	½	11	12	14
	MEN	½	1	2	¾	½	½	14	15	16
4½	WOMEN	0	0	0	½	½	½	12	13	15
	MEN	½	1	2	½	½	½	16	16	18
5	WOMEN	0	0	0	⅜	⅜	⅜	14	15	17
	MEN	½	1	2	½	⅜	⅜	18	19	20
5½	WOMEN	0	0	0	⅜	⅜	⅜	15	16	19
	MEN	½	1	2	⅜	⅜	⅜	19	20	22
6	WOMEN	0	0	0	⅜	⅜	⅜	17	18	21
	MEN	½	1	2	⅜	⅜	⅜	21	22	24
6½	WOMEN	0	0	0	¼	¼	⅜	18	19	22
	MEN	½	1	2	⅜	⅜	⅜	23	24	26
7	WOMEN	0	0	0	¼	¼	¼	19	21	24
	MEN	½	1	2	⅜	⅜	¼	25	26	28

4-22. Front, V Neck Cardigan

STS PER IN		1 S M	1 M E D	1 L G	2 S M	2 M E D	2 L G	3 S M	3 M E D	3 L G	4 S M	4 M E D	4 L G	5 S M	5 M E D	5 L G	6 S M	6 M E D	6 L G	7 S M	7 M E D	7 L G	8 S M	8 M E D	8 L G	9 S M	9 M E D	9 L G
2	WOMEN	24	27	30	13	14	15	12	12	14	13	14	15	24	27	30	86	94	105	2	2	2	3	4	5	4	4	4
2	MEN	34	36	39	15	15	15	14	16	16	15	15	15	34	36	39	112	118	124	2	3	2	4	4	5	5	5	5
2½	WOMEN	30	34	37	16	17	18	14	15	16	16	16	18	30	34	37	106	116	128	2	4	3	5	5	6	4	4	4
2½	MEN	42	45	49	18	18	18	18	19	20	16	19	18	42	45	49	138	144	154	4	3	3	5	6	7	5	5	5
3	WOMEN	36	40	45	19	21	22	16	18	20	19	21	22	36	40	45	126	140	154	3	3	4	6	7	8	4	4	4
3	MEN	51	54	58	22	22	22	22	22	24	22	22	22	51	54	58	168	174	184	4	3	5	7	8	8	5	5	5
3½	WOMEN	42	47	52	22	24	26	20	21	24	22	23	26	42	47	52	148	162	180	4	5	5	7	8	9	4	4	4
3½	MEN	59	63	68	26	26	26	24	27	28	26	27	26	59	63	68	194	206	216	4	5	5	9	9	10	5	5	5
4	WOMEN	48	54	60	26	28	30	22	24	28	26	28	30	48	54	60	170	188	208	6	4	6	8	10	11	4	4	4
4	MEN	68	72	78	30	30	30	28	30	32	30	30	33	68	72	78	224	234	248	5	5	6	10	11	12	5	5	5
4½	WOMEN	54	61	67	29	31	33	24	27	30	29	30	33	54	61	67	190	210	230	4	7	5	10	11	13	4	4	4
4½	MEN	76	81	88	33	33	33	32	33	36	33	34	33	76	81	88	250	262	278	6	5	6	12	13	14	5	5	5
5	WOMEN	60	68	75	32	35	37	28	30	34	32	35	37	60	68	75	212	236	258	6	6	5	11	13	15	4	4	4
5	MEN	85	90	97	37	37	37	36	38	40	37	37	37	85	90	97	280	292	308	7	7	6	13	14	16	5	5	5
5½	WOMEN	66	74	82	35	38	41	30	33	38	35	37	41	66	74	82	232	256	284	8	8	8	12	14	16	4	4	4
5½	MEN	93	99	107	41	41	41	38	41	44	41	42	41	93	99	107	306	322	340	6	7	6	15	16	18	5	5	5
6	WOMEN	72	81	90	39	42	45	34	36	42	39	42	45	72	81	90	256	282	312	6	7	8	14	16	18	4	4	4
6	MEN	102	108	117	45	45	45	42	44	48	45	45	45	102	108	117	336	350	372	6	7	6	17	18	20	5	5	5
6½	WOMEN	78	88	97	42	45	48	36	39	44	42	44	48	78	88	97	276	304	334	8	6	7	15	18	20	4	4	4
6½	MEN	110	117	127	48	48	48	46	49	52	48	49	48	110	117	127	362	380	402	9	6	9	18	20	21	5	5	5
7	WOMEN	84	94	105	45	49	52	38	42	48	45	49	52	84	94	105	296	328	362	6	8	7	17	19	22	4	4	4
7	MEN	119	126	136	52	52	52	50	52	56	52	52	52	119	126	136	392	408	432	8	8	8	20	21	23	5	5	5

4-23. Finishing, V Neck Cardigan KNIT

STS PER IN		1 S/M	1 MED	1 L/G	2 S/M	2 MED	2 L/G	3 S/M	3 MED	3 L/G	4 S/M	4 MED	4 L/G	5 S/M	5 MED	5 L/G	6 S/M	6 MED	6 L/G	7 S/M	7 MED	7 L/G	8 S/M	8 MED	8 L/G	9 S/M	9 MED	9 L/G	10 S/M	10 MED	10 L/G
1	WOMEN	12	13	15	6	7	7	6	6	6	6	7	7	12	13	15	1	1	1	—	—	1	—	—	1	2	2	2	4	4	4
1	MEN	17	18	19	7	7	7	8	8	8	7	7	7	17	18	19	1	2	2	—	—	1	—	—	1	2	2	2	5	5	5
1½	WOMEN	18	20	22	9	10	11	8	9	10	9	10	11	18	20	22	1	2	1	—	—	1	—	—	1	3	3	4	4	4	4
1½	MEN	25	27	29	11	11	11	10	11	12	11	11	11	25	27	29	3	2	3	—	—	1	—	—	1	3	4	4	5	5	5
2	WOMEN	24	27	30	13	14	15	12	12	14	13	14	15	24	27	30	3	2	2	—	—	1	—	—	1	4	5	6	4	4	4
2	MEN	34	36	39	15	15	15	14	16	16	15	15	15	34	36	39	3	2	3	—	—	1	—	—	1	5	6	6	5	5	5
2½	WOMEN	30	34	37	16	17	18	14	15	18	16	17	18	30	34	37	2	2	4	—	—	1	—	—	1	6	7	7	4	4	4
2½	MEN	42	45	49	18	18	18	18	19	20	18	18	18	42	45	49	2	4	3	—	—	1	—	—	1	7	7	8	5	5	5
3	WOMEN	36	40	45	19	21	22	16	18	20	19	21	22	36	40	45	3	3	4	—	—	1	—	—	1	7	8	9	4	4	4
3	MEN	51	54	58	22	22	22	20	22	24	22	22	22	51	54	58	4	3	3	—	—	1	—	—	1	8	9	10	5	5	5
3½	WOMEN	42	47	52	22	24	26	20	21	24	22	24	26	42	47	52	5	5	4	—	—	1	—	—	1	8	9	11	4	4	4
3½	MEN	59	63	68	26	26	26	24	27	28	26	26	26	59	63	68	4	4	5	—	—	1	—	—	1	10	10	11	5	5	5
4	WOMEN	48	54	60	26	28	30	22	24	28	26	28	30	48	54	60	6	6	4	—	—	1	—	—	1	9	11	13	4	4	4
4	MEN	68	72	78	30	30	30	28	30	32	30	30	30	68	72	78	6	5	6	—	—	1	—	—	1	11	12	13	5	5	5
4½	WOMEN	54	61	67	29	31	33	24	27	30	29	31	33	54	61	67	6	5	6	—	—	1	—	—	1	11	13	14	4	4	4
4½	MEN	76	81	88	33	33	33	32	33	36	33	33	33	76	81	88	5	5	6	1	1	1	1	1	1	13	14	15	5	5	5
5	WOMEN	60	68	75	32	35	37	28	30	34	32	35	37	60	68	75	6	6	5	2	2	2	2	2	2	11	13	15	4	4	4
5	MEN	85	90	97	37	37	37	36	38	40	37	37	37	85	90	97	7	7	6	2	2	2	2	2	2	13	14	16	5	5	5
5½	WOMEN	66	74	82	35	38	41	30	33	38	35	38	41	66	74	82	8	8	8	2	2	2	2	2	2	12	14	16	4	4	4
5½	MEN	93	99	107	41	41	41	38	41	44	41	41	41	93	99	107	6	7	6	2	2	2	2	2	2	15	16	18	5	5	5
6	WOMEN	72	81	90	39	42	45	34	36	42	39	42	45	72	81	90	6	7	8	2	2	2	2	2	2	14	16	18	4	4	4
6	MEN	102	108	117	45	45	45	42	44	48	45	45	45	102	108	117	6	7	6	2	2	2	2	2	2	17	18	20	5	5	5

4-24A. Finishing, V Neck Cardigan   CROCHET

STS PER IN	NUMBER ON PATTERN	11			12		
		SM	MED	LG	SM	MED	LG
1	WOMEN	1	1	1	1	1	1
	MEN	1	1	1	1	1	1
1½	WOMEN	1	1	1	1	1	1
	MEN	1	1	1	1	1	1
2	WOMEN	1	1	1	1	1	1
	MEN	1	1	1	1	1	1
2½	WOMEN	1	1	1	1	1	1
	MEN	1	1	1	1	1	1
3	WOMEN	1	1	1	1	1	1
	MEN	1	1	1	1	1	1
3½	WOMEN	1	1	1	1	1	1
	MEN	1	1	1	1	1	1
4	WOMEN	1	1	1	1	1	1
	MEN	1	1	1	1	1	1
4½	WOMEN	1	1	1	1	1	1
	MEN	1	1	1	1	1	1
5	WOMEN	2	2	2	2	2	2
	MEN	2	2	2	2	2	2
5½	WOMEN	2	2	2	2	2	2
	MEN	2	2	2	2	2	2
6	WOMEN	2	2	2	2	2	2
	MEN	2	2	2	2	2	2

4-24B. Finishing, V Neck Cardigan (continued)   CROCHET

STS PER IN	NUMBER ON PATTERN	1 SM	1 MED	1 LG	2 SM	2 MED	2 LG	3 SM	3 MED	3 LG	4 SM	4 MED	4 LG	5 SM	5 MED	5 LG	6 SM	6 MED	6 LG	7 SM	7 MED	7 LG
1	WOMEN	2	2	2	9	10	11	10	10	12	1	1	1	1	2	2	12	14	16	4	4	4
	MEN	2	2	2	12	13	14	12	14	14	1	1	1	2	1	1	16	16	16	5	5	5
1½	WOMEN	3	3	3	9	10	11	16	16	18	1	1	1	2	2	2	20	20	22	4	4	4
	MEN	3	3	3	12	13	14	18	20	22	1	1	1	2	2	2	22	24	26	5	5	5
2	WOMEN	3	3	3	9	10	11	20	22	24	¾	¾	¾	3	3	3	26	28	30	4	4	4
	MEN	3	3	3	12	13	14	26	28	30	1	1	1	2	2	2	30	32	34	5	5	5
2½	WOMEN	4	4	4	9	10	11	24	28	30	¾	¾	½	3	3	4	30	34	38	4	4	4
	MEN	4	4	4	12	13	14	32	34	38	¾	¾	1	3	3	2	38	40	42	5	5	5
3	WOMEN	4	4	4	9	10	11	31	33	37	¾	½	½	3	4	4	37	41	45	4	4	4
	MEN	4	4	4	12	13	14	39	43	45	¾	¾	¾	3	3	3	45	49	51	5	5	5
3½	WOMEN	5	5	5	9	10	11	35	39	41	½	½	½	4	4	4	43	47	53	4	4	4
	MEN	5	5	5	12	13	14	45	49	53	¾	¾	¾	4	4	3	53	57	59	5	5	5
4	WOMEN	5	5	5	9	10	11	40	44	48	½	½	¼	4	5	6	48	54	60	4	4	4
	MEN	5	5	5	12	13	14	52	56	60	¾	¾	¾	4	4	4	60	64	68	5	5	5
4½	WOMEN	6	6	6	9	10	11	44	50	54	½	½	¼	5	5	7	54	60	68	4	4	4
	MEN	6	6	6	12	13	14	58	62	68	½	½	¾	5	5	4	68	72	76	5	5	5
5	WOMEN	6	6	6	9	10	11	51	55	61	½	¼	¼	5	6	7	61	67	75	4	4	4
	MEN	6	6	6	12	13	14	65	71	75	½	½	½	5	5	5	75	81	85	5	5	5
5½	WOMEN	7	7	7	9	10	11	55	61	65	¼	¼	¼	6	7	9	67	75	83	4	4	4
	MEN	7	7	7	12	13	14	71	77	83	½	½	½	6	6	5	83	89	93	5	5	5
6	WOMEN	7	7	7	9	10	11	60	66	72	¼	¼	¼	6	8	9	72	82	90	4	4	4
	MEN	7	7	7	12	13	14	78	84	90	½	½	½	6	6	6	90	96	102	5	5	5

4-25. Short Sleeves

STS PER IN	NUMBER ON PATTERN	1 SM	1 MED	1 LG	2 SM	2 MED	2 LG	3 SM	3 MED	3 LG
2	WOMEN	0	0	0	12	12	14	12	12	14
	MEN	0	½	1½	14	16	16	14	16	16
2½	WOMEN	0	0	0	14	15	18	14	15	18
	MEN	0	½	1½	18	19	20	18	19	20
3	WOMEN	0	0	0	16	18	20	16	18	20
	MEN	0	½	1½	22	22	24	22	22	24
3½	WOMEN	0	0	0	20	21	24	20	21	24
	MEN	0	½	1½	24	27	28	24	27	28
4	WOMEN	0	0	0	22	24	28	22	24	28
	MEN	0	½	1½	28	30	32	28	30	32
4½	WOMEN	0	0	0	24	27	30	24	27	30
	MEN	0	½	1½	32	33	36	32	33	36
5	WOMEN	0	0	0	28	30	34	28	30	34
	MEN	0	½	1½	36	38	40	36	38	40
5½	WOMEN	0	0	0	30	33	38	30	33	38
	MEN	0	½	1½	38	41	44	38	41	44
6	WOMEN	0	0	0	34	36	42	34	36	42
	MEN	0	½	1½	42	44	48	42	44	48
6½	WOMEN	0	0	0	36	39	44	36	39	44
	MEN	0	½	1½	46	49	52	46	49	52
7	WOMEN	0	0	0	38	42	48	38	42	48
	MEN	0	½	1½	50	52	56	50	52	56

4-26. Front, Shawl Collar Pullover KNIT

STS PER IN	NUMBER ON PATTERN	1 SM	1 MED	1 LG	2 SM	2 MED	2 LG	3 SM	3 MED	3 LG	4 SM	4 MED	4 LG	5 SM	5 MED	5 LG	6 SM	6 MED	6 LG	7 SM	7 MED	7 LG
2	WOMEN	18	18	20	2	2	2	20	20	22	1½	1	1½	3	4	4	26	28	30	8½	9	9½
	MEN																					
2½	WOMEN	22	22	24	2	2	2	24	24	26	1½	1	1	3	5	6	30	34	38	8½	9	9½
	MEN																					
3	WOMEN	26	28	28	3	3	3	29	31	31	1	1	1	4	5	7	37	41	45	8½	9	9½
	MEN																					
3½	WOMEN	30	32	34	3	3	3	33	35	37	1	1	¾	5	6	8	43	47	53	8½	9	9½
	MEN																					
4	WOMEN	34	36	38	4	4	4	38	40	42	1	¾	¾	5	7	9	48	54	60	8½	9	9½
	MEN																					
4½	WOMEN	38	40	44	4	4	4	42	44	48	¾	¾	¾	6	8	10	54	60	68	8½	9	9½
	MEN																					
5	WOMEN	42	46	48	5	5	5	47	51	53	¾	¾	½	7	8	11	61	67	75	8½	9	9½
	MEN																					
5½	WOMEN	48	50	52	5	5	5	53	55	57	¾	½	½	7	10	13	67	75	83	8½	9	9½
	MEN																					
6	WOMEN	52	54	58	6	6	6	58	60	64	¾	½	½	7	11	13	72	82	90	8½	9	9½
	MEN																					
6½	WOMEN	56	58	62	6	6	6	62	64	68	½	½	½	8	12	15	78	88	98	8½	9	9½
	MEN																					
7	WOMEN	60	64	66	7	7	7	67	71	73	½	½	⅜	9	12	16	85	95	105	8½	9	9½
	MEN																					

4-27. Three-Quarter Sleeves

STS PER IN	NUMBER ON PATTERN	1 SM	1 MED	1 LG	2 SM	2 MED	2 LG
1	WOMEN	7	7	8	19	20	22
1	MEN	9	9	9	23	24	24
1½	WOMEN	9	10	11	19	20	22
1½	MEN	11	12	13	23	24	24
2	WOMEN	13	13	15	19	20	22
2	MEN	15	17	17	23	24	24
2½	WOMEN	15	16	19	19	20	22
2½	MEN	19	20	21	23	24	24
3	WOMEN	17	19	21	19	20	22
3	MEN	23	23	25	23	24	24
3½	WOMEN	21	22	25	19	20	22
3½	MEN	25	28	29	23	24	24
4	WOMEN	23	25	29	19	20	22
4	MEN	29	31	33	23	24	24
4½	WOMEN	25	28	31	19	20	22
4½	MEN	33	34	37	23	24	24
5	WOMEN	29	31	35	19	20	22
5	MEN	37	39	41	23	24	24
5½	WOMEN	31	34	39	19	20	22
5½	MEN	39	42	45	23	24	24
6	WOMEN	35	37	43	19	20	22
6	MEN	43	45	49	23	24	24

4-28. Finishing, Shawl Collar Pullover
CROCHET

STS PER IN	NUMBER ON PATTERN	1			2			3			4			5			6			7		
		S M	M E D	L G	S M	M E D	L G	S M	M E D	L G	S M	M E D	L G	S M	M E D	L G	S M	M E D	L G	S M	M E D	L G
1	WOMEN	2	2	2	8½	9	9½	10	10	12	2	2	2	1	2	2	12	14	16	8½	9	9½
	MEN																					
1½	WOMEN	3	3	3	8½	9	9½	14	14	16	1½	1½	1½	3	3	3	20	20	22	8½	9	9½
	MEN																					
2	WOMEN	3	3	3	8½	9	9½	20	20	22	1½	1	1½	3	4	4	26	28	30	8½	9	9½
	MEN																					
2½	WOMEN	4	4	4	8½	9	9½	24	24	26	1½	1	1	3	5	6	30	34	38	8½	9	9½
	MEN																					
3	WOMEN	4	4	4	8½	9	9½	29	31	31	1	1	1	4	5	7	37	41	45	8½	9	9½
	MEN																					
3½	WOMEN	5	5	5	8½	9	9½	33	35	37	1	1	¾	5	6	8	43	47	53	8½	9	9½
	MEN																					
4	WOMEN	5	5	5	8½	9	9½	38	40	42	1	¾	¾	5	7	9	48	54	60	8½	9	9½
	MEN																					
4½	WOMEN	6	6	6	8½	9	9½	42	44	48	¾	¾	¾	6	8	10	54	60	68	8½	9	9½
	MEN																					
5	WOMEN	6	6	6	8½	9	9½	47	51	53	¾	¾	½	7	8	11	61	67	75	8½	9	9½
	MEN																					
5½	WOMEN	7	7	7	8½	9	9½	53	55	57	¾	½	½	7	10	13	67	75	83	8½	9	9½
	MEN																					
6	WOMEN	7	7	7	8½	9	9½	58	60	64	¾	½	½	7	11	13	72	82	90	8½	9	9½
	MEN																					

4-29. Three-Quarter Sleeves

NUMBER ON PATTERN		1			2			3			4			5			6			1		
STS PER IN		S M	M E D	L G	S M	M E D	L G	S M	M E D	L G	S M	M E D	L G	S M	M E D	L G	S M	M E D	L G	S M	M E D	L G
2	WOMEN	12	12	14	2½	2½	2½	4	4	4	32	36	40	12	13	14	4½	5	5½	3½	4½	5½
	MEN	14	16	16	3	3	3	4	4	4	40	44	48	16	16½	17	6	6½	7½	5	6	7
2½	WOMEN	14	15	18	2½	2½	2½	6	6	6	40	46	50	12	13	14	4½	5	5½	3½	4½	5½
	MEN	18	19	20	3	3	3	6	6	6	50	56	60	16	16½	17	6	6½	7½	5	6	7
3	WOMEN	16	18	20	2½	2½	2½	6	6	6	48	54	60	12	13	14	4½	5	5½	3½	4½	5½
	MEN	22	24	24	3	3	3	6	6	6	60	66	72	16	16½	17	6	6½	7½	5	6	7
3½	WOMEN	20	21	24	2½	2½	2½	8	8	8	56	64	70	12	13	14	4½	5	5½	3½	4½	5½
	MEN	24	27	28	3	3	3	8	8	8	70	78	84	16	16½	17	6	6½	7½	5	6	7
4	WOMEN	22	24	28	2½	2½	2½	8	8	8	64	72	80	12	13	14	4½	5	5½	3½	4½	5½
	MEN	28	30	32	3	3	3	8	8	8	80	88	96	16	16½	17	6	6½	7½	5	6	7
4½	WOMEN	24	27	30	2½	2½	2½	10	10	10	72	82	90	12	13	14	4½	5	5½	3½	4½	5½
	MEN	32	33	36	3	3	3	10	10	10	90	100	108	16	16½	17	6	6½	7½	5	6	7
5	WOMEN	28	30	34	2½	2½	2½	10	10	10	80	90	100	12	13	14	4½	5	5½	3½	4½	5½
	MEN	36	38	40	3	3	3	10	10	10	100	110	120	16	16½	17	6	6½	7½	5	6	7
5½	WOMEN	30	33	38	2½	2½	2½	12	12	12	88	100	110	12	13	14	4½	5	5½	3½	4½	5½
	MEN	38	41	44	3	3	3	12	12	12	110	122	132	16	16½	17	6	6½	7½	5	6	7
6	WOMEN	34	36	42	2½	2½	2½	12	12	12	96	108	120	12	13	14	4½	5	5½	3½	4½	5½
	MEN	42	44	48	3	3	3	12	12	12	120	132	144	16	16½	17	6	6½	7½	5	6	7
6½	WOMEN	36	39	44	2½	2½	2½	14	14	14	104	118	130	12	13	14	4½	5	5½	3½	4½	5½
	MEN	46	49	52	3	3	3	14	14	14	130	144	156	16	16½	17	6	6½	7½	5	6	7
7	WOMEN	38	42	48	2½	2½	2½	14	14	14	112	126	140	12	13	14	4½	5	5½	3½	4½	5½
	MEN	50	52	56	3	3	3	14	14	14	140	154	168	16	16½	17	6	6½	7½	5	6	7

4-30. Back, Shawl Collar Cardigan   KNIT

4-31. Back, Boat Neck Pullover

4-32. Finishing, Boat Neck Pullover

STS PER IN	NUMBER ON PATTERN	1			2			3			4			5			6			7			8			9			10		
		SM	MED	LG	SM	MED	LG	SM	MED	LG	SM	MED	LG	SM	MED	LG	SM	MED	LG	SM	MED	LG	SM	MED	LG	SM	MED	LG	SM	MED	LG
2	WOMEN	8	8	8	1	1	1	2	2	2	2½	2½	2½	2¾	3	3¼	4	4	4	12	13	14	1	1	1	6	6	7	6½	7	7½
	MEN	8	8	8	1	1	1	2	2	2	3	3	3	3¾	3¾	4	5	5	5	16	16½	17	1	1	1	7	8	8	8	8½	9½
2½	WOMEN	10	10	10	2	2	2	2	2	2	2½	2½	2½	2¾	3	3¼	4	4	4	12	13	14	¾	1	¾	7	7	9	6½	7	7½
	MEN	10	10	10	2	2	2	2	2	2	3	3	3	3¾	3¾	4	5	5	5	16	16½	17	¾	¾	¾	9	9	10	8	8½	9½
3	WOMEN	12	12	12	2	2	2	4	4	4	2½	2½	2½	2¾	3	3¼	4	4	4	12	13	14	¾	¾	¾	8	9	10	6½	7	7½
	MEN	12	12	12	2	2	2	4	4	4	3	3	3	3¾	3¾	4	5	5	5	16	16½	17	¾	¾	¾	11	11	12	8	8½	9½
3½	WOMEN	14	14	14	3	3	3	4	4	4	2½	2½	2½	2¾	3	3¼	4	4	4	12	13	14	½	½	½	10	10	12	6½	7	7½
	MEN	14	14	14	3	3	3	4	4	4	3	3	3	3¾	3¾	4	5	5	5	16	16½	17	¾	¾	¾	12	13	14	8	8½	9½
4	WOMEN	16	16	16	3	3	3	6	6	6	2½	2½	2½	2¾	3	3¼	4	4	4	12	13	14	½	½	½	11	12	14	6½	7	7½
	MEN	16	16	16	3	3	3	6	6	6	3	3	3	3¾	3¾	4	5	5	5	16	16½	17	¾	½	½	14	15	16	8	8½	9½
4½	WOMEN	18	18	18	4	4	4	6	6	6	2½	2½	2½	2¾	3	3¼	4	4	4	12	13	14	½	½	½	12	13	15	6½	7	7½
	MEN	18	18	18	4	4	4	6	6	6	3	3	3	3¾	3¾	4	5	5	5	16	16½	17	½	½	½	16	16	18	8	8½	9½
5	WOMEN	20	20	20	4	4	4	8	8	8	2½	2½	2½	2¾	3	3¼	4	4	4	12	13	14	⅜	⅜	⅜	14	15	17	6½	7	7½
	MEN	20	20	20	4	4	4	8	8	8	3	3	3	3¾	3¾	4	5	5	5	16	16½	17	½	⅜	⅜	18	19	20	8	8½	9½
5½	WOMEN	22	22	22	5	5	5	8	8	8	2½	2½	2½	2¾	3	3¼	4	4	4	12	13	14	⅜	⅜	⅜	15	16	19	6½	7	7½
	MEN	22	22	22	5	5	5	8	8	8	3	3	3	3¾	3¾	4	5	5	5	16	16½	17	⅜	⅜	⅜	19	20	22	8	8½	9½
6	WOMEN	24	24	24	5	5	5	10	10	10	2½	2½	2½	2¾	3	3¼	4	4	4	12	13	14	⅜	⅜	⅜	17	18	21	6½	7	7½
	MEN	24	24	24	5	5	5	10	10	10	3	3	3	3¾	3¾	4	5	5	5	16	16½	17	⅜	⅜	⅜	21	22	24	8	8½	9½
6½	WOMEN	26	26	26	6	6	6	10	10	10	2½	2½	2½	2¾	3	3¼	4	4	4	12	13	14	¼	¼	⅜	18	19	22	6½	7	7½
	MEN	26	26	26	6	6	6	10	10	10	3	3	3	3¾	3¾	4	5	5	5	16	16½	17	⅜	⅜	⅜	23	24	26	8	8½	9½
7	WOMEN	28	28	28	6	6	6	12	12	12	2½	2½	2½	2¾	3	3¼	4	4	4	12	13	14	¼	¼	¼	19	21	24	6½	7	7½
	MEN	28	28	28	6	6	6	12	12	12	3	3	3	3¾	3¾	4	5	5	5	16	16½	17	⅜	⅜	¼	25	26	28	8	8½	9½

4-33A. Finishing, Shawl Collar Cardigan KNIT

STS PER IN		11 SM	11 MED	11 LG	12 SM	12 MED	12 LG	13 SM	13 MED	13 LG	14 SM	14 MED	14 LG	15 SM	15 MED	15 LG	1 SM	1 MED	1 LG	2 SM	2 MED	2 LG	3 SM	3 MED	3 LG	4 SM	4 MED	4 LG	5 SM	5 MED	5 LG
2	WOMEN	6	6	7	1	1	1	6	6	7	9½	10½	11½	2½	2½	2½	13	14	15	12	12	14	13	14	15	38	40	44	6	6	7
2	MEN	7	8	8	1	1	¾	7	8	8	13	13½	14	3	3	3	16	16	16	14	16	16	16	16	16	46	48	48	7	8	8
2½	WOMEN	6½	6	7	¾	1	¾	7	7	9	9½	10½	11½	2½	2½	2½	16	17	18	14	15	18	16	16	18	46	48	54	6	6	7
2½	MEN	7	8	8	¾	¾	¾	9	9	10	13	13½	14	3	3	3	20	20	20	18	19	20	20	21	20	58	60	60	7	8	8
3	WOMEN	6	6	7	¾	¾	¾	8	9	10	9½	10½	11½	2½	2½	2½	19	21	22	16	18	20	19	21	22	54	60	64	6	6	7
3	MEN	7	8	8	¾	¾	¾	11	11	12	13	13½	14	3	3	3	24	24	24	22	22	24	24	24	24	70	70	72	7	8	8
3½	WOMEN	7	7½	7	½	½	½	10	10	12	9½	10½	11½	2½	2½	2½	22	24	26	20	21	24	22	23	26	64	68	76	6	6	7
3½	MEN	7	8	8	¾	¾	½	12	13	14	13	13½	14	3	3	3	28	28	28	24	27	28	28	29	28	80	84	84	7	8	8
4	WOMEN	6	6	7	½	½	½	11	12	14	9½	10½	11½	2½	2½	2½	26	28	30	22	24	28	26	28	30	74	80	88	6	6	7
4	MEN	7	8	8	¾	½	½	14	15	16	13	13½	14	3	3	3	32	32	32	28	30	32	32	32	32	92	94	96	7	8	8
4½	WOMEN	6	6	7	½	½	½	12	13	15	9½	10½	11½	2½	2½	2½	29	31	33	24	27	30	29	30	33	82	88	96	6	6	7
4½	MEN	7	8	8	½	½	½	16	16	18	13	13½	14	3	3	3	36	36	36	32	33	36	36	37	36	104	106	108	7	8	8
5	WOMEN	7	7	7	⅜	⅜	⅜	14	15	17	9½	10½	11½	2½	2½	2½	32	35	37	28	30	34	32	35	37	92	100	108	6	6	7
5	MEN	7	8	8	½	⅜	⅜	18	19	20	13	13½	14	3	3	3	40	40	40	36	38	40	40	40	40	116	118	120	7	8	8
5½	WOMEN	6½	7	7	⅜	⅜	⅜	15	16	19	9½	10½	11½	2½	2½	2½	35	38	41	30	33	38	35	37	41	100	108	120	6	6	7
5½	MEN	7	8	8	⅜	⅜	⅜	19	20	22	13	13½	14	3	3	3	44	44	44	38	41	44	44	45	44	126	130	132	7	8	8
6	WOMEN	6	6	7	¼	⅜	⅜	17	18	21	9½	10½	11½	2½	2½	2½	39	42	45	34	36	42	39	42	45	112	120	132	6	6	7
6	MEN	7	8	8	⅜	⅜	⅜	21	22	24	13	13½	14	3	3	3	48	48	48	42	44	48	48	48	48	138	140	144	7	8	8
6½	WOMEN	7½	7½	7	¼	¼	⅜	18	19	22	9½	10½	11½	2½	2½	2½	42	45	48	36	39	44	42	44	48	120	128	140	6	6	7
6½	MEN	7	8	8	⅜	⅜	¼	23	24	26	13	13½	14	3	3	3	52	52	52	46	49	52	52	53	52	150	154	156	7	8	8
7	WOMEN	7	7	7	¼	¼	¼	19	21	24	9½	10½	11½	2½	2½	2½	45	49	52	38	42	48	45	49	52	128	140	152	6	6	7
7	MEN	7	8	8	⅜	¼	¼	25	26	28	13	13½	14	3	3	3	56	56	56	50	52	56	56	56	56	162	164	168	7	8	8

4-33B. Finishing, Shawl Collar Cardigan (continued)   KNIT

4-34. Finishing, Shawl Collar Pullover

STS PER IN	NUMBER ON PATTERN	1			2			3			4			5			6			7			8			9			10		
		SM	MED	LG	SM	MED	LG	SM	MED	LG	SM	MED	LG	SM	MED	LG	SM	MED	LG	SM	MED	LG	SM	MED	LG	SM	MED	LG	SM	MED	LG
1	WOMEN	4	4	4	1	1	1	1	1	1	1	1	1	2¾	3	3¼	4	4	4	12	13	14	2	2	2	3	3	3	6½	7	7½
	MEN	4	4	4	1	1	1	1	1	1	1	1	1	3¾	3¾	4	5	5	5	16	16½	17	2	2	2	4	4	4	8	8½	9½
1½	WOMEN	4	4	4	1	1	1	1	1	1	1	1	1	2¾	3	3¼	4	4	4	12	13	14	1½	1½	1½	4	4	5	6½	7	7½
	MEN	4	4	4	1	1	1	1	1	1	1	1	1	3¾	3¾	4	5	5	5	16	16½	17	1½	1½	1½	5	5	5	8	8½	9½
2	WOMEN	5	5	5	2	2	2	1	1	1	1	1	1	2¾	3	3¼	4	4	4	12	13	14	1	1	1	6	6	7	6½	7	7½
	MEN	5	5	5	2	2	2	1	1	1	1	1	1	3¾	3¾	4	5	5	5	16	16½	17	1	1	1	7	8	8	8	8½	9½
2½	WOMEN	6	6	6	2	2	2	1	1	1	1	1	1	2¾	3	3¼	4	4	4	12	13	14	¾	1	¾	7	7	9	6½	7	7½
	MEN	6	6	6	2	2	2	1	1	1	1	1	1	3¾	3¾	4	5	5	5	16	16½	17	¾	¾	¾	9	9	10	8	8½	9½
3	WOMEN	7	7	7	3	3	3	1	1	1	1	1	1	2¾	3	3¼	4	4	4	12	13	14	¾	¾	¾	8	9	10	6½	7	7½
	MEN	7	7	7	3	3	3	1	1	1	1	1	1	3¾	3¾	4	5	5	5	16	16½	17	¾	¾	¾	11	11	12	8	8½	9½
3½	WOMEN	8	8	8	3	3	3	1	1	1	1	1	1	2¾	3	3¼	4	4	4	12	13	14	½	½	½	10	10	12	6½	7	7½
	MEN	8	8	8	3	3	3	1	1	1	1	1	1	3¾	3¾	4	5	5	5	16	16½	17	¾	¾	¾	12	13	14	8	8½	9½
4	WOMEN	9	9	9	4	4	4	1	1	1	1	1	1	2¾	3	3¼	4	4	4	12	13	14	½	½	½	11	12	14	6½	7	7½
	MEN	9	9	9	4	4	4	1	1	1	1	1	1	3¾	3¾	4	5	5	5	16	16½	17	¾	½	½	14	15	16	8	8½	9½
4½	WOMEN	10	10	10	4	4	4	1	1	1	1	1	1	2¾	3	3¼	4	4	4	12	13	14	½	½	½	12	13	15	6½	7	7½
	MEN	10	10	10	4	4	4	1	1	1	1	1	1	3¾	3¾	4	5	5	5	16	16½	17	½	½	½	16	16	18	8	8½	9½
5	WOMEN	11	11	11	4	4	4	2	2	2	2	2	2	2¾	3	3¼	4	4	4	12	13	14	⅜	⅜	⅜	14	15	17	6½	7	7½
	MEN	11	11	11	4	4	4	2	2	2	2	2	2	3¾	3¾	4	5	5	5	16	16½	17	½	⅜	⅜	18	19	20	8	8½	9½
5½	WOMEN	12	12	12	4	4	4	2	2	2	2	2	2	2¾	3	3¼	4	4	4	12	13	14	⅜	⅜	⅜	15	16	19	6½	7	7½
	MEN	12	12	12	4	4	4	2	2	2	2	2	2	3¾	3¾	4	5	5	5	16	16½	17	⅜	⅜	⅜	19	20	22	8	8½	9½
6	WOMEN	13	13	13	5	5	5	2	2	2	2	2	2	2¾	3	3¼	4	4	4	12	13	14	⅜	⅜	⅜	17	18	21	6½	7	7½
	MEN	13	13	13	5	5	5	2	2	2	2	2	2	3¾	3¾	4	5	5	5	16	16½	17	⅜	⅜	⅜	21	22	24	8	8½	9½

4-35A. Finishing, Shawl Collar Cardigan CROCHET

STS PER IN	NUMBER ON PATTERN	11 SM	11 MED	11 LG	12 SM	12 MED	12 LG	13 SM	13 MED	13 LG	14 SM	14 MED	14 LG
1	WOMEN	6	6	7	2	2	2	3	3	3	19½	21	22½
	MEN	7	8	8	2	2	2	4	4	4	26	27	28½
1½	WOMEN	6	7	7	1½	1½	1½	4	4	5	19½	21	22½
	MEN	7	8	8	1½	1½	1½	5	5	5	26	27	28½
2	WOMEN	6	6	7	1	1	1	6	6	7	19½	21	22½
	MEN	7	8	8	1	1	1	7	8	8	26	27	28½
2½	WOMEN	6½	6	7	¾	1	¾	7	7	9	19½	21	22½
	MEN	7	8	8	¾	¾	¾	9	9	10	26	27	28½
3	WOMEN	6	6	7	¾	¾	¾	8	9	10	19½	21	22½
	MEN	7	8	8	¾	¾	¾	11	11	12	26	27	28½
3½	WOMEN	7	7½	7	½	½	½	10	12	12	19½	21	22½
	MEN	7	8	8	¾	¾	¾	12	13	14	26	27	28½
4	WOMEN	6	6	7	½	½	½	11	12	14	19½	21	22½
	MEN	7	8	8	¾	½	½	14	15	16	26	27	28½
4½	WOMEN	6	6	7	½	½	½	12	13	15	19½	21	22½
	MEN	7	8	8	½	½	½	16	16	18	26	27	28½
5	WOMEN	7	7	7	⅜	⅜	⅜	14	15	17	19½	21	22½
	MEN	7	8	8	½	⅜	⅜	18	19	20	26	27	28½
5½	WOMEN	6½	7	7	⅜	⅜	⅜	15	16	19	19½	21	22½
	MEN	7	8	8	⅜	⅜	⅜	19	20	22	26	27	28½
6	WOMEN	6	6	7	⅜	⅜	⅜	17	18	21	19½	21	22½
	MEN	7	8	8	⅜	⅜	⅜	21	22	24	26	27	28½

4-35B. Finishing, Shawl Collar Cardigan (continued) CROCHET

STS PER IN	NUMBER ON PATTERN	1			2		
		S M	M E D	L G	S M	M E D	L G
1	WOMEN	2	2	2	13	14	15
	MEN						
1½	WOMEN	3	3	3	13	14	15
	MEN						
2	WOMEN	3	3	3	13	14	15
	MEN						
2½	WOMEN	4	4	4	13	14	15
	MEN						
3	WOMEN	4	4	4	13	14	15
	MEN						
3½	WOMEN	5	5	5	13	14	15
	MEN						
4	WOMEN	5	5	5	13	14	15
	MEN						
4½	WOMEN	6	6	6	13	14	15
	MEN						
5	WOMEN	6	6	6	13	14	15
	MEN						
5½	WOMEN	7	7	7	13	14	15
	MEN						
6	WOMEN	7	7	7	13	14	15
	MEN						

4-36. Cap Sleeves

STS PER IN	NUMBER ON PATTERN	1 SM	1 MED	1 LG	2 SM	2 MED	2 LG
1	WOMEN	8	8	8	15	15	15
1	MEN	8	8	8	17	17	17
1½	WOMEN	11	11	11	15	15	15
1½	MEN	12	12	12	17	17	17
2	WOMEN	15	15	15	15	15	15
2	MEN	15	15	15	17	17	17
2½	WOMEN	18	18	18	15	15	15
2½	MEN	19	19	19	17	17	17
3	WOMEN	22	22	22	15	15	15
3	MEN	22	22	22	17	17	17
3½	WOMEN	25	25	25	15	15	15
3½	MEN	26	26	26	17	17	17
4	WOMEN	29	29	29	15	15	15
4	MEN	29	29	29	17	17	17
4½	WOMEN	32	32	32	15	15	15
4½	MEN	33	33	33	17	17	17
5	WOMEN	36	36	36	15	15	15
5	MEN	36	36	36	17	17	17
5½	WOMEN	39	39	39	15	15	15
5½	MEN	40	40	40	17	17	17
6	WOMEN	43	43	43	15	15	15
6	MEN	43	43	43	17	17	17

4-37. Finishing, Turtleneck Pullover

STS PER IN	NUMBER ON PATTERN	1 SM	1 MED	1 LG	2 SM	2 MED	2 LG	3 SM	3 MED	3 LG	4 SM	4 MED	4 LG	5 SM	5 MED	5 LG	6 SM	6 MED	6 LG	7 SM	7 MED	7 LG			
2	WOMEN	18	20	22	2	2	2	20	22	24	¾	¾	¾	3	3	3	26	28	30	4	4	4			
	MEN	24	26	28	2	2	2	26	28	30	1	1	1	2	2	2	30	32	34	5	5	5			
2½	WOMEN	22	26	28	2	2	2	24	28	30	¾	¾	½	3	3	4	30	34	38	4	4	4			
	MEN	30	32	36	2	2	2	32	34	38	¾	¾	1	3	3	2	38	40	42	5	5	5			
3	WOMEN	28	30	34	3	3	3	31	33	37	¾	½	½	3	4	4	37	41	45	4	4	4			
	MEN	36	40	42	3	3	3	39	43	45	¾	¾	¾	3	3	3	45	49	51	5	5	5			
3½	WOMEN	32	36	38	3	3	3	35	39	41	½	½	½	4	4	4	43	47	53	4	4	4			
	MEN	42	46	50	3	3	3	45	49	53	¾	¾	¾	4	4	3	53	57	59	5	5	5			
4	WOMEN	36	40	44	4	4	4	40	44	48	½	½	¼	4	5	6	48	54	60	4	4	4			
	MEN	48	52	56	4	4	4	52	56	60	¾	¾	¾	4	4	4	60	64	68	5	5	5			
4½	WOMEN	40	46	50	4	4	4	44	50	54	½	½	¼	5	5	7	54	60	68	4	4	4			
	MEN	54	58	64	4	4	4	58	62	68	½	½	¾	5	5	4	68	72	76	5	5	5			
5	WOMEN	46	50	56	5	5	5	51	55	61	½	¼	¼	5	6	7	61	67	75	4	4	4			
	MEN	60	66	70	5	5	5	65	71	75	½	½	½	5	5	5	75	81	85	5	5	5			
5½	WOMEN	50	56	60	5	5	5	55	61	65	¼	¼	¼	6	7	9	67	75	83	4	4	4			
	MEN	66	72	78	5	5	5	71	77	83	½	½	½	6	6	5	83	89	93	5	5	5			
6	WOMEN	54	60	66	6	6	6	60	66	72	¼	¼	¼	6	8	9	72	82	90	4	4	4			
	MEN	72	78	84	6	6	6	78	84	90	½	½	½	6	6	6	90	96	102	5	5	5			
6½	WOMEN	58	66	72	6	6	6	64	72	78	¼	¼	¼	7	8	10	78	88	98	4	4	4			
	MEN	78	84	92	6	6	6	84	90	98	½	½	½	7	7	6	98	104	110	5	5	5			
7	WOMEN	64	70	78	7	7	7	71	77	85	¼	¼	¼	7	9	10	85	95	105	4	4	4			
	MEN	84	92	98	7	7	7	91	99	105	½	½	½	7	7	7	105	113	119	5	5	5			

4-38. Short Sleeves KNIT

STS PER IN	NUMBER ON PATTERN	1 SM	1 MED	1 LG	2 SM	2 MED	2 LG	3 SM	3 MED	3 LG	4 SM	4 MED	4 LG	5 SM	5 MED	5 LG	6 SM	6 MED	6 LG	7 SM	7 MED	7 LG	8 SM	8 MED	8 LG
2	WOMEN	16	16	18	2½	3	3	2	2	2	18	18	20	½	½	½	23	26	28	64	70	76	17	17½	18
	MEN																								
2½	WOMEN	18	20	22	2½	3	3	2	2	2	20	22	24	¼	¼	¼	30	33	35	80	88	94	17	17½	18
	MEN																								
3	WOMEN	22	24	26	2½	3	3	3	3	3	25	27	29	⅜	⅜	⅜	35	39	42	95	105	113	17	17½	18
	MEN																								
3½	WOMEN	26	28	30	2½	3	3	3	3	3	29	31	33	¼	¼	¼	41	46	50	111	123	133	17	17½	18
	MEN																								
4	WOMEN	30	32	34	2½	3	3	4	4	4	34	36	38	¼	¼	¼	47	52	57	128	140	152	17	17½	18
	MEN																								
4½	WOMEN	34	36	38	2½	3	3	4	4	4	38	40	42	¼	⅛	⅛	53	59	64	144	158	170	17	17½	18
	MEN																								
5	WOMEN	38	40	42	2½	3	3	5	5	5	43	45	47	⅛	⅛	⅛	58	65	71	159	175	189	17	17½	18
	MEN																								
5½	WOMEN	42	44	46	2½	3	3	5	5	5	47	49	51	⅛	⅛	⅛	64	72	79	175	193	209	17	17½	18
	MEN																								
6	WOMEN	46	48	52	2½	3	3	6	6	6	52	54	58	⅛	⅛	⅛	70	78	85	192	210	228	17	17½	18
	MEN																								
6½	WOMEN	48	52	56	2½	3	3	6	6	6	54	58	62	⅛	⅛	⅛	77	85	92	208	228	246	17	17½	18
	MEN																								
7	WOMEN	52	56	60	2½	3	3	7	7	7	59	63	67	⅛	⅛	⅛	82	91	99	223	245	265	17	17½	18
	MEN																								

4-39. Dolman Sleeves KNIT

STS PER IN	NUMBER ON PATTERN	1			2			3			4			5			6			7					
		SM	MED	LG	SM	MED	LG	SM	MED	LG	SM	MED	LG	SM	MED	LG	SM	MED	LG	SM	MED	LG			
1	WOMEN	5	5	5	7½	8	8½	8	10	10	1	1	1	12	12	14	32	34	38	17	17½	18			
	MEN																								
1½	WOMEN	6	6	6	7½	8	8½	14	14	14	¾	⅝	⅝	17	19	21	48	52	56	17	17½	18			
	MEN																								
2	WOMEN	8	8	8	7½	8	8½	18	18	20	½	½	½	35	39	42	95	105	113	17	17½	18			
	MEN																								
2½	WOMEN	9	9	9	7½	8	8½	20	22	24	⅜	⅜	⅜	41	46	50	111	123	133	17	17½	18			
	MEN																								
3	WOMEN	12	12	12	7½	8	8½	25	27	29	¼	¼	¼	47	52	57	128	140	152	17	17½	18			
	MEN																								
3½	WOMEN	14	14	14	7½	8	8½	29	31	33	¼	¼	¼	53	59	64	144	158	170	17	17½	18			
	MEN																								
4	WOMEN	16	16	16	7½	8	8½	34	36	38	¼	¼	¼	58	65	71	159	175	189	17	17½	18			
	MEN																								
4½	WOMEN	17	17	17	7½	8	8½	38	40	42	¼	⅛	⅛	64	72	79	175	193	209	17	17½	18			
	MEN																								
5	WOMEN	18	18	18	7½	8	8½	43	43	47	⅛	⅛	⅛	70	78	85	192	210	228	17	17½	18			
	MEN																								
5½	WOMEN	21	21	21	7½	8	8½	47	49	51	⅛	⅛	⅛	77	85	92	208	228	246	17	17½	18			
	MEN																								
6	WOMEN	22	22	22	7½	8	8½	52	54	58	⅛	⅛	⅛	82	91	99	223	245	265	17	17½	18			
	MEN																								

4-40. Dolman Sleeves CROCHET

❀ Variations

Details can be added to your sweater in the finishing to make it more unusual and just right for you. Patch pockets are the easiest and can be added to any sweater, but hoods and zippers are easy too. You can also choose from four additional neckline finishes, any one of which would entirely change the look of the sweater.

FINISHING ADDITIONS

See Figures 5-1, 5-2, and 5-3.

Patch Pockets

Patch pockets are the easiest kind of pockets to make, and can be added at any time, even after the sweater has been worn (see Figure 5-1). They can be added to any sweater in the book.

KNITTED PATCH POCKETS   See Chart 5-1.
   On larger needles cast on ①_____ sts. Work in stockinette for 4¼ inches. Change to 1 size smaller needles and k1p1 in ribbing for 1½ inches. Bind off all sts loosely in ribbing. Make a second pocket. Sew pockets onto front of sweater just above the ribbing, beg 2 inches in from each side edge.

CROCHETED PATCH POCKETS   See Chart 5-3.
   On larger hook ch ①_____ . Sc in 2nd ch from hook and in each ch across, ch 1, turn. Work even in sc until pocket measures 4½ inches. Do not turn. Ch ②_____ . Sc in 2nd ch from hook and in each ch across, ch 1, turn. *Next row:* Working through back loop only, sc in each st across, ch 1, turn. Rep last row until top ribbing measures 6 inches, fasten off. Sew long side of ribbing to top of pocket. Make a second pocket. Sew pockets on to front of sweater just above ribbing, beg 2 inches in from each side edge.

Hoods

Hoods can be made for any crew neck pullover, or cardigan (see Figure 5-2). A sweater made with a hood will use 10 percent more yarn than one made without a hood.

5-1. Patch Pockets.

KNITTED HOODS   See Chart 5-2.

For pullovers: With right side facing you beg at center front on smaller sized circular needle pick up sts same as for Crew Neck Pullover neck band. [K right half of center front sts from holder, pick up sts along right side neck, k sts from right sleeve holder (for raglans), k sts from back holder, k sts from left sleeve holder (for raglans), pick up sts along left side neck, k left half of center front sts from holder.] Turn work. Do not work in the round. *For cardigans*: Pick up sts same as for Crew Neck Cardigan neck band. *Hood*: K1p1 in ribbing for 1 inch. Change to larger needle and work in stockinette, keeping ①——— sts on each end in garter st, until hood measures 14 inches. Bind off all sts. Fold top of hood in half with right sides together and sew top of hood closed.

CROCHETED HOODS   *For pullovers*: With right side facing you beg at center front on larger hook sc around neck same as for Crew Neck Pullover neck band. [Sc along right half of center front, right side front, top of right sleeve (for raglans), back neck, top of left sleeve (for raglans), left side neck, left half of center front], ch 1, turn. *For cardigans*: Sc around neck same as for Crew Neck Cardigan neck band. *Hood*: Work even in sc until hood measures 14 inches, fasten off. Fold top of hood in half with right sides together and sew top of hood closed.

Zippers

Zippers can be inserted into any of the cardigans except the Shawl Collar Cardigan (see Figure 5-3).

KNITTED AND CROCHETED CARDIGANS WITH ZIPPERS   Work left and right front bands same as for cardigan Finishing until bands measure ½ inch. Do not make buttonholes. *For knitting*: Bind off all sts loosely in ribbing. *For crochet*: Fasten off. Sew zipper along front edges.

5-2. Hood.

5-3. Zipper.

NECKLINE FINISHES

The neck finishes can be used on many of the sweaters in the book, and some of them can be used on the front edges of cardigans, too (see Figures 5-4, 5-5, 5-6, 5-7, and 5-8). Follow the directions for the sweater until the neck band (or front bands), work the chosen neck finish instead of the neck band (or front bands), then continue the sweater finishing.

Picot Edges

Picot edges are a nice addition to many sweaters (see Figures 5-4 and 5-5). The knitted version is sometimes used on Norwegian sweaters; the crocheted picot edge looks decidedly feminine. The finish will work well on a crew neck, a scoop neck, or a V neck pullover or cardigan.

KNITTED PICOT EDGES   If this edge is used on a V Neck Pullover, work dec same as for V Neck Pullover neck band to picot row, work picot row, then inc at center front k stitch instead of dec after picot row to

5-4. Knitted Picot Edge.

5-5. Crocheted Picot Edge.

5-6. Ruffle.

5-7. Roll Edge.

5-8. Scallop Edge.

CROCHETED PICOT EDGES If this edge is used on a V Neck Pullover, work dec same as for V Neck Pullover neck band until picot row. If this edge is used on the front edges of a cardigan, work same as front bands until buttonholes are made, then follow directions for edge. Instructions for picot edge along front edges of a cardigan appear below in parentheses.

Sc around neck (along front edge) same as for neck (front) band. Work in sc for ½ inch. *Picot row*: *ch 3, sc in same sc, sc in next 2 sc, rep from * across row, fasten off.

Ruffles

Ruffles add a feminine touch to many sweaters (see Figure 5-6). If knitted, the ruffle should be worked on yarns with a gauge of 3 sts per inch or more (sts per inch); if crocheted, it should be worked on yarns with a gauge of 2½ sts per inch or more (sts per inch), or else the ruffle will be too stiff and bulky. Ruffles work well on a crew neck, scoop neck or V neck pullover or cardigan. If a ruffle is worked on the front edge of a cardigan and no buttonholes are desired, work ruffle instead of front bands. If a ruffle is worked on the front edge of a cardigan with buttonholes, it should be worked on the right front edge only, after the right front edge is worked and before the sts are bound or fastened off. There should be no ruffle worked on the left front edge of a cardigan with buttonholes.

KNITTED RUFFLES Instructions for ruffles along front edges of a cardigan appear below in parentheses.

On larger needles pick up sts around neck (along front edge) same as for neck (front) band. *Next row*: K1, *yo, k1, rep from * across row, end k1. *Next row*: Inc 1 stitch in every other st across row. Work in stockinette until ruffle measures 1½ inches. Bind off all sts. Ruffle may have a tendency to stretch out at the base of the ruffle; to hold in place weave an elastic thread through the first row of yarn overs.

CROCHETED RUFFLES Instructions for ruffles along front edges of a cardigan appear below in parentheses.

On larger hook sc around neck (along front edge) same as for neck (front) band. Work in sc for 1 row. *Next row*: Work 3 dc in each sc. *Next row*: Work 2 sc in each dc, fasten off.

Roll Edges

The roll edge is a smart-looking, tailored finish and is very easy to work (see Figure 5-7). It can be worked on a crew neck, scoop neck, or V neck pullover. If worked on a V neck, work dec same as for V Neck Pullover neck band. A roll edge is worked in knitting only. Knitted

end. If this edge is used on the front edge of a cardigan, buttonholes must be made on the front side of the band before the picot row, and again on the facing side of the band after the picot row, exactly the same way. Instructions for picot edge along front edges of a cardigan appear below in parentheses.

Pick up sts around neck (along front edge) same as for neck (front) band. Work in stockinette for ¾ inch. *Picot row*: K1, *yo, K2tog, rep from * across row, end k1. Continue to work in stockinette until neck (front) band measures 1½ inches. Bind off all sts loosely. Fold neck (front) band in half and sew bound off sts to inside where neck (front) band begins.

stockinette stitch tends to roll by itself. Crochet lays flat and therefore will not roll well.

KNITTED ROLL EDGES On smaller needle pick up sts same as for neck band. Work in reverse stockinette for 1 inch. Bind off all sts.

Scallop Edges

A scallop edge will lend an elegant touch to any sweater (see Figure 5-8). It can be worked on a crew neck, a scoop neck or a V neck pullover or cardigan. If worked on the front edges of a cardigan for which no button-holes are desired, work scallop edge instead of front bands. If scallop edge is worked on the front edge of a cardigan with buttonholes, work same as for front bands until buttonholes are made, then follow directions for scallop edge. Because the construction of crochet is different from that of knitting, you can do stitch patterns in one that you can't do in the other. A scallop edge is an example of a pattern that can only be made in crochet.

CROCHETED SCALLOP EDGES Instructions for scallop edge along front edges of a cardigan appear below in parentheses.

Sc around neck (along front edge) same as for neck (front) band. *Next row*: *ch 2, sk 1, work 5 dc in next sc, sk 1, sc in next sc, rep from * across row, work rem sc, fasten off.

YARN AND STITCH VARIATIONS

The possibilities are endless when stripes, fancy stitch patterns, combinations of yarns, or combinations of knit and crochet are worked into sweaters (see Figures 5-9, 5-10, 5-11, 5-12, 5-13, and 5-14). Stripe patterns abound in the world around you, or invent your own. Fancy stitch patterns, which are harder to invent, can be found in some of the excellent knit and crochet books available today. Inserting a simple eyelet, shell, or bobble pattern will change the look of the whole sweater. The idea for a particular sweater often germinates from seeing a beautiful stitch pattern in a book and wanting to try the pattern. Here are guidelines on how to work stripes, combine different yarns, combine knitting and crochet in the same sweater, and work a fancy stitch pattern into a sweater. Don't be afraid to try. Many exciting things can be worked into a sweater. Just be sure to do a test swatch for gauge and to follow the pattern.

Stripes

Imagination places the only limit on the number of different stripe patterns that can be incorporated into a sweater (see Figures 5-9 and 5-10). The easiest way to begin is with two colors of the same yarn, making stripes of equal width. The more adventurous can increase the number of colors and change the width of the stripes. If imagining what a stripe pattern will look like is difficult, draw a simple sketch. Stripe patterns can easily be modeled after other stripe patterns, not only in another sweater, but in a shirt, an afghan, a bedspread, curtains, or anything else. Stripe patterns can be worked into any sweater in the book. Follow the directions for the sweater of your choice, the stripes will not affect the gauge or size.

Combining Different Yarns

The possibilities for exciting sweaters multiply dramatically when more than one yarn is used in the same sweater (see Figure 5-11). If two different yarns work to the same gauge, the pattern should be treated as stripes. If the yarns work to different gauges, some adjustments must be made to ensure that the sweater remains the same size throughout the yarn changes. First, a test swatch for gauge must be made for each yarn being used. Be sure to make a note of the gauge and needle or hook size used for each yarn. Then decide in what area of the sweater each yarn will be used. If the different yarns are to be used in different pieces of the sweater—one yarn for the sleeves, another for the front and back, for example—make each piece according to the yarn's proper gauge.

If more than one yarn will be used in a single piece (the front, for example), a little more figuring is required. Suppose you want a stripe of a different yarn across the front of your sweater. Begin your piece with the main yarn. When you are ready to change yarns, check and see where you are in the directions (in the body of the sweater, for instance, above the ribbing but not yet to the armhole shaping). You already know how many stitches are needed in that area of the piece for the main yarn (the number of stitches on the needle). You must then check your chart to see how many stitches are used in that area of the piece for your contrasting yarn. (Before you started you did a gauge swatch in your contrasting yarn.) The contrasting yarn will need either more or less stitches for that area of the piece. When you switch yarns, change needle size if necessary, and either increase or decrease that number

5-9. Woman's striped crocheted Turtleneck Pullover with Drop Sleeves, and stripes of different widths.

5-10. Man's knitted Placket and Collar Pullover with Raglan Sleeves, and stripes of equal width. The pattern was planned so that the stripes would match when the sleeves were sewn to the body.

5-11. Sweater combining different yarns. This is a knitted Placket and Collar Cardigan with Raglan Sleeves. The body is worked in one yarn, the sleeves in another, and the ribbing and finishing in another.

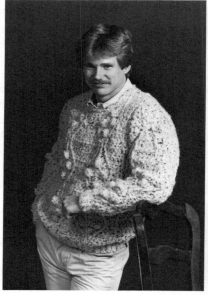

5-12. Sweater with a panel of stitches. This is a crocheted Crew Neck Pullover with Set-in Sleeves. The ground is worked in double crochet. Two diamond and bobble panels are worked on the front and back, with one on each sleeve.

5-13. Sweater with an allover stitch pattern. This is a knitted Crew Neck Pullover with Set-in Sleeves, with a diamond and bobble pattern worked on the entire sweater.

5-14. Sweater combining knit and crochet. This is a Crew Neck Pullover with Set-in Puff Sleeves. The ribbing of the back and front is knitted, then continued in a crocheted shell stitch worked all over. The sleeves are knitted in stockinette stitch. A crocheted ruffle is worked at the neck (instead of the Crew Neck Pullover neck band).

of stitches. Work your contrasting yarn. If you must do any shaping, use the gauge of the contrasting yarn. When you want to change back to your original yarn (or perhaps to a third yarn), repeat the whole process from the beginning. In this way the sweater will remain the chosen size.

Stitch Patterns in a Panel

A fancy stitch pattern will add a lot of interest to any sweater (see Figure 5-12). Any stitch pattern can be used for any sweater. Many are designed specifically to be used as a single panel. Often the gauge of a stitch pattern in a given yarn differs from the stockinette or single crochet gauge of that same yarn. However, if the number of stitches in the entire panel equals less than half the total number of stitches in the piece (i.e., the total number of stitches just above the ribbing), there is no need to recheck the gauge or make any gauge adjustments.

To center a single panel on a piece, first determine the number of stitches used in the panel and subtract it from the number of stitches in the piece. If this is an odd number of stitches, add 1. Divide by 2, and place that many stitches on either side of the panel of stitches. If 1 stitch must be added in order to center the panel, there will be 1 more stitch than the pattern calls for on the entire piece. On the back, the extra stitch should be added to the stitches on the back neck. On the front, the extra stitch should be added to the stitches at the center front. On the sleeve, the extra stitch should be added to the stitches at the top of the sleeve. The extra stitch(es) can be worked in the finishing. For knit finishing, if the extra stitches result in an odd number of stitches on the neck band, one stitch must be decreased on the first row of the neckband. Note: On the front of a V Neck Pullover with a single centered panel of stitches, only a panel with an odd number of stitches can be used, or the front piece will not turn out correctly.

Two or more narrow panels can be worked into a piece. If the total number of panel stitches is less than half the number of stitches in the piece, no adjustments for gauge are necessary. The panels can be placed symmetrically by keeping the number of stockinette or single crochet stitches between the panels equal, or asymmetrically as desired.

Allover Stitch Patterns

A stitch pattern repeated over the entire sweater can be very attractive (see Figure 5-13). If the stitch pattern will be used on more than half the total number of stitches in the piece (i.e., the total number of stitches just above the ribbing) it will be considered an allover pattern. Often the gauge of a stitch pattern in a yarn is different from the stockinette or single crochet gauge of that same yarn. For an allover stitch pattern, a test swatch for gauge must be done in the stitch pattern. The sweater must be worked in the gauge of the stitch pattern, not the stockinette or single crochet gauge.

If the pattern uses a multiple of stitches that doesn't fit evenly into the number of stitches in the piece, the pattern should be repeated as many times as possible and centered on the piece, with the remaining stitches worked in stockinette or single crochet. To center the pattern stitches, determine the number of stitches to be used in the stitch pattern and subtract it from the number of stitches in the piece. If this is an odd number of stitches, add 1. Divide by 2, and add that many stockinette or single crochet stitches on either side of the pattern stitches. If 1 stitch must be added in order to center the pattern stitches, there will be 1 more stitch than the pattern calls for on the entire piece. On the back, the extra stitch should be added to the stitches on the back neck. On the front, the extra stitch should be added to the stitches at the center front. On the sleeve, the extra stitch should be added to the stitches at the top of the sleeve. The extra stitches can be worked in the finishing. Note: On the front of a V Neck Pullover the number of stitches used in the stitch pattern must be an odd number, or the front piece will not turn out correctly.

Combining Knit and Crochet

Combining knit and crochet in a sweater is not done as often as stripes or stitch patterns, but it can yield unique results (see Figure 5-14). Combining knit and crochet in one sweater is similar to combining two yarns with different gauges. Instead of changing gauges within the pattern, each time a change from knit to crochet (or vice versa) occurs, a different pattern must be used.

First, do test swatches for gauge in both knit and crochet. Then decide which areas in the sweater will be knitted; and which will be crocheted. If knit and crochet will be used exclusively in different pieces (for example, the sleeves will be crochet, while the front and back will be knit), make each piece according to the knit or crochet directions for that piece. If both knit and crochet will be used in one piece, the change from one to the other is like using yarns of different gauges within a piece (see p. 181). The only difference is that you must change patterns (and possibly gauges) instead of just changing gauges within the same pattern. The appropriate pattern must be followed for the area of the piece it is used in. When an area of knitting ends, it must be bound off, and the crochet worked along the bound off edge. When an area of crochet ends, it must be fastened off, and the knitting picked up along the crocheted edge. As long as the correct number of stitches is used, as determined by the knit or crochet pattern in the yarn's gauge, the size will remain the same throughout the piece.

GAUGE CHARTS

5-1. Knitted Pockets

STS PER IN	NUMBER ON PATTERN	1		
		SM	MED	LG
2	WOMEN	10	10	12
2	MEN	12	12	12
2½	WOMEN	12	12	14
2½	MEN	14	14	14
3	WOMEN	14	16	18
3	MEN	18	18	18
3½	WOMEN	18	18	20
3½	MEN	20	20	20
4	WOMEN	20	22	24
4	MEN	24	24	24
4½	WOMEN	22	24	28
4½	MEN	28	28	28
5	WOMEN	24	28	30
5	MEN	30	30	30
5½	WOMEN	28	30	34
5½	MEN	34	34	34
6	WOMEN	30	32	36
6	MEN	36	36	36
6½	WOMEN	32	36	40
6½	MEN	40	40	40
7	WOMEN	36	38	42
7	MEN	42	42	42

5-2. Knitted Hood

STS PER IN		1		
		SM	MED	LG
2	WOMEN	3	3	3
2	MEN	3	3	3
2½	WOMEN	4	4	4
2½	MEN	4	4	4
3	WOMEN	4	4	4
3	MEN	4	4	4
3½	WOMEN	5	5	5
3½	MEN	5	5	5
4	WOMEN	6	6	6
4	MEN	6	6	6
4½	WOMEN	6	6	6
4½	MEN	7	7	7
5	WOMEN	7	7	7
5	MEN	8	8	8
5½	WOMEN	8	8	8
5½	MEN	9	9	9
6	WOMEN	9	9	9
6	MEN	9	9	9
6½	WOMEN	10	10	10
6½	MEN	10	10	10

5-3. Crocheted Pockets

STS PER IN	NUMBER ON PATTERN	1			2		
		SM	MED	LG	SM	MED	LG
1	WOMEN	6	6	7	3	3	3
1	MEN	7	7	7	3	3	3
1½	WOMEN	8	9	10	3	3	3
1½	MEN	10	10	10	3	3	3
2	WOMEN	11	12	13	4	4	4
2	MEN	13	13	13	4	4	4
2½	WOMEN	13	14	15	5	5	5
2½	MEN	15	15	15	5	5	5
3	WOMEN	15	17	19	6	6	6
3	MEN	19	19	19	6	6	6
3½	WOMEN	19	20	21	6	6	6
3½	MEN	21	21	21	6	6	6
4	WOMEN	21	23	25	7	7	7
4	MEN	25	25	25	7	7	7
4½	WOMEN	23	26	29	8	8	8
4½	MEN	29	29	29	8	8	8
5	WOMEN	25	29	31	9	9	9
5	MEN	31	31	31	9	9	9
5½	WOMEN	29	32	35	9	9	9
5½	MEN	35	35	35	9	9	9
6	WOMEN	31	34	37	10	10	10
6	MEN	37	37	37	10	10	10

Yarn Sources

Andean Yarns
54 Industrial Way
Wilmington, MA 01887

Gemini Innovations Ltd.
720 East Jericho Turnpike
Huntington Station, NY 11746

Harrisville Designs Inc.
Main Street
Harrisville, NH 03450

Ironstone Warehouse
P.O. Box 196
Uxbridge, MA 01569

Lanas Margarita Inc.
P.O. Box 233
Leonardo, NJ 07737

Manos del Uruguay
35 West 36th Street
New York, NY 10018

Mark Distributors
Welcomme & Pernelle Yarns
20825 Prairie Street
Chatsworth, CA 91311

Scotts Woolen Mill
Hecla Street and Elmdale Road
Uxbridge, MA 01569

Stanley Berroco
Elmdale Road
Uxbridge, MA 01569

Tahki Yarns
92 Kennedy Street
Hackensack, NJ 07601

Index